21世纪高等院校创新课程规划教材

企业伦理学教程

白泉旺　主编

中国财经出版传媒集团
中国财政经济出版社

图书在版编目（CIP）数据

企业伦理学教程/白泉旺主编．—北京：中国财政经济出版社，2017.7
ISBN 978-7-5095-7432-4

Ⅰ.①企…　Ⅱ.①白…　Ⅲ.①企业伦理-教材　Ⅳ.①F270-05

中国版本图书馆CIP数据核字（2017）第090382号

责任编辑：彭　波　　　　责任校对：刘　靖
封面设计：孙俪铭　　　　责任印制：杨　军

中国财政经济出版社 出版
URL：http：//www.cfeph.cn
E-mail：cfeph@cfeph.cn

社址：北京市海淀区阜成路甲28号　邮政编码：100142
营销中心电话：88190406　北京财经书店电话：64033436　84041336
北京财经印刷厂印刷　各地新华书店经销
787×1092毫米　16开　14.5印张　343 000字
2017年8月第1版　2017年8月北京第1次印刷
定价：48.00元
ISBN 978-7-5095-7432-4
（图书出现印装问题，本社负责调换）
本社质量投诉电话：010-88190744
打击盗版举报热线：010-88190414　QQ：447268889

内 容 提 要

本书首先从伦理学的研究对象和道德的本质与社会功能基本问题入手，在介绍企业伦理学缘起、形成、发展及其基本内容的基础上，对企业与道德的关系作出分析与理解。其次，从静态的角度对企业与其内外部主要利益相关者的伦理关系作出分析，从动态的角度对企业实践中的伦理作出阐述。再次，对企业捐赠、企业竞争、企业环境以及企业社会责任作出说明和论述，并对企业伦理建设作出一些探讨。最后，本书安排了相关案例供教学讨论，以便深化教学内容。

本书便于学生从静态和动态的角度去观察和认识企业伦理的本质，并从总体上理解和把握企业承担社会责任的根源和意义。

本书适用于高等院校管理类学生使用。也可供 MBA 研究生或 EMBA 培训班学员使用。

修订说明

企业伦理是人类社会伦理准则在企业经济活动中的表现，是企业在协调与利益相关者关系时所应遵循的道德准则和伦理规范。企业伦理的核心价值是重视人、尊重人和服务人。

企业作为市场经济活动的主体，在追求利润最大化的活动过程中，必然与个人和其他组织以及利益相关者产生相互关系，必然会对社会产生一定的影响。因而企业要进行正常的生产经营活动，就必须树立正确的伦理观念，把握好相互之间的伦理关系，协调好各种利益关系。企业作为“经济人”和“道德人”的统一，它的求利行为除遵守法律、法规和政策外，还必须符合伦理规范并受其约束。同时，企业作为社会公民就应当更好地承担起它的社会责任和道义职责，从而促进人类经济文明和社会有序发展。

企业伦理学是一门应用学科和交叉学科。开设好这门课不是一件容易的事，对教师和学生都具有一定的挑战性。近年来，我一直承担这门课程的教学任务，手头积累了较多的相关教材和资料。其中，有的理论性很强，有的体系庞大，有的案例丰富，各具特色。为方便教学，在参考已有的教材和资料的基础上，2009 年我主编出版了《企业伦理学教程》。经过这几年的使用，书中的个别内容及其表述需要作进一步的修改，同时也需要增添一些新的案例，特别是针对每一章内容增加相关问题并进行讨论，以丰富教学内容。

修订后，全书结构仍保留十二章，包括：总论、企业与道德、企业与核心利益相关者关系中的伦理、企业与员工关系中的伦理、企业与消费者关系中的伦理、企业经营中的其他伦理行为、企业捐赠与战略公益活动、企业竞争伦理、企业环境伦理、企业社会责任（上）、企业社会责任（下）及企业伦理建设。每一章内容结束后，重新设计了“本章问题与讨论”，以便学生能够加深对教学内容的理解。

在本书修订出版之际，感谢宁波大学商学院的资助，感谢中国财政经济出版社的大力支持。

白泉旺

2017 年 4 月

目　　录

第一章 总 论

第一节 伦理学与道德

一、伦理学及其研究对象

伦理学是一门古老的科学，公元前4世纪的古希腊学者亚里士多德，创建了伦理学。在《尼各马可伦理学》一书中，他认为这门科学的目的不是知识，而是实践。这就是关于德性的修养和幸福的实现的道德科学，其研究对象是“至善”。① 亚里士多德建构的伦理学体系，使伦理学成为一门独立的科学。

人们对伦理学的研究对象有不同看法，英国哲学家霍布斯说：“道德哲学不外是人类社会生存中关于善与恶的意义的科学。”伦理学成为研究善与恶的意义的科学：有人认为伦理学是关于人的行为的道德原则和道德规范的科学；有人认为伦理学是关于人类幸福的学问，伦理学就是幸福论；有人从文化学的角度提出，伦理学是以人类道德文化现象为研究对象的科学；也有人提出，伦理学是一门以人为中心的特殊人学，它的任务在于为处理人类关系和义务提供方向和启示。②

在西方，伦理学常被称为道德哲学。在我国，古代就有很多思想家研究过伦理学，并且他们的伦理思想对社会生活产生过重要影响。因此，伦理学在我国是一门具有悠久历史的科学。一般说来，伦理学的研究对象是道德现象，伦理学就是研究道德现象的科学。

伦理学研究道德的一般原理和道德的发展规律。伦理学以唯物史观为指导，从社会经济状况考察道德，从社会存在反映道德，从社会意识形态认识道德，科学地阐明道德的起源、本质和社会作用以及道德的发展规律。事实上，人类社会生活中的行为选择、道德原则、道德规范、人生价值以及幸福和善恶评判问题等，都属于伦理学研究的内容。

二、道德的本质和社会功能

道德的本质是指道德作为意识形态、作为价值体系区别于其他意识形态和价值体系的特

① 高力主编：《公共伦理学》，高等教育出版社2002年版，第14页。

② 高力主编：《公共伦理学》，高等教育出版社2002年版，第15页。

殊性所在。一般认为，道德作为一种社会现象、一种意识形态、一种价值体系，是通过社会舆论、个人内心信念和价值观念调节人与自然、个人与他人、个人与社会之间关系的行为准则和规范的总和。道德包括道德实践、道德关系和道德意识。

道德具有能动的社会作用，对社会生活起着巨大的积极作用。道德渗透到社会生活的各个领域，因而对社会生活的能动作用是全面的。这种能动作用主要有描述功能、评判功能、调节功能、教育功能和认识功能等。[①] 政治、法律、宗教等社会意识形态都对社会生活有能动作用，道德区别于其他意识形态的能动作用之处，在于它以自身特有的善恶作为评价、调节社会生活的标准，扬善抑恶成为道德对社会生活能动作用的根本目标，从而形成了道德所特有的社会功能。

1. 道德的描述功能

道德有对个人行为和社会状况作一种客观描述的功能。一个人的行为品质如何，他现在怎样，应当怎样？一个社会的风气、道德面貌的现状如何？应当怎样？道德会对此作出一定描述，这种描述主要依据理性而作出，并非出自何人的情感。在现实生活中，个人和社会并不一定能够对道德现状作出清醒的正确的描述，往往只是一种感受，或者只观察社会一系列的复杂纷纭的道德现象。道德的描述功能可以为个人和社会行为作出道德上的客观分类。根据实际情况，对个人的道德行为，区分为道德上应当提倡什么，在实际生活中应当普遍遵循什么；区分哪些行为是不道德的行为，哪些行为是道德中立的行为，即不需要进行道德评价，纯粹属于个人的自由选择。对社会行为也作出描述，区分哪些行为在道德上是肯定的、应当倡导的，哪些是否定的、不允许的，等等。通过道德描述，使个人和社会对道德现状有一定认识，这种客观的描述是社会道德建设的前提。

那么，道德描述功能又是依据什么来进行描述，进行客观分类？这是一个很重要的具有理论和实践意义的问题。道德的描述功能是当今中外很多伦理学派都承认的，但是依据什么来描述，则有很多不同的观点。西方很多伦理学流派认为是依据人的非理性来描述，也有宗教伦理学认为依据神启来描述。实际上，道德的描述不是依据某个人或人类的理性或者非理性，也不可能依据神启，而是依据社会的经济、政治、文化的现状及发展趋势，以及它们对道德的要求来描述的。总之，道德的描述功能不应当是主观任意的，而是应当依据客观的社会条件进行的，不然道德就起不到描述功能，对个人和社会道德的发展不仅没有意义，甚至可能起负面影响。

2. 道德的判断功能

道德能够依据社会的普遍道德原则和价值观对个人和社会活动进行判断和评价，这比道德的描述功能前进了一步，道德的社会作用因此得到进一步发挥。社会是一个十分复杂的机体，社会活动的领域极多，活动方式又非常之繁多，社会生活呈现多元化、多样性的态势。在这样丰富多彩的社会生活中，个人的社会地位不同、身份不同、价值观和生活方式等不同，个人的活动方式也就非常不同。因此，个人的价值取向、道德观念等也是极其不同的，他们采取的行为也可能极为不同。为了使社会生活趋于和谐，也为了使个人的价值取向趋于

---

① 章海山、张建如编著:《伦理学引论》，高等教育出版社 1999 年版，第 88—91 页。

一致，需要社会加以引导。道德的判断功能就起到一种使社会生活和个人价值取向趋于和谐的作用，并且努力指出个人和社会之间能够和谐一致。

道德的判断功能还包括为社会和个人活动提供一种客观的共同的价值标准，从而规范这些活动，而不致使它们失范。在日常生活中，人们需要对很多事和人作出评判和价值判断，以指导自己的行为。这就需要有一个道德评判的标准。如果每个人都以自己的标准去评判、活动，那么整个社会就必然陷于一片混乱。同样，社会要使社会生活和谐，必须有一定的标准来规范社会生活，不然社会生活也会陷于无序的有害状态。道德判断可以为评价个人和社会活动提供一定的价值标准，从而使社会的各种道德规范和价值之间达到一定的和谐。这里还要强调指出，道德判断所提供的价值标准也并非是任意的，实际上它们都有深刻的社会物质根源，既是客观的也是现实的。

3. 道德的调节功能

社会生活十分复杂，人们之间形成各种关系，产生着各种矛盾，道德起着调节这些关系和矛盾的作用，从而使社会生活能够正常进行与和谐协调。道德的协调作用，除了像上车排队这样简单的公共生活准则之外，最主要的是调节个人和社会、人和人之间的利益关系、利益冲突。利益关系是社会生活中最基本的关系，调节好这种关系才能维持正常的社会生活。道德在社会生活中的所有方面都起调节作用，因为在社会生活中，人们发生各种联系，都有一定的利益关系，这或多或少都与道德有关，都靠道德起一定的调节作用。道德的调节作用，不像法律那样靠强制手段来进行，也没有法律那种诸如法院、警察等强制手段。道德的调节作用依靠于外在的制裁和内在的制裁。所谓外在的制裁，主要指社会舆论。社会舆论对人和事进行评议，或表扬，或批评，形成一股强大的外在的无形压力，指导人们应当做什么，不应当做什么。所谓内在的制裁，指人的良心、道德信念、道德感情和价值观等，是人自觉自愿地按照一定的信念去做什么，不做什么。这种调节作用，是任何外在力量所无法比拟的，作用极大。正因为道德依靠社会舆论和个人的良心（内心信念）来调节各种关系，所以它起作用的范围非常广泛，力量很大，在一定意义上甚至比法律的力量还要大。

4. 道德的教育功能

道德教育，是通过表彰和批评、扬善抑恶等评价手段，通过塑造理想人格、树立榜样等方式，提高人们的道德信念、道德理想和道德境界，使人们自觉地努力修养，调节自己的行为，从而形成一定的道德品质和社会道德风尚。道德教育的社会作用是巨大的，它以善与恶、美与丑的具体形象，告诫人们应当做什么，不应当做什么，唤起人们的自觉性和积极性，按照一定的道德标准去调节行为。道德教育的巨大作用，不仅在于促使个人道德品质的形成，更主要的是在社会中贯彻推行一定的道德原则和规范，对一个社会和一个民族的道德面貌和道德水平的形成有重大作用。

5. 道德的认识功能

道德作为一种理论形式，以道德原则、规范和道德范畴组成一个伦理思想体系，它客观地反映着社会现实生活，是人类认识世界的一种方式，与其他社会意识形态一样，起着认识社会的作用。但道德的认识作用，由于它的认识对象是道德实践活动和道德关系，认识的方式采取善恶、荣辱、义务、良心等特有的道德概念、范畴，因此道德的认识作用主要有下列三个特点。

第一，在道德认识中，理性因素和情感因素相结合。情感因素在道德认识中有很大的作用，有的情况下，可以凭借道德上的好恶情感选择自己的行为，对他人行为作出评价。但是，这种道德感情还是要提高到理性认识的高度，才能正确反映现实生活。

第二，道德认识有自觉和不自觉两种形式。有的人是在对道德原则和规范有一定认识的基础上，依据这些原则和规范去支配自己的行为。这种基于对道德原则和规范的认识是自觉的道德认识，在这种认识支配下的行为，是自觉的道德行为。有的人的道德行为，出于日常的道德常识，并没有上升到对道德原则的认识高度，这是不自觉的道德认识形式。这两种认识形式都有一定的认识作用，都能支配人的道德行为。

第三，道德认识具有理想化地反映现实的特点。道德认识除了反映现实外，还有对现实应该怎样的设想，包括对未来的设想，带有理想化的特点，具有一定的超越现实性。

6. 道德的扬善抑恶功能

善恶是伦理学的基本范畴，是体现着道德本质的概念。在真善美中，真的基本矛盾是真假，美的基本矛盾是美丑，善的基本矛盾是善恶。因此，善恶的矛盾、对立反映了道德作为意识形态的特殊性。道德的社会能动作用集中表现在扬善抑恶上，人类通过扬善抑恶，不断地向人类道德的理想境界——至善前进。这是一个不断前进的永无止境的过程，因为人类道德不可能达到至善而不再前进。扬善抑恶是道德的根本性功能，它贯穿于上述所讲的一切其他社会功能之中。也就是说，道德的描述、判断、调节、教育和认识等功能，归根到底都是为了实现扬善抑恶这一根本目的。

总之，道德对社会生活的能动作用不仅是全面的而且是双重的。在一定社会形态中，道德对社会生活可以起积极的促进作用，也可以起消极的妨碍作用；对社会风气可以起改善作用，也可以起腐蚀作用。

第二节 企业伦理的缘起

一、企业伦理产生的背景

在西方，企业伦理思想可以追溯到古代人们对商业道德问题的关注。早在古希腊古罗马时代，有些学者就对商业活动的伦理特征做过专题探讨，近代资本主义市场经济的发展又使商业道德再度成为哲学家、经济学家和伦理学家们的一个热门话题。20 世纪 60 年代以来，西方企业的重要性不断加强，在社会生活中占有重要地位，并日益影响人们的生活方式，与企业活动相关的新问题，如竞争加剧、公司内部矛盾、产品质量问题、贿赂问题等层出不穷，由此企业伦理问题从实践和理论两个方面引起社会的广泛关注。

二、企业伦理产生的直接因素

第一，20 世纪 70 年代，企业经营中的丑闻如非法政治捐款、非法股票交易、行贿受贿、弄虚作假、窃取商业机密等活动频频曝光，引起了社会的震惊和公众的极大关注，人们感叹企业中相当一部分管理者已达到了道德沦丧的地步。

第二，70 年代以来，面对假冒伪劣产品和消费欺诈，消费者的主权意识日益增强。这一主权意识所包含的不仅仅是消费者选择机会的增加、选择范围的扩大、选择品种的增多，而且包含着在生产和消费过程中个人价值如何最大限度地体现出来，消费越来越体现出个性化。消费者主权时代对提高生活质量的迫切要求，使企业认识到个人价值的最大实现、个人偏好的最大满足，是与企业的经营活动联系在一起的。

第三，70 年代环境污染问题及其后果，引起全球关注，使人们的环保意识大大增强。人们对工业企业这一环境污染的主要制造者提出了新的要求，要求企业为生产经营中产生的环境问题承担责任。在社会舆论的压力下，企业也认识到生产不仅仅是企业自己的事情，而且关系到各方利益。

第四，人们对股权分散后企业行为的关注。随着企业形态的变化，企业股权不断分散，使人们对企业的生产经营行为比过去更为关注，要求企业不仅要为少数控股的投资者的利益负责，而且要照顾到所有投资者的利益。同时，企业职工参股，对企业生产经营行为提出了新的要求，即企业不仅要对作为生产者的员工利益负责，而且要对作为投资者的员工利益负责。

第五，企业对人类行为方式的影响日益增强。随着企业在全球范围内的扩张与发展，企业成为一个文明社会的制度支柱，并决定一个文明社会的社会结构、生活方式，极大地改变了人们的行为方式。并且随着全球化的市场竞争和跨国公司的发展，企业特别是大公司对社会生活方式、道德观念、价值观念的变化和发展越来越具有直接的影响。因此，人们对企业的行为给予更大的关注，并提出更为迫切的要求，要求企业的行为更符合社会道德规范。所以在变化了的社会环境条件下，企业长期奉行的行为准则与行为方式不得不发生变革。今天的企业不仅仅是一个经济机构或生产产品的机构，也不仅仅是一个发挥最大限度攫取利润的机构，生产的意义正在扩大到产品以外的领域。企业不仅要为自己负责，而且要对社会各个方面负责，除了产品以外，还必须考虑环境、社会、信息、政治、生活方式等问题，企业必须从伦理准则来认识和规范企业自己的行为，重塑社会形象。

有学者认为，20 世纪 40 年代之前，企业作为经济组织，提供产品和劳务，满足人们的物质需要，追求利润最大化是其目的，不存在伦理问题。40 年代以来，由于出现了不正当竞争、欺骗消费者、环境污染等不道德问题，公众对企业提出了社会责任问题，要求企业承担社会责任的呼声日趋高涨。70 年代以来，许多企业开始重视伦理道德问题，制定企业伦理守则，并将伦理因素纳入企业决策活动之中。① 这一观点与企业伦理学形成的表述基本一致。总之，企业伦理是由社会责任问题引起或产生的。

① 刘红叶著：《企业伦理概论》，经济管理出版社 2007 年版，第 33 页。

第三节 企业伦理学的形成与发展

一、企业伦理学的形成

西方对企业伦理的研究源于企业经营管理活动引发的一系列道德问题和社会问题。从美国的情况来看，20 世纪 60 年代以来一系列企业经营中的丑闻，包括受贿、规定垄断价格、欺诈交易、环境污染等，引起公众的强烈反响，要求政府对此调查。1962 年，美国政府公布了《对企业伦理及响应行动的声明》，此举表达了公众对企业中伦理问题的极大关注。1963 年，T. M. 加瑞特等人编写了《企业伦理案例》一书，搜集了形形色色的企业伦理案例，并对其进行了分析研究。1968 年，美国天主教大学原校长 C. 沃尔顿在其《公司的社会责任》一书中，倡导公司之间的竞争要以道德目的为本。① 除了这两项成果以外，1961 年，R. C. 鲍姆哈特对企业管理者的伦理规范所做的调查，以及 R. 巴特尔斯 1963 年出版的《企业中的伦理》一书与他后来为企业营销人员设计的伦理决策模型，也是 60 年代企业伦理研究的重要成果。②

20 世纪 70 年代，学术界就企业的社会责任、企业伦理问题进行了热烈的讨论。1974 年 11 月，美国堪萨斯大学哲学系和商学院共同发起召开了第一届企业伦理学讨论会，这次会议不仅深化了此前人们对企业伦理问题的研讨，而且标志着企业伦理学作为一门学科的正式确立。

从 20 世纪 70 年代开始，学术界就企业的社会责任问题进行了广泛的探讨，并由此引发了“利润先于伦理”与“伦理先于利润”之争。以 M. 弗里德曼为代表的一派认为，企业的社会责任就是增加其利润，企业作为一种经济实体对社会只具有经济责任，其他责任都服从于经济责任或包含在经济责任之中。而以 P. 弗兰切为代表的一派则认为，企业具有法人地位，同时也意味着它具有道德人格，而作为具有道德人格的企业，其社会责任是指经济责任以外的责任，如企业对环境的责任、对政府和公众的责任、对顾客和雇员的责任等。S. 塞蒂试图调和这两种观点，他主张企业的社会责任就是企业在一个动态的社会系统中所应扮演的长期角色，它不能被片面归结为经济方面或非经济方面的责任。

20 世纪 70 年代企业伦理学研究的另一重要趋势是日本企业伦理模式开始引起关注，日美企业伦理思想相互渗透和相互影响。第二次世界大战后由丸山敏雄创立的日本伦理研究所大力倡导伦理实践，企业伦理就是其中的一项重要内容。日本的企业伦理模式是对日本家庭伦理传统的拓展和应用，它把日本传统的伦理观念如忠诚、仁义、感恩等融入企业经营活动中，并通过社训、员工培训、做朝礼、举行庆典等方式强化这些观念，从而使伦理道德成为

① 陈炳富、周祖城编著：《企业伦理学概论》（第二版），南开大学出版社 2008 年版，第 1—3 页。

② 刘红叶著：《企业伦理概论》，经济管理出版社 2007 年版，第 35 页。

日本企业调节企业内外关系、处理利益冲突的主要手段。美国人对这种管理伦理模式很感兴趣，并视其为日本企业的成功之道而加以借鉴。同时，日本在发展市场经济的过程中，也开始注意美国具有较强个人主义色彩的企业伦理模式。

在经验研究方面，20 世纪 70 年代的工作主要是围绕对管理者的伦理道德观和企业伦理现状的了解而展开的，其中以三项问卷调查最具代表性。[①] 1975 年，A. B. 卡诺对美国的 400 名企业经理人员进行了抽样调查，他要求被调查者对问卷中所列出的不道德企业行为表明态度，结果在 238 份有效问卷中，绝大多数经理表示不赞同这种行为，但在某些问题上高层经理和中低层经理的观点表现出了较大的差异。卡诺后来在这次调研的基础上提出了企业和社会互补的企业活动模式。1977 年，S. N. 布莱纳和 E. A. 莫兰达对 1227 位企业领导人的问卷调查显示：大多数企业领导人对伦理规范表示赞同，但对这些规范在企业中是否真正有效却持怀疑态度；他们也承认企业的社会责任，并把对消费者的责任排在对股东的责任之前；另外，他们大多认为自己的伦理水平高于自己的同行。

在实践应用方面，20 世纪 70 年代中期，在美国部分企业和管理者中兴起了“道德生成运动”（moral genesis move ment）。该运动倡导伦理因素和利润因素融为一体的企业活动模式，强调企业的社会责任，寻求旨在促进企业和企业中个人的道德行为的具体办法，建立企业与企业、企业与雇员、企业与顾客之间相互信赖的关系。

二、企业伦理学的发展

企业伦理学的发展至今为止经历了三个阶段：20 世纪 50 ~ 60 年代酝酿于欧美，70 ~ 80 年代形成于美国，而其真正的发展则始于 80 年代末。[②]

欧美的经济在 20 世纪 50 ~ 60 年代经历了一个带有恢复性的高速增长时期。在这一时期，一方面，欧美的经济有了很大的发展，进入了经济繁荣时期和现代工业发展时期；另一方面，社会的各种矛盾也开始暴露和加剧，出现了种种有违道德的社会经济问题，如收入分配的差距日益悬殊、失业人数增加、滥用新科学技术，尤其是出现了诸如环境污染、有毒物质和放射物质的滥用等单纯为了追求利润而损害社会利益的企业行为。这些社会问题和不道德的行为引起了以青年学生为主体的社会公众的不满以及由此而生的各种社会运动，如消费者运动、环境保护运动等。由于这些问题的出现，欧美大学的工商管理学院提出了企业的社会责任问题。

20 世纪 70 年代以后，美国的经济开始了长时期的衰退，使 60 年代暴露出来的问题变得更加突出，并使社会的各种矛盾进一步激化。与此同时，这一时期持续不断的工商丑闻，如联合碳化物公司对俄亥俄河谷的污染、洛克希德公司的境外行贿等，则成了导火线，点燃了社会公众的怒火，迫使政府不断地完善制裁不道德工商行为的经济法规，也使大学的学院

---

① 刘红叶著：《企业伦理概论》，经济管理出版社 2007 年版，第 37 页。另参见陈炳富、周祖城编著：《企业伦理学概论》（第二版），南开大学出版社 2008 年版，第 1—3 页。

② 徐大建著：《企业伦理学》（第二版），北京大学出版社 2009 年版，第 12 页。

和教授无法回避企业伦理问题，最终使哲学家和管理学家一起参与，开创了企业伦理学这门学科。

1979 年，用于美国大学课堂上的企业伦理学教科书只有三种，把企业伦理学列入企业管理课程的商学院寥寥无几，但 20 世纪 80 年代初企业伦理教科书便增加到了十多种，开设企业伦理课的大学也有所增加。与此同时，有关企业伦理的学术论文也大大增多，到 1985 年，企业伦理学的文献索引已出版了 5 本，并出现了专业杂志，如“Business and Professional Ethics Journal”和“Journal 0f Business Eth—ics”。这表明，企业伦理学作为一门学科，已初步建立了起来。① 80 年代后期，企业伦理学在美国的学术界和企业界都进入了发展时期，并于近二十年来从美国逐渐扩展到了世界各地，在西方发达国家受到了越来越多的重视，甚至在欧美的管理学界兴起了一股企业伦理热。首先是美国工商管理学校权威机构即美国工商管理学校联合大会（AACSB）明文规定，工商管理学院必须以某种形式教授伦理学，此后，美国的绝大多数工商管理院校都开设了专门的“企业伦理学”课程或与其他专业或课程结合的企业伦理学课程，如“企业与社会”“管理伦理学”等。到 1988 年，这类教科书已飞速增加到了四十多种。作为培养美国企业主管的主要摇篮之一的哈佛商学院更在 90 年代前期加强了企业伦理课程的建设。教科书的质量也有了很大提高，已从 80 年代偏重于哲学理论或者案例分析发展到了 90 年代理论与案例的结合，从早期单纯的伦理批判发展到了现今的伦理批判与企业伦理建设的结合。

此外，企业伦理学的学术研究也有了很大的发展，出版了好几部有分量的综合性论著，其中主要有：P. H. 沃恩和 R. E. 弗里曼主编的《企业伦理百科辞典》（1997 年）、R. E. 佛瑞德里克主编的《企业伦理手册》（1999 年），以及 W. 科夫等人主编的 4 卷本《企业伦理手册》（1999 年）。

在企业界，1988 年全美企业圆桌会议将公司伦理称为“企业的一项首要资产”，随之美国各大公司纷纷采取重大的步骤，将伦理价值整合入自己的公司文化中去。自 20 世纪 90 年代初以来，美国的很多企业都在加紧建立员工行为规范，制订伦理培训计划，到 90 年代中期，已有 60% 的美国公司建立了员工行为准则，而在《财富》杂志列名的 500 家大企业中，更是有 95% 的美国公司已建立各自的规范标准。② 同时，从 80 年代后半期开始，企业伦理学便逐渐从美国走向全世界。1987 年，欧洲建立了欧洲企业伦理学网络（the European Business Ethics Network，EBEN），其宗旨是要在所有的经济管理层次上为改进整个决策过程的伦理质量作出贡献。到 90 年代，企业伦理学的影响已遍及全世界，不仅成立了国际企业、经济与伦理学会（ISBEE），而且于 1996 年、2000 年、2004 年和 2008 年分别在日本的东京、巴西的圣保罗、澳大利亚的墨尔本和南非的开普敦召开了四届世界企业、经济与伦理大会。

---

① 徐大建著：《企业伦理学》（第二版），北京大学出版社 2009 年版，第 13 页。

② 徐大建著：《企业伦理学》（第二版），北京大学出版社 2009 年版，第 13 页。

第四节 企业伦理学的基本内容

一、企业伦理的定义

在国外研究者中，有人认为，企业伦理是由个人、合伙人、公司或者企业组织作出的“好坏或对错”的决策选择。也有人认为，企业伦理为含有道德价值的管理决策。《管理学》作者 Harold koontz 和 Heinz Welhrich 认为，企业伦理是由三个要素组成的：（1）企业的社会责任；（2）价值准则；（3）业绩衡量标准的社会审计。国内研究者认为，企业伦理就是企业面对其顾客、广大的社会人群、股东或员工，必须依照常理来建立并维系合理的关系。或者企业伦理是指在企业内形成一套管理者倡导的、全体或多数员工认同的、始终如一遵守的处理企业与消费者、供应者、竞争者、政府、社区、公众、所有者、员工等关系的行为准则，包括观念、规范、行为三个层次。《韦伯斯特大词典》（第九版）解释企业伦理是一门探讨什么是好什么是坏，以及讨论道德责任与义务的学科。

综合上述各个解释，我们可以对企业伦理作进一步的理解：即企业伦理是人类社会伦理准则和行为在企业经济活动中的表现，它的核心价值是重视人、尊重人和服务人，目的在于使企业更好地承担起它的社会责任和道义职责，从而促进人类经济文明的有序发展。由此可以把企业伦理定义为：企业伦理是指企业在协调与利益相关者关系时所应遵循的道德准则和伦理规范。

二、企业伦理规范及其特点

企业作为“经济人”和“道德人”的统一，它的求利行为必须遵守道德准则的约束。有人认为，高产为善是企业的经济使命，企业只有通过发展生产，提高效益，才能造福于员工、股东、消费者以及整个社会和民族。但是，企业伦理的核心内容是尊重人、重视人和服务人，并且对企业内外都一样地适用。因为企业伦理是企业发展的一种内生变量，既规范企业的内部关系，又规范企业的外部关系，从而有效地促进企业的发展，也促进人类经济文明的进步。因此，可以说企业伦理规范是企业在其经营活动中涉及内外关系时所必须遵守的行为准则和道德规范，是社会经济关系的道德体现。

与社会其他规范相比，企业伦理规范自身具有的特点，归纳起来，有以下几点：（1）企业伦理规范具有客观性。伦理规范是客观存在的，它直接制约着企业的行为方式，同时，企业行为也受到实际生产力水平的限制。（2）企业伦理规范具有层次性。它反映企业伦理价值所居的不同位置，即企业如何对待的问题。（3）企业伦理具有阶段性。企业自身发展具有阶段性，社会生产力水平具有阶段性，由此，企业伦理规范客观上也具有阶段性。

三、企业伦理学的研究对象与任务

正如伦理学是一门研究道德的科学一样，企业伦理学是研究企业道德的一门科学。包括企业道德原理、企业道德规范、企业道德的构成要素及企业道德的发展规律和企业内部管理过程中的各种道德关系和道德实践等。为此，企业伦理学的研究内容应包括以下几个方面：

（一）探讨企业组织中的经济行为和道德选择

通常认为，企业组织的行为是以经济效益为目标的。经济效益的最大化，为企业的扩大再生产奠定了物质基础，也为企业内部的收入分配提供了基本的条件，从而有利于企业和员工的发展。因此，经济活动中的主体（无论是个体经济还是民营或国有企业），一切以盈利为目的是其生存和发展的法则，这一法则被称为盈利法则。盈利法则决定了经济活动主体是在利益驱动下，以盈利为动机而进行经济活动和以盈利为目的的“经济人”。然而，从社会效益的角度看，“经济人”急功近利、投机取巧的行为，终将导致其丧失长远利益。因为，“经济人”的行为不仅受到盈利法则的制约，还受到伦理规范的制约。

经济行为具有价值属性，生产者、经营者和消费者之间具有直接的利害关系。“经济人”有利于或有害于消费者和社会的行为，必将接受社会评判，害人利己的行为终将被消费者识破和抛弃，企业将失去一切市场，这就是经济领域中无情的伦理法则。所以经济效益和社会效益的统一是企业唯一正确的价值选择，经济效益和社会效益的一致性、统一性，也是企业组织行为选择的道德目标。

（二）研究企业管理者的道德素质

管理者的道德素质是一个复杂的能力结构，包括他的道德认识能力、行为选择能力、道德调控能力、价值评判能力等，德才兼备的管理者不仅具有一定的管理知识和管理能力，而且还应有较高的道德素质。仅有管理知识和管理能力而没有较高道德素质的管理者，可能失去凝聚人心的作用，失去表率作用。管理之道在于用人，用人之道是对管理者道德素质的考验和检验，其道德素质能力的高低将对企业活动产生重要的影响。因此，企业管理伦理不能不研究管理者的道德素质。

（三）研究企业制度中的道德机制

企业制度是规范企业各种活动的基本规定和要求，企业失去基本的规范和制度，必将导致内部管理混乱而无法发展，最终被市场淘汰。一方面，建立企业管理制度就是形成道德赏罚、道德教育、道德评价和道德评判机制，以积极的价值导向，形成企业发展的精神文化动力。企业建章立制的目的在于调节处理内部人员关系，规范个人行为和企业行为，实现经济效益和社会效益的统一。另一方面，企业建章立制，受到生产关系、社会制度、政府治理、意识形态等社会机制的制约和影响，企业行为的社会责任不可能脱离社会的制度安排，企业内部管理机制与外部良好的社会机制相一致，才能产生持久的效益。

（四）研究与企业相关的人际关系

企业内部人际关系纵横交错，十分复杂，既有管理者之间的关系，也有管理者和被管理者之间的关系以及被管理者之间的关系，还有管理者和企业外部的各种人际关系。企业内部的人际关系状况具体体现了企业的伦理精神，和谐的人际关系将有利于企业的发展。威廉·大内在《Z 理论》（1981）一书中把人际关系中的信任、微妙性和亲密性作为企业管理、生产率提高的关键。上下级之间相互信任，坦诚相待，以积极的道德情感来协调个性关系，人与人之间形成相互关心、相互支持的无私的亲密关系，这就是管理之道的伦理法宝。对员工的不信任，伤害员工自尊心和人格尊严的做法，终将导致紧张的人际关系，使企业失去凝聚力，这种最原始的管理方法，已严重违背了现代管理的伦理精神。

本章问题与讨论：

一、简答题

1. 什么是企业伦理？
2. 企业伦理的本质是什么？
3. 企业伦理有哪些特点？
4. 企业伦理的研究内容有哪些？

二、讨论题

1. 企业伦理学对企业发展的指导意义与促进作用。
2. 企业伦理学与经济社会发展的关系。
3. 企业伦理学对商科学生的影响。

第二章　企业与道德

第一节　利益与道德的关系

早在2000年前，中国先秦时期的思想家就认识到利益与道德的关系，提出了“利益是道德的基础”的根本论断。孔子有句名言：“君子喻于义，小人喻于利”。管仲也有，“仓廪实，知礼节，衣食足，知荣辱”。更有甚者，强调利益在生活中的决定作用，提出利益决定一切，“天下熙熙，皆为利来，天下攘攘，皆为利往”。荀子是先秦思想家中的集大成者，他认识到“人之性，生而好利”，不应盲目抑制、排除和贬低人的利益欲求，而应当建立社会规范，疏导、调节人性以达到抑恶扬善。荀子曰：“先王恶其乱也，故制礼义以分之，以养人之欲，给人以求，使欲必不穷乎物，物必不屈于欲，两者相持而生，是礼之所以起也。”荀子认识到利益是人的本性所在，社会规范、法律、道德是建立在人的本性基础上的，是对合理利益要求的保护和不合理利益要求的限制。荀子看到了利益是社会规范产生的基础和前提。

在西方伦理思想史上，德谟克利特最早提出利益和道德的关系问题，也涉及了个人利益和公众利益的关系问题。德谟克利特是从人的需要这一角度出发来谈利益的。他认为，个人的利益需要是快乐和幸福的，快乐和幸福有物质意义上的和精神意义上的，个人的幸福和快乐有赖于物质利益和精神利益需求的满足：个人的幸福快乐不能有损于公众幸福，个人的幸福快乐如果符合至善的要求，就应当是和公众幸福一致的，并有助于公众幸福的实现。爱尔维修认识到利益在社会生活中的决定作用，一切复杂的社会现象都可以从利益那里得到解释，他说：“利益支配着我们的一切判断。”“利益在世界上是一个强有力的巫师，它在一切生灵眼前改变了一切事物的形式。”人永远服从于自己的利益，人们的意见纷纭，在于他们的利益各异，要想了解人们意见分歧的深层原因，必须了解他们各自背后的利益差异。爱尔维修在此基础上还论述了公众利益的形成和法律、协定的产生。他说：“人为了养活自己，或者为了减少自己对狮子老虎的恐惧，必须与别人联合起来。”“为了生活，必须种地，要使人去播种、收获必须属于耕者。为了这个目的，公民彼此之间订立了协议和法律”。

亚当·斯密和边沁更加关注个人利益与公正利益的协调。亚当·斯密认为，分工是由利益引起的，利益作为“看不见的手”，可以自动地协调个人利益与他人利益、公众利益的矛盾和冲突，实现社会平衡。他认为，促进个人利益与他人利益、社会利益协调的桥梁就是“互利”——看不见的手。互利，作为“经济人”的理性意识，把不同的人连接起来，在合作中实现各自的利益，个人利益实现的过程也是社会财富增加的过程。边沁也非常注意个人利益的实现与社会利益的协调，他认为，社会利益是个人利益的综合，社会利益是抽象的、空虚的、不真实的，个人利益是唯一真实的存在，社会中每个人利益的实现就是社会利益的实现。

在这些思想家的基础上，马克思吸取了他们思想中有价值的内容，提出了辩证唯物主义的利益观。马克思认为，利益是思想的基础，利益决定思想，利益推动生产和生活，“思想一旦离开利益，就一定会自己出丑。”“每一既定的社会经济关系首先表现为利益”。恩格斯在批判旧唯物主义时说：“旧唯物主义在历史领域内自己背叛了自己，因为它认为在历史领域中起作用的精神动力是最终原因，而不去研究在这些动力后面的是什么，这些动力的动力是什么”。关于利益最全面、最深刻的概述是在《马克思主义哲学全书》中，概括起来有以下两点：第一，利益是社会化的需要，是人们通过一定的社会关系表现出来的需要。因此，利益在本质上属于社会关系的范畴。第二，社会主体为了维持自身的生存和发展，必须进行产品生产和交换，在产品生产和交换活动中所体现出来的社会主体与社会劳动产品的对立统一关系就是利益。马克思主义的利益观是我们科学地分析一切社会问题的正确的理论出发点。

第二节　企业利益关系的形成与协调

企业作为利益关系的组织是20世纪才提出的现代企业理论的主要内容。但是，企业作为利益关系的组织是自企业产生以来就有的事实。从企业的经济性质来看，企业是利益性的生产组织，企业的目的是利润的最大化。从企业的社会性来看，企业存在于一定的社会关系中，这些关系包括企业与内部雇员、所有者、经营者的关系，企业与外部消费者、供应商、银行、政府、社区的关系。企业之所以要与这些组织或群体保持一定的联系，其根本在于企业与它们之间有一定的利益关系，这些客观存在的利益关系，决定了企业要想生存和发展就必须协调好与各个利益关系者之间的关系，与各种利益关系群体保持协调和平衡是企业生存的基础和发展的动力。

利益相关者是指那些能影响企业实现目标的任何集体或个人，或是那些受到企业实现目标影响的团体或个人。因为他们在企业中有自己的利益之所在，因此会关注企业，从而影响企业的目标。通常可把利益相关者分为直接利益相关者和间接利益相关者。直接利益相关者包括所有者、员工、管理者、债权人、顾客、社区、供应商、零售商、竞争者和其他合作伙伴。间接利益相关者包括政府、公共组织、社会压力团体、新闻界、学术界、工会、一般公众等。

企业利益相关者的概念是弗吉尼亚大学教授弗里曼提出的。他认为，所谓利益相关者就是“任何可能影响公司目标实现或受这种实现影响的群体或个人”，这是利益相关者的经典定义。根据企业与利益相关者之间关系的正式性与非正式性，利益相关者划分为直接的和间接的。直接的利益相关者是指企业与它们之间有明确的合同、契约关系，如顾客、供货商、经销商、债权人、雇员等。间接的利益相关者是指企业与它们之间没有明确的合同、契约关系，如消费者、媒体、社区、环境等。还有人把利益相关者划分为支持性的、边缘性的、不支持性的和混合型的。支持性的利益相关者包括董事会、经理、雇员、顾客、供应商和提供服务者；边缘性的利益相关者包括雇员职业联合会、消费者利益群体和未经组织的股东；不支持性的利益相关者有相互竞争的公司、工会、政府和新闻媒体；混合型的利益相关者包括紧缺的雇员、代理商或顾客。对于不同的利益相关群体，企业采取不同的策略。对于支持性的利益相关群体，企业采取鼓励他们参与到企业的经营中来；对于边缘性的利益群体，企业的战略是对他们实施一定的监控，以确保稳定的经营环境；对于不支持性的利益群体，企业对他们采取防备的态度；对于混合型的利益群体，企业对他们采取合作的态度。

利益相关者理论认为，现代企业是一个利益相关体，企业经营管理是一种合作活动。企业要有所有者，没有所有者的初始投入，就不可能有企业。企业要有顾客，产品或服务得有足够数量的人按足够高的价格购买才行，购买的人越多，愿意出的价格越高，企业越能获得利润。企业要有员工，员工的素质越高，员工与员工之间，员工与企业之间的合作程度越高，越能生产出具有竞争力的产品或服务。企业要有供应者，企业不可能所有原料、零部件都自己生产，不可能所有技术都自己开发，不可能自备所有的资金，故需要原材料、零部件、技术、资金供应者。原材料、零部件、技术、资金的供应越是稳定可靠，企业经营就越顺利。企业要有竞争者，企业通常不喜欢竞争者，但没有了竞争者，就成了垄断，而垄断是法律所不允许的。企业还要有政府、社区、公众的理解、合作与支持。同样，所有者、顾客、员工、供应者、竞争者、政府、社区、公众也能从与企业的合作中获得好处，他们也离不开企业。可见，企业有许多利益相关者，而且与他们关系十分密切。可以说，企业的任何决策、任何行为都会对利益相关者产生或多或少的影响。怎样处理与利益相关者的关系是企业不可避免的、每时每刻都面临的问题。

企业作为社会经济活动的主体，其追求利润最大化的活动是在具体的社会环境中进行的，其经营管理活动必然在社会产生这样那样的影响，必然与个人和其他组织发生这样那样的相互关系。企业要进行正常的生产经营活动，就必须处理好各种利益关系，因而也就必须把握其中的伦理关系，树立正确的伦理观念，确立一定的伦理准则和道德规范，指导生产经营活动。

罗宾斯认为，环境是指对组织绩效起着潜在影响的外部机构或力量。任何组织都不是独立存在的。环境中的某些力量在管理者行为的形成过程中起着主要作用。环境可区分为一般环境和具体环境。一般环境包括组织外的一切，如经济因素、政治条件、社会背景及技术因素，还包括那些能影响组织但联系尚不清楚的条件。具体环境是与实现组织目标直接相关的那部分环境。它是由对组织绩效产生积极或消极影响的关键顾客群或要素组成的。具体环境对每一组织而言都是不同的，并随条件的改变而变化。典型的情况是它包括投入物、供应商、客户或顾客、竞争者、政府机构及公共压力集团。正如我们所看到的，组织并不能自给自足，它们同环境发生相互作用，并受环境的影响。组织依赖其环境作为投入的来源和产出的接受者。

此外，微观经济学理论认为企业行为具有外部性。外部性可按其效应的有利或不利分为正的外部性和负的外部性，其效应也就相应地可称为外部正效应和外部负效应。如果行为的实施者造成了额外的成本，使其他厂商或个人无法补偿地来承受这种额外成本，由此产生的就是外部负效应。如随地乱扔垃圾的人使其他所有人感受到不干净的环境带来的不舒服，一个乱按喇叭的司机使行人承受噪声的苦恼，钢铁厂的烟囱排放大量烟尘使环境污染更为严重。反之，如果行为的实施者造成额外的收益，使其他厂商或个人无偿地享受到额外的收益，则由此产生的就是外部正效应，如养蜂场的蜜蜂为附近的果园传播花粉将提高果园的产量。外部性造成资源配置的扭曲，在负的外部性情况下，它将造成产品的过度供给，外部正效应的存在使产品的供给不足。外部性理论说明企业经济行为对社会的影响是重大的，如何解决外部性的问题，不仅企业自身关心，政府、公众和社会团体也十分关心。因此，要求企业遵循一定的伦理道德规范和法律制度，设法消除外部性。

企业是有组织地进行商品生产和交换的利益组织。在传统的企业中，企业作为利润最大化的组织，利益关系比较简单，主要的利益关系是所有者和雇工，两者的利益关系表现为：所有者借助雇工的劳动生产产品，获取利润，而雇工通过出卖自己的劳动获取劳动报酬。在现代企业中，企业作为市场主体，与社会方方面面的利益群体发生联系，企业的利益关系变得复杂了，除了企业与所有者、员工最基本的利益关系外，还有企业与消费者、企业与供应商、销售商、企业与银行、企业与社区、企业与工会、企业与非营利组织、企业与环境等关系。企业与这些利益相关群体的关系中，既有矛盾冲突，又有协调合作，维系他们之间关系的既有正式制度，也有非正式制度。企业与各种利益群体的合作和协调正是靠各种正式的法律、法规约束和非正式的道德、信誉一起共同作用的结果。

第三节　企业道德对企业管理的作用

我们知道，一项有效的管理是建立在以下四个方面的基础上的：第一，正确的决策。理查德·L. 达夫特（Richard L. Daft）指出："经理人员的职责就是发现问题，对如何解决问题作出决策，跟踪决策的结果以决定是否需要作出新的决策。优秀的决策是优秀管理中至关重要的组成部分，因为它决定了公司如何解决问题，如何分配资源和怎样实现组织的目标。"第二，吸引、留住人才，充分调动员工的积极性。杰弗里·菲弗（Jeffrey Pfeffer）认为："在当今残酷的商业竞争环境中，为了夺取竞争的胜利，公司如何管理其劳动力队伍可能是唯一重要的影响因素"。第三，人、部门、组织之间的协调。自从人们开始组成群体来实现个人无法达到的目标以来，管理工作就成为协调个人努力必不可少的因素了。哈罗德·孔茨（Harold Koontz）把协调上升到"管理的本质"来看待，他说："把协调看作管理的核心，似乎是更确切些，因为把个人的力量协调起来，以完成集体目标，是管理的宗旨。每一项管理职能都是为了促进协调"。第四，不断创新与变革。企业内外部条件一直在变化之中，而唯一不变的是在变化的环境中，创新和变革不是可有可无的小问题，而是关乎生死存亡的大问题。因此，"'不创新，则灭亡'这句话日益成为现代管理者的一大呼声"。而员工的道德品质和企业道德文化有助于制定正确的决策，有助于吸引、留住人才并激发其工作热情，有助于促进个人、部门、组织之间的协调，有助于推进创新与变革。①

1. 制定正确的决策

良好的企业道德至少可以从三个方面促使管理者作出正确的决策。

首先，管理者良好的道德品质是正确决策的前提。不能说管理者道德品质良好肯定能作出正确的决策，信息不全、预测错误、判断不准、评价方法不当，都可能导致决策失误。但是，起码的道德素质是正确决策的必要条件。如果管理者道德素质不高，或把自身利益置于企业利益之上，以权谋私；或对企业不负责任，轻率决定；或投机取巧，想通过损害利益相关者利益的方式获得企业或自身利益；或刚愎自用，听不进不同意见，使下属不敢说真话，从而得不到正确的信息，上述任何一种情形都将导致决策的失误。相反，如果管理者道德素质较高，就会有一种责任感，会慎重考虑决策方方面面的问题，就能尽量客观、公正地作出判断，就能倾听各方面的意见，下属也乐于参与决策，所有这些都有利于管理者作出正确的决策。

其次，掌握决策的伦理分析方法有助于作出正确的决策。几乎所有决策都会给这样那样的利益相关者带去程度不同的利益或伤害，换句话说，几乎所有决策都与伦理与关。有些决策失误不是技术上不可行、经济上不合理，甚至也不违反法律条文，而恰恰是由于伦理上不可行造成的。管理者如果仅仅有良好的道德素质，而缺乏必要的决策伦理分析的能力，仍然有可能因伦理上的不可行而导致决策失误。Penny 公司的前任首席执行官唐纳德·V. 赛伯

① 陈炳富、周祖城编著：《企业伦理学概论》（第二版），南开大学出版社 2008 年版，第 18—21 页。

特（Donald V. Sieber T.）对于伦理的重要性发表过如下见解："如今绝大多数的管理者都是讲道德和诚实的。但是，有时我们可能会埋头于数学模型、销售计划和季度收入，以至于忘掉了成功企业的一个基本事实——从长远来看，最好的企业决策是建立在最合乎道德的判断之上的。"

最后，企业道德文化可以起到制约作用。文化是通过组织成员在解决内外部问题过程中不断学习而形成的，文化一旦形成后，反过来又会对组织成员的行为起到导向、规范和制约作用。因此，良好的道德文化一方面会对决策者的行为起到规范和制约作用，促使其公正地作出决策；另一方面，在处理决策中涉及的对待利益相关者的问题方面，将起到导向的作用。

2. 吸引、留住人才并激发员工的工作热情

人不仅有物质需要，还有精神需要，而且随着人类社会的不断进步，人们的这种需要越来越丰富，越来越强烈，因此要吸引并留住人才，光有物质条件是远远不够的，还需要对人的尊重、理解、信任、关心、培育，还需要企业具有良好的道德形象。一般来说，人才面临的生存压力较小，对工作单位的选择余地较大，因而更在意公平、公正的工作环境，更关注自身价值的体现。而自身价值高低不仅仅表现在报酬多少上，也包括对社会贡献的大小，因此，他们更愿意从事有较高社会价值的工作。

良好的企业道德可以从以下几方面激发员工的工作热情：第一，员工自身道德素质高，工作责任心、创造性和积极性就高，就能自觉地、积极地投身于有意义的工作之中。人的潜力很大，仅仅靠外在的制度约束和物质刺激远远不能把人的潜力激发出来。一个人如果把最大限度地为社会做贡献作为自己的人生目标，就会尽自己的最大努力把工作做好。如果能真正设身处地地为他人着想，工作责任心就会大大提高。第二，管理者以身作则产生的影响力。第三，道德文化的作用。当一个组织能够向其成员清楚地展示生活于这个组织中的价值和意义时，人们的工作潜能就会得到惊人的释放。

3. 促进个人、部门、组织之间的协调

目标、计划、政策、结构、制度、文化等都是协调个人、部门、组织之间关系的手段，企业道德促进协调体现在以下两个方面：

首先，如果员工有良好的道德品质，就能设身处地地为他人着想，相互信任，相互帮助，这样，即使有分歧、有误解也能及时得到解决。相反，如果以自我为中心，互相猜忌、尔虞我诈、勾心斗角，纵然有完善的制度，也不可能协调好相互关系。

其次，任何强势文化都有导向功能和协调功能，道德文化也不例外。企业中强的合乎道德的文化，不仅有凝聚功能和激励功能，还能起到导向和协调作用。道德文化的协调功能通过共享的价值观来实现，如果组织成员对个人与个人之间，个人与部门、组织之间，部门与部门、组织之间等关系应该怎么处理有一个相同的或相似的看法，关系的协调就变得简单了。显然，要做到这一点不是件容易的事情。更直接的办法是通过企业伦理守则（制度文化）来协调相互关系。企业伦理守则规定了企业追求的道德层次、企业奉行的道德管理策略、企业处理与利益相关者关系以及处理管理者与下属、员工之间关系的准则，这样在处理相互关系时就有了依据。组织成员的行为受组织风气的影响，因此道德文化的协调功能还能通过群体的压力来实现。通过批评、孤立、疏远那些以自我为中心、行为出格、相互关系紧张的员工，赞扬、关心、亲近设身处地地为他人着想、行为正派、相互关系融洽的员工。促进个人、部门、组织之间的协调。

4. 推进创新与变革

变革是有阻力的，一般认为，这种阻力来自以下几个方面：本位利益约束，对领导者、对变革的预期目标等缺乏理解和信任，对未来不确定性的担忧，不同的评估和目标。克服阻力的措施通常包括沟通和教育、参与、谈判、强迫、高层经理支持。虽然这些措施也是需要的，但员工良好的道德品质和优秀的企业道德文化更为关键。

员工有良好的道德品质，就能顾全大局，不至于斤斤计较；管理者有良好的道德品质，就意味着会出于公心发起变革，会尽可能考虑到员工的利益，且做到处事公正。而为他人着想、公平、公正、顾全大局等正是优秀的企业道德文化内在要求的。

如果企业及管理者能为员工着想，而员工又能顾全大局，则能相当程度地打破本位利益约束；如果管理者能出于公心做事，且处事公正，就能赢得员工的理解与信任；如果企业及管理者能为员工着想，就能最大限度地降低其对未来不确定性的担忧；如果员工有良好的道德品质，就能坦诚相待，即使对变革的预期利益有不同看法，也能及时地加以沟通。

综上所述，管理者可以通过提高包括自身在内的员工的道德品质及建立和维护道德的企业文化来提高决策的质量，吸引、留住人才，充分调动员工的积极性，促进个人、部门、组织之间的协调，推进创新与变革；而正确的决策、充分激励的高素质队伍、良好的协调和不断的创新与变革正是有效的管理所要求的。因此说，良好的企业道德对提高管理的有效性是有积极作用的。

本章问题与讨论：

一、简答题

1. 什么是利益相关者？
2. 企业的利益相关者有哪些？
3. 企业的利益关系是如何形成的？

二、讨论题

1. 如何理解企业是“经济人”和“道德人”的统一体？
2. 企业应当如何协调与利益相关者的关系？
3. 如何发挥企业道德的作用？

第三章　企业与核心利益相关者关系中的伦理

第一节　企业所有者及其权利与责任

一、企业所有者的类别

企业所有者类别取决于企业形态。一般认为，企业所有者可以分为企业管理所有者和企业投资所有者两个类别。

（一）管理所有者

管理所有者指拥有全部或大部分企业产权从而对企业具有很大经营控制权的所有者。这类所有者主要存在于个体制企业、合伙制企业（有限合伙人除外）、家族控制型企业、金融控制型企业中。其特征为：（1）拥有企业产权比重大；（2）企业发展在极大程度上依赖其所能利用的经济资源，所有者的财富也依赖于企业的获利性；（3）管理所有者行使权利，干预整个决策过程，如亲自经营、制定企业战略、委派企业管理者以及监督评价管理阶层的绩效，企业中的管理阶层扮演了重要但明显附属的角色；（4）任何有关所有权转让的决策都要受到感情方面原因（家族控制企业）或有利于国民经济均衡的复杂的战略评价（国家控股公司）的限制。

（二）投资所有者

投资所有者指拥有相对较少的产权从而对企业控制程度较弱甚至不去控制企业的所有者。其主要是有限合伙人。其特征为：（1）拥有企业产权相对较少；（2）企业发展、获利能力与所有者财富之间的关系不太紧密，企业从很大数量的此类投资者那里聚集资源，每个所有者仅仅满足企业需要的一小部分，同时每个所有者的个人收入也不仅仅来源于一个企业；（3）他们对于委派管理者、制定企业战略的决策几乎不能产生影响，而管理者则处于主导地位，事实上，对于股东所有者，股东的民主即通过大量的小股东来控制管理阶层是不可能实现的；（4）公司制企业股东出售股票的决策是基于对收益的评价，抛售股票也是表示不满的一种方式。

二、企业所有者的权利

尽管所有者与企业的伦理关系因不同的企业而异，但一般说来，所有者因其对企业的所有权而应当享有的权利和承担的责任都有其共性。

（一）对企业资产的所有权

无论何种形式的企业都是由所有者出资筹划兴办的，因而企业资产应由所有者拥有。非公司制企业所有者对企业资产拥有经营、处分和配置权；公司制企业所有者虽未必能以个人身份直接支配他已投入公司的资本，但可以转让其股票，同时可以通过一定的组织程序，参与公司企业的最终控制，从而能够在一定程度上保证其拥有的该项权利。企业中的任何组织和个人，即使是拥有较大比例产权的所有者，都应尊重每一位所有者的该项权利，对所有者承担资产保值的责任，具有防止其不合理流失及保证其不受不法侵害的义务。

（二）对企业的控制权

该权利表现为所有者在制定企业使命，决定经营目标，实施经营策略以及亲自经营企业或委派、评价、监督高层管理者等方面的权利。即使是那些一般投资者，也可以用“手”投票或用“脚”投票来实施一定的控制权。

（三）享有剩余索取权

享有剩余索取权，即取得从与其承担风险相应的企业收益中扣除用来支付各项主要要素报酬和投入品价格之后的余额的权利。作为所有者，谋利是其创办或投资企业的主要动机，因此他有权对各投入主体的各项投入的贡献进行监督并使报酬与之相适应，以有效防止各投入主体的“偷懒”行为；同时为了防止所有者规避责任，就只能使所有者对自己的监督行为及结果负责。拥有剩余索取权，对于企业而言，就是具有使企业资产增值的责任，保障所有者能持续地得到与其所担风险相应的可靠回报，并建立起适当的机制防止其他利益群体不道德地侵蚀所有者的该项权利。在公司制企业中，股东按其股权比重获得股利并在股票升值中获得好处，故企业还有义务根据股东的偏好情况决定相应的股利方针，如低收入者和收入动机型机构投资者一般偏好现金收入，企业应保障现金股利的发放；而对于高收入者和成长型基金等投资者而言，因其更偏好于资本利益，故应侧重从长远考虑将股利再投资，赢得更大的股票升值。

（四）其他权利

对于公司制的所有者——股东还有获得公司经营情况方面的信息（财务、报告）和新股摊认权。其中新股摊认权指公司为筹集资本而发行股票时，经公司董事会认可，赋予股东以分摊新股的权利，以防止股权相对分散，保护股东利益。公司章程或其他有关法规、规则规定的其他权利。

三、企业所有者的主要责任

（一）及时、如数供应所应提供的财务资源

企业之所以归所有者所有，归根到底就是因为他是资金的所有者，是企业财务资源的供应者，这是企业所有者首要的、基本的责任，是决定其是否享有所有者权利的前提。

（二）对企业经营成果最终负责

所有者既然享有剩余控制权，就决定了其必然对企业行为的最终结果负责。对于非公司制法人企业所有者而言，就是要对企业债务负无限责任（有限合伙人除外），公司制所有者则以其认缴的股本对企业债务负有限责任，并有选择管理者的责任。

（三）对于利益关系的协调

所有者必须促使企业同与之有关的各利益主体保持协调的关系，把个人利益、企业利益和社会利益统一起来，使包括自己在内的各利益相关者在企业的生存、发展中持续受益，从而共同推动企业的发展和社会的进步。

（四）其他责任

法律、法规、公司章程规定的或企业其他利益相关者期望所有者承担的其他责任。

第二节　企业所有者的伦理选择

一、企业所有者的权利现状

在实践中，一些企业存在着损害所有者，特别是小比例产权所有者的现象。例如，企业员工（其中包括管理者）有意或无意地将企业资产挪为己用甚至偷带出厂；管理者高价订购原材料，低价出售企业产品或企业资产；资产评估机构由于种种原因低估企业资产的价值，特别是在企业因经营困难或追求某一目标而进行企业资产重组、企业并购之时；大比例产权拥有者凭借其资本实力而获得了较大发言权，出于自身利益考虑（如逃税、转移利润、转嫁风险、单纯掠夺式利用其加工能力等），加重对其子公司和小比例产权所有者的盘剥，肆意掠夺子公司财富或使其接受其没有订购的附加物或不需要的其他物品，结果人为地推动子公司资产价值的降低；等等。

就国有企业现状而言，国家所有者缺位或形同虚设的现象以及由于企业强调顾客利益、内部人利益（特别是员工利益），加之股权高度分散而把所有者地位贬低为纯粹的资本供应者地位的现象，都是侵犯所有者这一权利的具体表现，最终势必威胁到所有者第一项基本权利的实现。一些改组而来的股份有限公司、有限责任公司，表现为：

（1）忽视企业所有者的存在，追求管理者个人报酬的最大化，即管理者福利和利益最大化。例如，他们以能给他们带来最多的工资和足够的支出账户作为决策的依据，并从一定类型的费用中获得价值，特别是公司的汽车、办公家具、办公地点、自主决定的投资基金等。

（2）忽视所有者的存在，追求内部人报酬最大化。如利用提高工资水平、奖金水平、发放实物等形式谋求企业管理当局和企业全体员工收益的最大化。有的企业甚至通过以低价将本企业一部分国家股权转让给职工持股等方式操纵国家股权的转让来使企业内部人合法地享有企业利润，提高内部人收入水平。

（3）有的企业还能够操纵利益账户，通过建立假账（常常是两本账）、保留“小金库”、乱摊成本等形式变相地减少所有者收益。

（4）因循守旧，不能采用新的技术成果改进和更新设备，不能保证固定资产的正常维修，不能有效地利用固定资产，造成闲置。

二、企业所有者的伦理选择

就管理所有者而言，他们与企业的关系十分密切。管理所有者拥有影响企业经营的很多权利，应当说他们几乎行使了所有者的全部权利。

对于投资所有者而言，由于企业的资本为成百上千甚至数以万计的小股东（合伙制则为有限合伙人）所掌握，其没有干预企业管理过程的可能性，结果企业的管理阶层履行了调和不同利益相关者利益的关键角色，并独自对企业的长远发展负责。既然高层管理者因拥有决定企业政策的权利而成为关键的决策方，那么就必须考虑管理阶层的行为是否遵循了下列经济和伦理标准：

（1）管理者权利的合理框架是什么？（2）管理者活动的目标是什么？如何确保其目标的合理性？（3）管理者决策的依据是什么？（4）管理者向不同的利益相关者分配利益或损失的依据是什么？

此外，还有以下几种：（1）他们作为拥有全部或绝大部分产权的所有者的责任是什么？（2）所有权的界限是什么？（3）如何调整所有者与利益相关者的利益冲突？（4）如何妥善处理所有者与管理阶层的关系？

目前，企业的股东结构正在发生着巨大的变化。自20世纪50年代开始，许多公司的小股东在一定程度上逐渐为数量有限的大机构投资者（如养老基金、互助基金）所代替，后者通过使用成千上万的小投资者的储蓄，获得了许多管理控制型企业的大量股票。例如，有关统计资料表明，日本企业法人相互持股比例已上升至企业股份总数的70%以上，个人持股比例则下降至23%。美国的法人持股比例也逐渐上升。对于这些机构投资者而言，改变投资组合并非易事，出售股票可能会引起手中所持股票价值的急剧下跌，因此选择表达不满的方式如用“手”投票比抛售股票即用“脚”投票更切实可行。这就要求他们不得不由投资者股东向管理者股东转化。同时，股票的不易转让性也强化了机构投资者与企业以及企业之间的经济纽带关系，使他们比个人股东更注重长远利益，结果使企业一定程度上摆脱了个人股东倾向于追求短期投资利益的束缚，更加致力于企业的长远发展战略。但是由于他们缺乏作为管理者股东对公司的态度和经营企业的技巧，而管理者态度的形成和经营技巧的获得则依赖于他们勇于承担公司管理责任的意愿，并且只能通过抛弃投资者股东不关心公司经营的态度，建立一个有利于同管理者见面并在证明其不胜任所从事的工作时解聘他的关系来实现；加之公司的管理阶层也极不情愿将其自治权转移到这些机构投资者手中，他们强调投资者的介入会使公司面临更大的风险，因此这个从投资者到管理者股东的转化虽日趋明显但却是一个缓慢的过程。①

① 陈炳富、周祖城编著：《企业伦理学概论》（第二版），南开大学出版社2008年版，第218页。

第三节　企业所有者与管理者伦理关系的协调

随着第三次产业革命的推动、消费者争价实力的增强和企业竞争的加剧，技术创新、信息管理等因素在竞争中的作用大大增强，“小鱼吃大鱼”的现象时有发生。这在客观上要求企业的经营决策者和管理者的知识水平、专业技术水平和管理水平要有较大的提高，加之股权分散化、企业筹资渠道的多样化在一定程度上弱化了所有者的争价实力，结果在企业的组织结构中，股东大会的地位逐步下降，董事会和总经理的地位明显提高。一些公司的股东大会由于种种原因无法召开，名存实亡，董事会中管理人员、技术人员比重大大提高，股东代表比重明显降低，甚至无股东代表，现代企业的领导权已很大部分地落到了管理阶层手中（西方有人称其为经理革命）。这就增加了经理阶层为了追求自身的最大效用而偏离所有者目标的可能性，而所有者却不得不为这些经理阶层的行为最终负责。

如何处理好所有者与管理者之间的关系，达到既保护所有者的合法权益，又能有效地激励管理者为实现企业目标而努力工作的目标是各国企业面临的共同问题。

一、管理者的目标

管理者作为最大效用的追求者，其目标有三：

（1）报酬。包括物质报酬如工资、资金等和非物质报酬如提高荣誉、社会地位和自我价值的实现等。

（2）增加闲暇时间。包括较少的有效工作时间和较小的劳动强度两方面的含义。但是，这一目标管理者在给定的自然状态下作出自然的选择行动，所有者能观察到管理者的行动，但却观察不到其自然的选择状态，于是就存在着隐形信息的道德风险（moral hazard with hidden information）。

（3）管理者为了实现自己的目标故意错误地报告信息，使所有者面临“逆向选择风险”，如管理者装饰豪华办公室、买高档汽车等。

二、所有者的选择

对于所有者而言，总是希望管理者按其利益来选择行动，但所有者不能直接观察到管理者究竟选择了什么行动，所能观察到的只是另一些变量，而这些变量则是由管理者的行动和其他外生随机因素共同决定的。因此，所有者的问题是如何根据所能观察到的信息来监督和奖惩管理者以激励其选择对自己最有利的行动。

1. 监督

为了避免道德风险和逆向选择，所有者就必须获取更多的信息，制定各项规章制度，建立各种监控机制，约束管理者的权限，监督管理者的行为，在发现其背离所有者目标时给予一定的处罚甚至解聘他。但这要发生昂贵的成本，既包括由于监督而直接增加的费用，又包括由于监督而使管理者不能及时采取措施而丧失时机所带来的损失，因此，我们应该在这种监督成本和因为监督而可能给所有者带来的收益之间进行权衡。

2. 激励

激励即指把管理者的个人报酬同公司的运营成果挂起钩来，从而鼓励他们采取符合企业最大利益的行动。这也涉及成本问题，如果激励成本过低，则不足以激励管理者，所有者的权益得不到有效的保护；如果激励成本过高，所有者又得不到应得的收益，因此只有适当的激励才能在一定程度上调和所有者与管理者之间的利益冲突。这里又涉及两个在实践中非常重要的问题：用什么指标来考核管理者的绩效和用什么来激励管理者。对于指标问题，经验上的结论并不一致。

西方国家于20世纪60年代的研究表明，管理者的收入与公司规模或用来衡量规模的销售额联系密切，相对来说与利润的关系不大。70年代以后，马森（Masson）的计量研究显示，高层管理者的报酬与公司股票的价值正相关。赖威伦和哈茨曼（Lewellen & Huntsman）则发现，公司的报告利润对总经理的报酬有很强的和持久的影响。

实践中，将管理者的报酬与企业利润挂钩的激励就是有效的。但是由于企业利润不仅是管理者努力的结果，还受到国家政策、法律、法规、整体经济形势、同一行业和相关行业的市场需求、技术进步等因素的影响，因此还应当把这些因素纳入对企业管理者的奖惩合同中，以便剔除更多的外部不确定性的影响，使其与个人努力的关系更为密切，调动其努力工作的积极性。这也可以说是标尺竞争（yardstick competition）被广泛使用的原因。但是必须注意的是，对监督工作的过度激励会诱使管理者将过多的努力花在这些方面而忽视其他方面，从而导致资源配置的扭曲。

对管理者的激励可以用与企业产出相关的工资、奖金等货币形式，也可用股票、期权等形式，但对于行为和绩效难以监督的高层管理者而言，可以让其拥有部分剩余索取权和控制权，如使之拥有公司股票或债券，成为公司的股东或准股东，他的报酬就会直接同公司运行的绩效和结果挂钩；另外，如果某些人员的产出难以计量，可以用等级制的提升职位制度来监督其努力程度。对于股权分散的情况，似乎没有人能监督高层管理者，此时可以给予等级制的高级经理一揽子的津贴，并使这些津贴取决于公司的整体经营绩效，为高层管理者提供刺激和动力。

三、促进管理者和所有者利益一致的途径

（1）通过所有者和管理者的契约来约束和激励管理者。

（2）通过高层管理者市场制度即声誉效应、通过市场竞争实现。

（3）通过法律规范来约束管理者以保证所有者利益。

（4）通过用“手”投票和用“脚”投票来实行一定的控制。

事实上，欧洲广为流行的混合企业（政府、私人分别拥有一定比例的股权）内的管理者既有来自高层管理者市场的竞争压力，也有来自政府接管的影响和风险。来自私人股东的压力会加强管理者的利润意识，来自政府的影响会增加管理者的社会意识，同时股东们对效率的压力，使政府无须监督企业的效率问题。这对我国国有企业改革是有参考价值的。

第四节　企业与职业经理人的伦理关系

一、职业伦理观与职业化人才

在企业人力资源管理实践中，培养职业化的伦理观，是企业文化建设的重要内容，堪称企业实现可持续发展的必要保证。所谓人力资源管理中的伦理观或者伦理导向，就是企业中的每个从业者相对于企业团队所体现出的职业操守和团队意识。

一个企业团队的每一个成员都要具备符合该团队整体利益的从业伦理观，这是在一个团队里从业的基础，假如一个人没有职业道德，也就不具备从事任何工作的资格。对其高低水平的要求则因岗位或职务的不同而有所区别，例如，前述从别的企业“挖”来的人才，往往是企业的中高级管理人员乃至总经理，对这一层次的人才在职业道德上的要求远远高于对一般人员的要求，因为这一层次人才的从业伦理观会影响整个企业的走向甚至命运。企业真正需要的人才是职业化人才，其中有两方面的含义：一是专业技能的职业化；二是从业伦理观的职业化。两者具有不同的价值，但都同样重要，知识与才能是从业的资本，品德伦理也是从业的资本。

二、职业伦理观与职业经理人

（一）职业经理人的职业伦理观

职业经理人，顾名思义，就是专门从事企业经营管理的人，既有总经理，也有财务经理人员、人力资源经理人员、公共关系经理人员、市场营销经理人员等，涉及企业经营管理的各个专业领域。但无论是总经理还是某个方面的经理人，当他任职于某个企业时，必须具备与所服务的公司相适应的职业伦理观，恪守应有的职业道德。如果他不具备这一点，就会带来极大的职业道德风险。可以想象，经理人员以企业为平台，一味做自己想做的事情，置所有者的利益于不顾抑或有所忽视，一旦出现问题给企业造成损失，所有者只能自己承担责任。

职业经理人的伦理观能在很大程度上影响其行为。职业经理人的价值观与企业价值观默契、职业经理人的行为与企业价值的一致性、职业经理人在培育企业价值观过程中的作用等，都会影响到企业的经营，需要明确企业伦理对经营过程的作用形式，职业经理人尤其是高级职业经理人是企业经营决策的参与者，能明显影响到经营决策的内容与目标，以及经营决策的实施过程。所以职业经理人的工作内容与价值倾向可能会导致企业经营的成败。因此，职业经理人的伦理观培养与研究应该是企业伦理关注的重要内容。

（二）职业经理人的职业道德问题[①]

我们正处于或正在步入一个更理性和更和谐的后现代社会。但就某种角度而言，我们与现代社会乃至与前现代社会的一些道德观念上的争论还远未结束。尽管我们处在后现代社会中，但道德观念在一些方面还保留着现代社会转型过程中错位的状态。

后现代社会时期的道德观念错综复杂，我们常常无法用一种明确的道德观来审视后现代社会的一些事务。正如后现代建筑评论家查尔斯·詹克斯所指出的那样，生活在前现代社会的西班牙建筑师高迪才是真正的后现代社会的建筑大师。

人们当前面临的事实是时间在向前，历史也在向后现代社会前进。在经理道德这个敏感的话题上，也不能抱守历史主义的乐观态度。然而，相比于现代社会，在后现代社会里，作为精神现象的经理道德状况却并未出现好转的迹象。相反，随着信息化、经济全球化、社会变革的加剧出现的结果是经理道德状况的每况愈下。

乌尔里希、鲍姆哈特、布伦纳和莫兰德尔等学者的调查研究结果表明，当今企业领导的伦理标准从总体上来说是消极的。领导的道德水准不仅没有促进伦理标准提高，而且还在逐步侵蚀着已有的伦理标准。

（三）经理机会主义定向道德模式[②]

考夫曼（Kaufmann）、克贝尔（Kerber）和楚勒纳（Zulehner）在1986年的一项研究结论指出，现实中的商业道德——尤其在年轻经理中——表现了一种明显的“投机基本倾向”，而积极的伦理定向则相对较为少见。

企业经理的机会主义定向模式有四种基本形式：

（1）机会主义者的典型特征是具有一种明显的“自我中心化”倾向。

（2）认为成功就需付出代价。要想成功就不能有所顾忌，就可以不忌讳不正当的行为。

（3）机会主义者同时具有高度的物质享乐主义特征，认为成功就应该使生活更为舒适，并享有更多的闲暇和更大的物质丰裕。

（4）与自我中心主义的生活方式相一致，机会主义者认为道德是纯粹的情感表达。“自我”处于中心地位，自我评判是善与恶的唯一标准。

（四）经理的自我中心化趋势

考夫曼（Kaufmann）、克贝尔（Kerber）和楚勒纳（Zulehner）的研究结论认为，一种强烈的自我中心化趋势正在形成，它仅仅限于关注成就、财富和享乐。至少对一些社会精英而言，他们所大加赞赏的价值观就是经过巧妙掩饰而追名逐利。

更多学者的研究都证实了以上结论的正确性。这种毫无责任感的利己主义成为经理们的追求，实在是后现代企业伦理建设的莫大窘境。更为令人担忧的是，就连在校的大学生也都

---

① 吕春晓编：《企业伦理》，西安交通大学出版社2008年版，第207页。

② 吕春晓编：《企业伦理》，西安交通大学出版社2008年版，第207页。

成为上述极端利己主义的追捧者。考夫曼、克贝尔和楚勒纲所断言的“纯粹的野心家已充斥了整个校园”的说法毫不为过。以上在西方国家所做的调查，其结论同样可以用来描述今天中国经理的道德状况。尽管没有相关的研究数据可以佐证，但我们根据对社会现实的观察可以深刻地体会到，由于长期处于相对落后的发展状况，使中国的经理们难以抗拒物质主义的诱惑。自我中心、片面追求财富和享乐已经成为一种非常普遍的现象。因此，无论在今天的西方还是在东方，经理道德都面临严重的危机，企业伦理建设都面临极为巨大的挑战和困境。尽管也有一些研究者的研究结果表明，女性经理及女大学生具有良好的责任感。但这并不能根本扭转经理道德危机这一严重的事实。

经理们的道德危机实质是一种时代危机和人类精神危机，但分析其精神根源是复杂的，我们只能说，今天的经理道德危机必须由信仰来解决。像彼得·德鲁克所指出的那样，在后现代公司中构筑健康的伦理，除了信仰之外没有别的更为强大的力量。

（五）对经理投机行为的约束

在一个投机倾向和利己主义横行的社会，期待在短时间内改变经理道德状况是不现实的。强大的信仰固然能对经理人行为形成内在的有效约束，但在价值分崩离析的后现代社会里，促使每一位经理都选择正确的信仰却是一个无比复杂而艰巨的课题。因此，在寻求精神柱石的同时，从物质层面对经理人行为进行约束可能是较有成效的途径。事实上，正是现代社会所构筑的一整套约束体系，才使今天的经理不至于像脱缰的野马。因此，我们须继承现代社会的制度体系并以后现代社会的法则对其进行改造和完善。

对经理人行为形成有效约束的是道德、法律和经理人市场。然而，尽管这些因素都在不同程度上抑制着经理人的内在冲动，却并不能从根本上杜绝非伦理行为的发生。大多数情况下，经理人的非伦理行为行走在道德和法律的边缘，在不逾越雷池的前提下完成着其对组织乃至社会的侵蚀。如果物质层面的约束可以使我们一劳永逸地解决经理人的非道德行为，那么，关于企业伦理学的反思与建构便是多余的了。

（六）后现代的经理的理想类型①

霍尔斯特·施泰因曼和阿尔伯特·勒尔在《企业伦理学基础》中介绍了尼尔森（Nielsen）对经理类型的分析。尼尔森把经理划分为四种类型，其中第四种即作为“组织公民”的经理是最理想的经理形象。可以把这一类型看作后现代经理的现实典型。而另三种有伦理疑问的经理类型则应该是后现代企业抵制的对象。

1. 重技术轻道德类经理

这种经理类型的行为特点是，只知道履行职责而不问其道德后果。这类型经理唯一追求的就是从技术上确保任务的完成，而从不思考这种做法合适与否，他们对自身行为的道德性质毫不关心，他们在技术上是高效率的，而在道德上是漠然的。尽管尼尔森对经理类型的分析注重经理的具体行为模式，但事实上，上述经理类型却过于抽象。在现实中这种类型几乎

① 吕春晓编：《企业伦理》，西安交通大学出版社 2008 年版，第 208—209 页。

不存在，即使有也是非常罕见的。

2. 恶意行为适度类经理

尼尔森所说的第二种类型是较为普遍的一种，这种经理懂得善恶之分，但是为了谋取个人私利，也会有意识地从事非伦理行为。这种类型的经理遵循的是一种“算计过的恶意行为”模式，他对其他人提出不道德的要求，完全是出于其个人利益的考虑。这种类型经理的“恶意行为”是适度的，在常人看来甚至是可以“理解”或“宽恕”的。这种经理懂得适可而止，他不会冒天下之大不韪。但正是由于这种经理的行为并非大恶不赦，因此才是常见的、普遍的和危害性最大的。这种行为最能模糊人们的道德视线，潜移默化地腐蚀人们的伦理观，从而对社会造成长期而巨大的危害。

3. “浮士德式”经理

尼尔森所说的第三种有道德缺陷的经理类型其实是第二种类型的极端化。这种类型被称为“浮士德式”，他为了达到自己的目的，会不惜采取卑劣和恶毒的手段。由于社会道德和法律的约束作用，这种类型经理的非伦理行为通常会以较隐蔽的方式出现，因而往往能躲过公众的视线。由于现代社会特别是后现代社会在理性制度体系建设方面的完善性，“浮士德式”经理不能为所欲为，一旦东窗事发，他们就会受到法律严厉的制裁。因此，对于这种类型经理的最有效的制约手段还是法律体系。

4. 组织公民类经理

尼尔森所说的第四种经理类型，即作为“组织公民”的理想经理典范，在现实中虽然不多，但却是真实存在的。他们是后现代经理的典范，他们的伦理水准远远超出一般经理。

“按照尼尔森的看法，所谓的组织公民是这样一种经理，他不是毫不思索地服从所有的指令，他们的行为也不是纯粹取决于利益的考虑。他拥有一种道德判断力，并通过独立思考将这种道德判断运用于具体的行为。……如果没有一种相应的、组织上的‘外界支撑’，这种刚正不阿，这种‘皇冠前’的男子汉气概，对于个人很快就会成为一种苛求。”

尼尔森所说的第四种类型的经理是这个投机倾向和利己主义社会的稀缺因子，是后现代企业伦理建设的希望所在。应该营造一个有利于这种“组织公民”类型经理生存的企业土壤，因为这种刚正不阿的精神正在渐渐地离我们远去，就某种角度而言，它是一棵需要细心呵护的生命之种。

（七）经理人道德状况评述

上述讨论的内容，实际上就是我国企业选择领导人的标准问题。前面说过，领导人的选择标准主要考虑德才兼备，也就是说“组织公民”类型的职业经理。在实际生活中，几千年的讨论并没有给出德才兼备的具体标准。在特定条件下，在特定时间点上，一个人表现出了德才兼备的特征，但此人潜意识里的特征经常很难发现，而一个职业经理人的决策过程还会受到一些特殊情境因素的突发性影响，使他人很难判断一个职业经理人的行为惯性。再者，生活中的事实是，一个职业经理人即使不是“组织公民”类型的，它同样可以得到一定程度上的社会承认，何况他也未必重视别人对其行为的认可。因此，制度能否约束职业经理人的行为，使其行为向“组织公民”的标准靠拢，可能会对社会发展、企业文化形成产生积极作用。

本章问题与讨论：

一、简答题

1. 企业所有者有哪些权利和责任？
2. 企业投资所有者与管理者的利益如何才能一致？
3. 企业职业经理人应当具有哪些职业伦理观？

二、讨论题

1. 请结合实践分析企业管理者的伦理表现。
2. 试分析当前中国职业经理人的发展特点与趋势。

第四章　企业与员工关系中的伦理

第一节　企业的困惑

企业与员工关系中的伦理，是一个双向的关系，既包括企业与员工相处过程中应当遵守的道德规范和准则，也包括员工个人对企业组织应有的道德规范和准则。企业与员工的伦理问题既包括不符合伦理规范的企业行为，也包括企业内部个别员工违背社会道德的个人行为；既包括企业对员工的伦理失范行为，也包括员工对企业的伦理失范行为。在这里，我们都统称为企业与员工的伦理问题。

一、利益分配中的困惑

目前，不同企业采用不同的利益分配办法，如年薪制度或者其他考核体系。但这些不同的考核与分配方法未能解决对劳动量与劳动质量的认定问题，其结果造成了分配的重大差异。有时候人们认为，企业面对的问题很多，如果仅仅考虑公正，就可能忽略效率。如果企业仅仅考虑内部和谐，就不能激励一些员工的积极性和创造性，但员工之间收入差距扩大，又会导致员工之间的矛盾等。因此，在选择分配政策时，企业会遇到很多困惑，包括政策的制约、内部规则的应用以及公平合理的期待等。

二、处罚员工中的困惑

在惩罚时，企业往往选择对决策者有利的方式。例如，领导层的决策如果错了，可以认为是工作中不可避免的失误，可以理解和谅解。如果是处罚对象的行为与规则或制度发生冲突，则可以立即使用已有的规则进行处罚。实际上更为严重的问题是，领导的行为很难被认定，决策的失误难以追究个人的责任，信息与权利的不对称，也是组织决策者掩盖自身缺点的很好条件。如果是企业员工违反了规定或纪律，且企业主要考虑员工行为的客观性，尽量本着理解的态度处理员工违反管理制度的现象，这时企业制度可能就会成为摆设，就可能不会成为约束员工行为的规则，企业管理工作就会变得没有效力。同样，如果制度本身存在问题，这种制度对企业管理的影响就更大。政策制定过程是集体行为，而被处罚对象的行为则只是属于员工个体的行为，员工只能被动接受组织制度的约束与管理。

三、提高员工满意度的困惑

上海市总工会会同市社保局等在2004年对企业职工开展了职工满意度测评。调查显示，职工对薪酬、公平、尊重民意的满意度低。调查数据分析表明，在体现职工满意度的五个方面，职工对企业社会形象、发展前景和自身工作评价两个方面评价较好，对企业领导、团队精神、内部管理三个方面评价相对较低，其中对企业内部管理的总体评价最低。在涉及职工满意度的31个题目中，满意和基本满意率最高的三项是：我在工作中有时确的职责和任务（93.2%）；完成工作对我而言不是一件困难的事（92.9%）；我们企业是一个具有良好社会形象、公众形象的企业（89.4%）。职工满意度最低的三项是：相比较同一行业、同一工种或岗位的工资水平，我的收入是不错的（60.2%）；我对企业内部分配制度公平合理性的评价（60.6%）；企业领导对职工的意见和建议重视程度（61.6%）。①

收入分配是影响职工满意度最为重要的因素，也是评价较低的方面。测评数据显示，职工对此评价较低，主要感到收入的公平合理性不够、收入比同行业其他企业的职工低。因此，企业如何建立科学、合理的分配体系，是一个亟待重视和解决的问题。

① 吕春晓编：《企业伦理》，西安交通大学出版社2008年版，第106—107页。

第二节　企业的伦理问题

一、人员选聘中的伦理问题

人员选聘指企业选拔招聘人才的活动。人员选聘根据招聘途径包括内部招聘和外部招聘两种形式；根据采用的媒介物分为直接招聘和借助中介机构的招聘两种形式。人员招聘的过程包括：①公开招聘；②初步筛选；③对初选合格者进行知识与能力的考核；④面试；⑤选定人员等步骤。企业人员选聘中突出的伦理问题有：

（1）发布虚假招聘信息，目的在于扩大企业知名度。由于各种媒体广告费用很高，企业如果通过媒体做纯粹的企业宣传广告，不但费用昂贵而且很难达到理想效果，而通过人才市场发布招聘信息，只须花费极少的摊位费就能在求职者中产生比较大的影响。

（2）利用考察人才的机会，无偿获取求职者的智力成果。这种情况主要发生在中高级人才的招聘中。在面试时很多企业都会把自身遇到的问题巧妙地设计到面试或笔试的考题中，要求应聘者谈观点甚至提交书面报告或者提交计算机程序，求职者为了谋得这份工作，总把自己最高水平展示出来，把自己最新最好的创意提供给企业，而企业在集思广益，自身问题得到解决后并不录用这些人员，求职者被蒙在鼓里，总以为有比自己水平更高的人被企业录用了。

（3）企业夸大宣传，不负责任地做出承诺。招聘中有意回避企业的不足，对应聘者许诺以后难以兑现或根本不准备兑现的待遇条件，鼓吹发展机会有很大，但被录用员工很快就会发现情况并非如此。

（4）实施歧视政策。对应聘者规定歧视性条件，如性别歧视、年龄歧视、身高歧视等。国际劳工组织在《关于就业和职业歧视公约和建议书》中对歧视的定义是：任何根据种族、肤色、性别、宗教、政治观点、民族、血统或社会出身所作的区别，排斥或优惠；其结果是取消或有损于在就业或职业上的机会均等或待遇平等，从而构成歧视。企业人力资源管理对员工的歧视主要表现为：第一，在人员选聘上，用与工作无关的内容、态度、智力测试的方法来淘汰一些员工，由于这些人不熟悉测试中的语言概念或社会制度等因素，但是他们恰恰满足工作要求，测试人仅仅从性别或其他生理特征的刻板印象来认定一些人为合格或不合格。例如，认为妇女天生不适合某种工作的态度。第二，在晋升和职业发展方面，妇女或少数团体往往得不到更高的职位。女性进入高级管理层的障碍也被称做“玻璃天花板”，在很多地方存在。第三，在报酬上，即不同工同酬或同工不同酬。一般而言，女性要比持有相同工作的男性工资低。真正的绩效制度根据个体的努力与技能来区分每个人，在对个体进行奖励中依据的是每个人的工作而非性别。女性和男性在一样的岗位上同样努力工作，因此他们的薪水就应该反映出这种平等。第四，歧视在辞退方面表现为仅仅因为性别或者与工作能力无关的因素被辞退。很多情况下，女性被辞退的可能性比较大。

二、员工工作时间的伦理问题

工作时间又称劳动时间。我国实行每周工作5天、平均每周工作40小时的工时制度，标准工作日是每日工作8小时。法律规定的工作日每日工作时数少于8小时的适用主体为：（1）从事矿山井下、高山、有毒有害、特别繁重或特别紧张等作业的职业；（2）从事夜班工作的职工；（3）哺乳未满1周岁婴儿的女职工。

国家劳动和社会保障部的调查显示，在中国城市中，所有行业中从业人员的工作时间都超出了每周工作40小时的规定，每周平均工作48.6小时。其中，工作时间超时最严重的前六个行业分别是：批发和零售业行业人员超出的时间最多，每周工作时间达57.09小时，列第一位；住宿和餐饮业为55.85小时，列第二位；居民服务和其他服务业列第三位，为52.33小时；租赁和商业服务列第四位，为49.50小时；建筑业和交通运输业列第五位，为48.93小时；仓储和邮政业列第六位，为48.74小时。这表明违法超时加班在我国企业中比较普遍，这种做法严重侵害了劳动者的合法权益。这说明一些企业还未认识到自身所负的法律责任和伦理道德义务。

三、薪酬管理中的伦理问题

薪酬是企业人力资源管理的重要问题。员工薪酬既是员工从事劳动的物质报酬，也是对员工激励的主要表现。2003年，中华全国总工会对广东省外资企业进行的调查显示，有1/4以上的员工不能按时领取工资，近一半的人被迫每天工作8小时以上；约62%的人一周工作7天，1/5的人曾受到身体或精神上的骚扰，半数以上工人的收入低于最低工资标准。薪酬方面的伦理问题主要表现在两个方面：一是企业拖欠工资问题。我国《劳动法》规定企业要按期支付职工工资。但近年来一些企业在这方面的问题比较严重。据湖南省劳动厅2004年2月在全省各市的调查显示，载至2004年，全省各类企业共累计拖欠工资约67.79亿元，其中，拖欠农民工工资9.51亿元，占拖欠总额的14%，拖欠职工人数约68.68万人，其中农民工26.2万人，占38.1%。2003年各类企业当年新增拖欠8.31亿元，其中农民工资2.42亿元，占29.1%。2003年当年共完成清欠7.84亿元，其中农民工工资3.54亿元。二是薪酬的公平性。一些企业没有建立合理的工资奖励制度，给予员工的报酬往往带有随意性和盲目性，这对企业来说是不负责任的表现，最终会对企业生产经营活动造成不利影响。

此外，“员工待遇低”已成为外国消费者抵制“中国制造”的主要借口之一，以前价廉物美的中国货形象受到质疑，反倒被称为“血汗工厂”。这几年，珠三角、闽东南地区相继出现的“民工荒”现象同样反映出国内劳工工资水科长期低水平徘徊，劳工权益缺乏保障的问题。来自劳动和社会保障部的一份调查表明，珠三角地区12年来月平均工资只提高了68元。佛山不少企业外来工月工资在10年前就已达到600~1000元，但目前仍维持在该水平。广东、福建等省实际工资水平甚至有所下降。目前，广东农民工的月平均工资比江苏低160多元。用工不规范、劳工权益受到侵害是我国局部地区用工短缺的重要因素，2003年年底深圳市在企业工资发放情况的大检查，发现欠薪企业653家，占被调查企业总数的四成以上，涉及员工10万多人次，欠薪总额达1亿多元。在东莞，普通工人平均年流失约为10%，而毛织和玩具行业的流失率高达20%~30%。

四、员工安全问题

员工安全，狭义上是指企业应确保员工的工作环境安全，工作环境中的事物不会对员工的身体或心理造成危害，而广义上还包括员工持续地具有胜任某项职务或工作的能力。员工安全问题在实际生活中屡屡出现，严重地危害着雇员的身心健康。如20世纪美国曼维尔公司就为了保证赢利水平，故意隐瞒其主营业务——石棉生产对员工可能造成严重的身体危害，也没有采取任何安全措施以减少这种危害，从而导致大量的员工由于吸入石棉纤维而患病甚至死亡。员工安全问题体现的是企业对员工生命和健康的保障，是企业对员工的一种责任。

第三节　员工的伦理问题

在企业里，员工的伦理问题及其表现形式众多而且复杂，涉及企业内部的不正当交易、泄漏商业秘密、侵犯员工隐私、性骚扰、员工欺骗、偷盗等。近年来，随着我国资本市场的蓬勃发展和劳动者维权意识的提高，企业员工的欺诈和内幕交易成为广受社会关注的企业伦理问题。

一、企业员工的伦理表现

1. 员工的欺诈行为

对于企业内部员工而言，他们熟知企业的规则和防范体系，因而他们的欺诈行为具有很强的隐藏性和破坏性。内部欺诈已逐渐成为当前企业尤其是银行等金融企业的防范重点。员工欺诈是一种主动与企业对抗、与集体意志背道而驰的不道德做法，是以牺牲企业所有员工利益为代价的一种赌博行为，例如，2008 年曝光的法国兴业银行受骗损失 49 亿欧元的案件中，交易员盖维耶尔正是利用自己对后台电脑系统的熟知来藏匿自己的不轨行为。这一事件对于这家创建于拿破仑时代、经历了两次世界大战并最终成为法国商界支柱之一的机构而言是致命的。

2. 员工的内幕交易

内幕交易是指企业内幕人员和以不正当手段获取内幕信息的其他人员违反法律、法规的规定，泄露企业内幕信息，根据内幕信息买卖证券或者与外人相勾结买卖证券的行为。内幕交易行为人利用其特殊地位或机会获取内幕信息进行证券交易，达到获利或避损的目的。内幕人员的这种不道德行为违反了证券市场“公开、公平、公正”的原则，侵犯了投资公众的平等知情权和财产权益，给企业的社会信誉、社会声誉造成了不可挽回的负面影响，不仅直接损害了企业投资人的利益，也使企业的其他员工承受了巨大的精神压力。这种丑恶的行为反映出的是少数员工的利欲熏心，企业组织不过是他们为个人牟利的工具，完全失去了对企业应有的责任心。如 2007 年国内 A 股市场的杭萧钢构内幕交易案中，杭萧钢构证券事务代表与公司离职人员里应外合进行证券内幕交易，严重扰乱了证券市场，损坏了企业的社会公信度。①

二、企业员工的伦理责任

责任，从本质上说，是一种与生俱来的使命，它伴随着每一个生命的始终。企业要想成就百年基业，责任必须贯穿始终。在强调企业对员工履行责任的同时，也必须重视员工对企

① 徐金发等编著：《企业伦理学》，科学出版社 2008 年版，第 126 页。

业应尽的责任。只有企业责任而不谈员工责任的企业不可能成为一个健康向上、士气高昂的企业。正所谓“天下兴亡，匹夫有责”，企业的兴衰，每位员工都有责任。如果在企业文化中强调员工做事必须从小处培养员工的责任心，从大处培养员工的责任感，并使员工养成自觉的行为，那么这个企业员工的责任文化已经形成。在世界500强的企业中，“责任”是最为关键的理念和价值观，同时也是员工的第一行为准则。

员工的责任感要求员工具有做出承诺、遵守承诺并为之负责的“主人翁”精神。要求员工在现在或者将来为自己的承诺付出努力，而不是被动地对已发生的事情进行解释。具备这样的责任感。员工就能帮助自己、协助他人尽一切努力去克服困难，实现企业的目标。具体而言，员工履行对企业的责任主要包括以下几个方面：①

一是正视困难，不回避困难。不论这种形势看起来多么严峻，员工要有勇气正视当前面临的形势。做不到这一点，员工将无法对面临的现实问题做出有效的回应。如果缺乏这种勇气，员工就不会愿意为承担更大的责任和实现更理想的结果而付出代价。在绝大多数困局之下，员工的头脑里清楚地知道，承认现实意味着他们必须做出某种改变，而大多数员工都会惧怕甚至抗拒这种改变。这种改变开始于选择从不同的角度看待当前的形势，也常常意味着你需要承认自己犯了某种错误，或者你本可以做更多的事情，但你却没有这样做。当员工遭遇困境时，需要问问自己是希望继续深陷困境，还是希望抽身。要想实现突破，往往需要员工与以往的行为或态度决绝。这意味着任何感觉受到伤害的人都必须尽快忘记伤害，正视现实。

二是敢于对结果负责。不少员工常常视困境为偶然，但处于顺境时，却自然而然地邀功请赏。主人翁精神不应取决于当前所处的形势。如果你有选择地为某些情况承担责任，却拒绝为其他情况承担责任，就不可能培养出真正的责任感。这种偶发的责任感不仅有碍他人对其面临的形势负责，也将使他们深陷受害者循环。利维·斯特劳斯公司（Levi Sttauss Associates）的CEO哈斯（Robert Hass）指出，员工敬业和满意是企业强大的基础。他说：“你必须创造一种环境，让每个人都觉得自己是公司的代表。如果员工不知道公司主张什么，没有最出色地完成交易的意愿。公司注定是要摔跟头的。”实际上，“每个硬币都有两面”，员工往往只关注问题的一个方面，即认为自己对当前的局面没有责任，这是非常有害的。在困境中，员工很容易想到为自己寻找借口，推卸责任。要培养主人翁精神，就必须用心看到事情的两个方面，将你所估计的和未能做到的事情与当前形势联系起来。要实现这种视角转变，就需要忘记已经造成的伤害，承担起责任。然而，发现并承担责任并不意味着对受到伤害这一事实的压制或无视。相反，它意味着要全面看待问题，包括你不乐意看到的部分。

三是要追求水平线以上的表现。即使员工能够承认现实，并且意识到自己也是导致困局的因素之一，但如果没有解决切实存在的问题，也难以取得预期的结果。要做到这一点，员工必须运用智慧，孜孜追寻“我还可以做些什么”。棘手问题的解决方案往往不会自动现身，员工必须努力寻找它们，但千万不要在水平线下沉沦，浪费时间因为这会使员工的感觉迟钝，丧失发掘创新解决方案的想象力。实现水平线以上的表现是一个持续进行的过程，取

① 徐金发等编著：《企业伦理学》，科学出版社2008年版，第146页。

得预期结果的道路也充满障碍，即使是最具有责任感的人，这些障碍也可能轻而易举地将其打回水平线以下。

四是要强调执行。员工责任感意味着愿意为实现预期结果承担所有责任，并着手完成。如果你不着手完成，就永远无法收获完整的责任感给你带来的最具价值的好处。强调执行能赋予员工责任感，使员工勇于不仅为各种活动、情境或感受承担责任，也为取得预期的结果承担责任。当员工勇于将责任感的理念与取得更好结果这一目标相结合时，那就意味着员工具有完全的责任感。联邦快递的员工在工作中总是想尽办法地传达企业的核心理念——隔日送达。在一次出班中，驾驶员史蒂芬的货车过热，他通过不断给散热器加水完成了运输任务。回到运输站后，他将另外一批待运的包裹装上另一辆货车，但这辆货车也抛锚了。于是，史蒂芬向一位客户借了一辆自行车，将联邦快递公司的板条箱放入自己的背包里，然后将包裹装入其中。在华氏90度的炎热天气里，史蒂芬踏着自行车，在陡峭的山丘上上下下，共骑行了10英里，最终运完了自己负责的货物。然后，在休息的间隙，他又徒步行走了2.2英里去装运另一批货物。[①] 可见，强调执行意味着无论你是因何原因而面临当前的形势，你都要对结果及其实现途径完全负责。

① 徐金发等编著：《企业伦理学》，科学出版社2008年版，第147页。

第四节　企业对员工的伦理责任

20世纪60年代以来，美国政府颁布了许多法律和条例，要求企业必须确保对工作申请者和现职职工都提供平等的就业机会。例如，关于谁将被聘用、哪个员工将被推选参加管理培训计划等这些决策，都必须在不受种族、性别、宗教、年龄肤色或原籍影响下作出，例外的情况只能发生于要求具备博纳菲德职业资格（Bona Fide Occupational Qualification，BFOQ）的场合——诸如性别、年龄或原籍别等，可以用来作为招工依据的标准，只要这些能明确得到证明是与工作真正关联的。

在我国男女平等作为一项基本国策而被写进《宪法》。《劳动法》第12条和第13条明确规定，劳动者就业，不因民族、种族、性别、宗教信仰不同而受歧视。妇女有与男子平等的就业权利。在录用职工时，除国家规定的不适合妇女的工种或者岗位外，不得以性别为由拒绝录用妇女或者提高对妇女的录用标准。《女职工劳动保护规定》第3条规定，凡适合妇女从事劳动的单位，不得拒绝收女工。《妇女权益保障法》第23条规定实行男女同工同酬。企业在性别歧视问题上除遵守法律法规之外，还应当增强伦理观念，主动采取切实可行的伦理行动。

根据亚当斯的研究，奖酬制度与员工工作积极性密切相关。奖酬制度公平性会极大地提高员工的工作积极性，进而提高其绩效水平。所以企业应当为员工制定一个公平有效的奖酬制度。一般来说，一个公平有效的奖酬制度具有以下四个特征：（1）必须满足员工个人在衣食住行方面的基本需要；（2）应将本企业的奖酬制度与其他企业进行比较，避免本企业的奖酬水平过分低于其他企业；（3）应对企业内部各类人员的奖酬加以比较，避免因员工之间奖酬的不合理、不平衡，而影响部分员工的满意程度；（4）应充分考虑不同员工对奖酬要求的差异性，灵活采用多种奖酬形式。

同时，企业人员选聘中应遵循一定的伦理道德原则如：（1）公开、公平、公正原则。首先，企业人员选聘要为人们提供平等的就业机会；其次，招聘工作要公开透明；最后，是择优录用，选拔符合企业要求的员工。（2）双向选择原则。员工有自主择业权、企业有自主选择权。我国《劳动法》第3条明确规定，劳动者享有选择职业的权利。用人单位享有用人自主权。即求职者可以根据自身条件、意愿选择用人单位；用人单位也可以根据需要和本单位特点，择优选择求职者。双方在平等自愿、协商一致的基础上，达成选择意向。（3）照顾特殊群体原则。企业作为社会就业岗位的主要提供者，有义务照顾残疾人、少数民族等特殊群体，这既是企业伦理的要求，也是法律制度的要求。这样，既能维护企业自身形象，又能保证人员选聘工作的合法性和有效性。

此外，企业应加强对员工培训，以便员工职业伦理观的形成。从理论上讲，职业伦理观本该是企业有意识地建立的，本该是通过员工培训加以引导形成，但实际上却往往是员工通过反复权衡、自己掂量来的，员工在自己心底达成了一个与企业之间的“契约”，即自己在企业尽力工作，企业发展得好，自己也能有所实惠；如不然，则再寻找出路。员工有这种思想很正常，关键在于企业要有意识地加以开发引导，使之中规中矩，以利于调动员工积极性，促进企业的发展，尽量避免其中暗含的消极因素的影响。实践中，不少企业只有技能和业务的培训，没有或很少有引导员工认知与企业之间相互关系的培训。员工进入一个企业，多是凭着自己过去的经验，在新到企业里寻找感觉，没有人来告诉他们所进入企业的全貌。当然可能有灌输企业价值观的培训，但往往流于形式，宣讲一番员工手册和行为规范之后，再没有人来和员工深入探讨其与企业的关系，包括伦理关系。例如，如何看待企业所实施的管理，不加以培训，员工的理解和认识就会大相径庭。按理说员工的职业化意识不该因企业经济类型的不同而不同，但事实确实如此。来自外企、国企与民营企业的员工，其表现迥然有别。来自外企的员工，其职业化的程度显然更强一些，因为他们接受的培训更多，他们对企业的了解更多，他们对自身与企业之间关系的认识也更为深刻，而这就是培训的意义所在。

本章问题与讨论：

一、简答题

1. 企业员工应当具备哪些伦理修养？
2. 企业如何才能克服自身的伦理问题？
3. 怎样促进企业与员工关系的和谐？

二、讨论题

1. 如果你是企业的一名员工，你会怎样理解员工与企业的伦理关系。
2. 如果你是企业的 CEO，你会怎样处理企业与员工的伦理关系。

第五章 企业与消费者关系中的伦理

第一节 企业与消费者的关系

在现代激烈的市场竞争中，有些企业日益发展壮大，有些企业却由强变弱甚至消失了。这其中的原因是多种多样的，有的是因为宏观经济环境变动的影响，有的是因为财务管理或资本运作的问题，而企业如何对待和处理与消费者的关系无疑是其中最重要的因素之一。一般而言，企业与消费者的关系包括经济关系、法律关系和伦理关系，在这三者中，以经济关系为主，而通过法律和伦理进行调整，且伦理的重要性日益上升。

一、企业与消费者的经济关系

企业生存与发展的前提是获得合理的利润，而这种前提只有在企业输出的产品和服务被广大的消费者认可和购买后才能实现。从这个角度出发，企业在市场中的竞争本质上也就是要更有效地争取更多的消费者。因此，企业必须通过市场调研充分了解消费者的欲望与需求，在此基础上，研发和生产符合市场预期的商品，并运用合适的定价策略和促销策略扩大市场份额。在这个过程中，企业服务的到位与否是至关重要的。它不仅能为消费者提供更高的附加价值，也能树立企业和产品品牌的良好形象。同时，随着科学技术的进步、经济的快速发展和人们生活水平的提高，消费者的需求也在不断变化，如对产品和服务的要求越来越高、偏好越来越多样化和个性化等。企业应该紧跟上述趋势，不断改革和创新，在综合衡量成本与收益的基础上，有选择地满足这些变化的需求。

从消费者视角看，消费者的大部分物质需要和一些精神需要也只有通过购买企业的产品和服务才能得到满足，如家具、汽车、电脑、电影和书籍等。因为随着专业化分工的不断深化，企业逐渐取代个人和家庭而承担起生产者的角色，个人只是从属于某一个组织而从事社会化生产，只参与某种产品整个流程的某一部分甚至某个零件的生产。因而，单个消费者无法通过自给的方式满足自己日常生活中的各种需要，只有通过购买企业的产品和服务才能提高其生活质量。

二、企业与消费者的法律关系

在现代社会，企业被越来越多地要求对环境和慈善等问题发表看法和采取行动，企业的社会责任问题已经成为热点。这当然是企业发展中的必然要求，但这并没有否定企业的本质是经济组织，即盈利是企业生存和发展的前提。在商品日益丰富的背后，是企业之间竞争的“白热化”，企业盈利与企业激烈竞争之间存在着严重的矛盾，这种矛盾容易使企业通过不正当手段去获取利益。正如专家所言：“在一种充满竞争的经济制度下，企业时刻都面临着严峻的生存压力，而单纯的经济利益的追求，最容易驱使企业通过放弃伦理原则来确立竞争优势”。

而且，在社会化分工体系中，企业专门从事某种专业化或某类相关多元化生产，或者从事非相关多元化生产，但其包含的门类是有限的。在这种情况下，企业对自身产品的研发生产过程、质量状况以及定价和促销等方面信息的了解比消费者更为准确和全面。同时，企业会主动通过各种调研掌握消费者的具体情况，而消费者限于财力和精力，大部分时间只能通过报纸杂志、电视广播和互联网等媒体了解企业的信息，而这些信息基本上是企业想展示的、可以展示的或者经过“加工”的信息。因而，在企业和消费者之间存在事实上的信息不对称。企业在信息优势和生存发展压力的双重作用下，极可能通过有意误导、夸大事实、故意隐瞒和蓄意欺诈等方式谋求竞争优势。特别是当企业的上述行为不能被及时发现，或者即使被发现但其代价与收益相比也很小的情况下可能性更大。因此，需要通过法律和伦理调整企业与消费者的经济关系，保护消费者的正当权益。

1993 年 10 月 31 日第八届全国人民代表大会常务委员会第四次会议通过的《消费者权益保护法》对消费者的权利和经营者的义务作了具体的规定。消费者的权利包括安全权、知情权、选择权、尊重权、监督权和表达意见权等。与此相对应的是企业或经营者的义务，包括：生产提供能达到安全标准的产品；向消费者提供产品信息时不用欺诈手段；对产品可能产生的伤害要明白告知消费者、在平等互利的基础上交易、对消费者投诉积极作出改进等。《消费者权益保护法》是调整企业与消费者关系的主要法律，对该法未作规定的，由《民法通则》和《合同法》等法律进行补充。

三、企业与消费者的伦理关系

法律不是面面俱到的，在法律的范围外，还存在着“灰色地带”。并且法律只是提供一个纲要性的规定，在具体操作时仍需酌情而定。而对企业编造的欺诈、以次充好、短斤少两等冲突，许多消费者也不愿意耗费大量的时间、精力和金钱对企业进行诉讼。但这并不意味着消费者毫无办法，由于供消费者选择的替代产品和服务越来越丰富，消费者可以对不满的企业“用脚投票”，拒绝购买该企业提供的产品和服务。这实际上已经直接影响到了企业的生存和发展。如果企业背离与消费者交换的伦理原则，也许短期内会获得更多收益，但长期来看无异于“杀鸡取卵”，企业将最终因为失去消费者而走向衰败甚至消亡之路。因此，能否用讲伦理的方式恰当处理与消费者的冲突对企业的成败越来越重要。事前防范、事中处理和事后总结这些伦理问题对于企业维系老顾客和发展新顾客起着不容忽视的作用。总体来看，企业与消费者的经济关系主要表现在产品、定价、促销和服务四个方面。对于这些方面的严重冲突，可以通过法律来规范，而在更多的情况下，则可以由伦理来调整。这意味着企业要主动实施伦理建设，在产品、定价、促销和服务等方面积极预防和妥善处理各种伦理问题。

第二节　企业产品中的伦理

企业与消费者主要是通过产品发生联系。在这一过程中，企业要经历产品定位、产品设计、产品生产、产品包装等阶段，才能把产品推向消费者。在不同的阶段，企业要注意不同的伦理问题，并且在产品出现缺陷时，企业要实行召回制度，在产品使用期限已满，随意丢弃会污染环境时，企业要回收旧产品。

一、产品定位中的伦理问题

企业的产品是以满足消费者的需求为目的的。无论“顾客永远是对的”“顾客是上帝”或“顾客是亲人”等观念都是要求企业无条件满足顾客的需求。这些市场营销观念相对于以企业为中心的生产观念、产品观念和推销观念，无疑是巨大的进步。然而，与当今环境变化吻合的社会营销观念告诉我们，企业的任务是确定目标市场的欲望和需求，并以保护或提高消费者及社会福利的方式，比竞争者更有效地满足目标市场的期望。也就是说，企业的产品定位不仅要考虑满足消费者的需求，也要考虑其他利益相关者的利益和公共利益。

一般来说，可以将顾客需求归纳为以下四类：①（1）不合法的需求，如对毒品、私人枪支、黄色书刊录像等的需求；（2）对顾客本身是有利的，但对他人和社会是有害的需求，如一些一次性消费品导致资源浪费、环境污染；（3）对他人和社会无害，但对顾客有潜在的不利影响的需求，如高脂肪食品；（4）对顾客有利，且不损害他人及社会的利益，或者对他人及社会也是有利的需求。根据上述社会营销观念的指导，企业的产品定位应该放弃前两类需求，而集中于最后一类需求。对第三类需求可以酌情考虑，在有能力减少或消除这种不利影响时，企业可以进入。

二、产品设计中的伦理问题

产品的设计基本上决定了产品的质量、美观及其使用方便性等，在设计过程中，除了秉持科学态度，严格按照自然规律进行产品设计外，设计人员还要遵循一定的伦理准则。而在实际中，为了追求产品的形式美或更多的功能，企业可以进入。

1. 忽视马斯洛的需求层次论，安全需要是人的基本需要

而企业进行产品设计的根本目的是满足消费者的需要，生产出适销对路的产品。因此，产品设计不能只考虑鲜艳的颜色和漂亮的外观，更要注意产品的安全性，以保护消费者的生命财产安全。特别是当产品采用高科技手段时，在设计中更要充分考虑其中可能的隐患，因为知识更新速度在加快，大多数消费者在这方面的知识会有所欠缺。而很多企业的产品设计

---

① 陈炳富、周祖城编著：《企业伦理学概论》（第二版），南开大学出版社2008年版，第68页。

对此没有予以足够的重视，或者只考虑比较显性的安全问题，而忽视可能的、潜藏的问题。最近几年，中国出口的玩具质量方面问题频出，被要求召回的次数呈上升趋势，这其中有不少是由制造不过关所产生的问题，然而更多的是由于设计方面存在缺陷。如玩具上存在锋利的边缘，可能导致割伤事故；玩具上有可以脱离的物体，可能引起吞咽和窒息事故；玩具上有开放在管道或空间，可能卡住儿童身体的一部分或玩具上有较长的线绳，可能造成缠绕事故等。

2. 人性关怀缺失

在保证安全性的前提下，产品的设计应该更进一步，要充分考虑消费者的审美特征和使用习惯，使最终产品不仅富有美感，使用时也操作简便、容易上手。设计人员在产品设计中要自觉将技术理性和人文关怀进行结合。在西方兴起的工业设计就是这样一种人文化的产品设计理念和方式，它“融合客观规律的科学之真、为人目的的技术之善、赏心悦目的情趣之美于一体，开拓了真善美相结合的新产品设计”。然而在实际中，“看上去很美”而实际操作极其繁杂乃至让消费者“一头雾水”的产品比比皆是。

3. 生态环境保护不足

为了满足消费者多样化的需求，使企业获得更多的收益，现代的产品设计多以新颖多变的形式出现。然而，这种设计是以浪费资源和能源、加剧环境污染和生态破坏为代价来换取消费者一时的喜好和眼前短暂的商业利益的，不具有可持续性，其典型例子就是在20世纪后期越演越烈的“一次性消费”“用后即弃”。这种不计后果的设计浪费之风，不仅破坏了现代人的生存环境，也完全没有考虑子孙后代的资源需要。企业的产品设计应该及时转变方向，注意设计中的环保问题。而且，消费者也逐渐认识到这些问题的严重性，他们开始不仅追求某种产品对自己暂时的满足，而且更加注重产品背后与自然的协调问题。企业的产品设计中也应该及时反映这种趋势。

三、产品生产中的伦理问题

产品的质量不仅由设计过程决定，产品的生产过程也是产品质量的重要保证。为消费者提供品质优良的产品不仅是企业获利的手段，也是企业的根本目的和基本的伦理责任。然而在现实中，由于利益的驱动，企业生产中往往出现违背此目的和责任的不道德行为，主要表现为：不进行产品设计，直接以市场上的畅销产品为样本进行仿制或者套用他人品牌的行为；在生产中偷工减料、粗制滥造或者原材料以次充好的行为。前者的后果是假冒产品，后者则为伪劣产品。在假冒产品方面，经济合作与发展组织（OECD）针对商品的伪造和侵犯知识产权行为进行了长达18个月的调查后宣称，2005年，全世界假冒商品规模至少达到2000亿美元，如果算上同一国家内部生产和消费的冒牌货和散布在网上的冒牌数码产品，世界上还将存在另外数千亿美元的冒牌货。[①] 在伪劣产品方面，玩具、药品和食品等行业的伪劣产品由于与消费者日常生活紧密相关而凸显，如绒毛玩

① 徐金发等编著：《企业伦理学》，科学出版社2008年版，第159页。

具看上去娇憨可爱，其绒毛却容易脱落或者含有有毒成分；食品中含有“苏丹红”或者用“福尔马林”使食品光鲜等。

上述问题不仅侵害正当企业的名誉，使它们的利益蒙受巨大的损失，而且不可避免地给消费者和整个社会带来损害，从造成的后果来看，轻则是浪费资源和消费者的钱财，重则使消费者的生命财产受到威胁，甚至会影响整个社会的价值观。而且这些行为具有较强的隐蔽性和流动性，难怪又有人把这种生产假冒伪劣产品的行为称为“仅次于贩毒的世界第二大公害”。

四、产品包装中的伦理问题

随着经济的发展，产品的包装已经由过去的从属地位上升为一个企业策略，其含义大为扩展，不仅可以保护产品，使产品便于运输和携带，也能凭借一定的造型、图案和颜色，使消费者产生偏爱，而增加产品销售，扩大企业利润。但是，产品的包装也存在一定的边界，近年来，媒体对产品过度包装及标识不清的批判已经引起社会各界的关注。

1. 标签说明不清楚或造假

在产品包装标签中，企业应对产品的生产者、产地、有效期限、使用方法、售后服务、性能、用途、质量、价格、规格、等级、主要成分等内容进行准确清晰的表述，不能缺失或含糊不清，更不能含有欺骗消费者的虚假信息。同时，如果产品的搬运、存储、开启、使用等方面有特殊的要求，如易碎或不能倒立等，应在包装上标以醒目的安全警示。然而，不少产品的包装标签上或者故意遗漏一些重要信息、提供虚假信息对消费者进行误导，或者对应有的安全警示不予以标注。这些情况在城市表现尚不突出，但在广大的农村地区，这些问题已经较为严重，如不少化肥企业在包装袋上乱标注，打上“全国首批免检产品”“通过 ISO9002 体系认证”或“打假扶贫重点保护企业”等字样误导农民。

2. 包装的过度和浪费

在消费主义盛行的大环境下，企业容易追求过度包装。当包装的成本远低于它所带来的社会价值或经济价值时，这种过度的包装只是带来浪费，有学者指出，“过度、无节制的包装从某种意义上讲，是对生产的破坏。”一般来说，“商品包装成本不应超过商品总成本的15% ~20%，包装费用若占到总成本的30%以上，即属过度包装”。近年来，月饼的豪华包装不仅是浪费资源、破坏环境，而且使消费者产生到底是“买椟”还是“买珠”的错觉，归根结底，消费者需要的是月饼，而不是要把包装盒买回去欣赏。

五、产品召回中的伦理问题

产品召回是企业对其生产和销售的缺陷产品进行回收、改造等处理，并采取措施消除设计、生产等环节上的缺陷，以保护消费者权益和生态环境的行为。这种行为不仅是由于法律法规的规定而实行的，更是由企业主动实施的。从一些知名企业的实际运行中，被召回的产品或者是假冒伪劣产品或者是质量低下的产品，它存在潜在的危险，可能对消费者的生命财产安全造成威胁或污染自然环境。企业应主动召回缺陷产品召回，而不是以种种借口推脱责任，如东芝笔记本电脑事件、三菱帕杰罗汽车事件、松下手机事件等，上述产品缺陷引发的事件，严重地损害了中国消费者生命和财产的安全。

产品回收与产品召回是不同的概念，产品回收是指在产品使用期限已满后，如果随意丢弃容易造成环境污染或对人身构成威胁，而消费者由于缺乏专业知识无法处理时，企业主动将废旧产品回收的行为。如电池、电子产品等都含有不少的重金属，这些重金属如果得不到妥善的处理，容易对人体或自然环境造成危害。而生产企业具有处理它们的专业知识和能力，因此企业负有产品回收的伦理责任。但很遗憾的是，至今鲜有企业主动进行电池、电子电器等易污染产品的回收，大部分的这些产品仍是被随意丢弃。

第三节 产品定价中的伦理

产品的定价是企业需要慎重决策的关键因素之一，因为在产品、定价、促销和服务的组合中，只有定价表现为收入，其他因素都表现为成本。一般的定价策略有“成本加成定价法、目标收益定价法、认知价值定价法、通行价格定价法、拍卖式定价法、心理定价法”等，无论采取哪种定价策略，都是为了在评估产品成本、消费者心理价格和竞争者价格的基础上，使企业利益最大化。而且，相比于产品特征、促销细节和服务内容的调整，价格的调整是最容易实现的，因此，在利益引诱和操作方便的双重作用下，企业容易在定价方面违背伦理准则。①

合理定价必须考虑价格立法及道德标准，这是任何企业均不能例外的。从伦理角度看，企业制度价格策略必须符合道德标准的要求。就企业定价而言，要求企业为消费者的购买决策提供准确、真实的价格信息，并考虑如何确保消费者及企业的正当权益。为了防止不正当竞争的价格行为，《价格法》第14条明确规定了经营者不得有下列不正当价格行为：（1）相互串通，操作市场价格，损害其他经营者或者消费者的合法权益；（2）除依法降价处理鲜活商品、季节商品性商品、积压商品等商品外，为了排挤竞争对手或者独占市场，以低于成本的价格倾销，扰乱正常的生产经营秩序，损害国家利益或者其他经营者的合法权益；（3）捏造散布涨价信息，哄抬价格，推动商品价格过高上涨；（4）利用虚假的或者使人误解的价格手段，诱骗消费者或者其他经营者与其进行交易；（5）提供相同商品或者服务，对具有同等交易条件的其他经营者实行价格歧视；（6）采取抬高等级或者压低等级等手段收购、销售商品或者提供服务行为。

表5－1列出的是国外学者比较关注的一些定价行为以及相关的伦理争议。表中具体设定了8个企业可能置身其中的定价情境以及可能出现的不道德的行为。

表5－1　　常见的定价情境及其导致的伦理问题

定价情境	伦理问题
（1）市场生产能力过剩	企业会以低于产品成本的价格倾销产品，达到挤垮对手的目的。企业不定期可能鼓励消费者过度消费，浪费资源，特别是一些会污染环境的产品
（2）企业在市场上处于寡头垄断地位	企业之间的竞争就会重于非价格竞争，导致过高的价格和虚假的产品差异
（3）产品本身没有差异	企业定价不同，通过价格传递虚假的质量信息

① 徐金发等编著：《企业伦理学》，科学出版社2008年版，第161页。

续表

定价情境	伦理问题
(4) 同样的产品差别定价	不同的顾客购买同样的产品被要求支付的价格不同
(5) 利润成为企业经营业绩唯一的考核标准	企业可能会忽略类似污染这样的社会成本
(6) 最高管理层被认为不关心定价行为中的伦理问题	企业的中层管理人员有进行欺骗性定价的压力
(7) 公司职员有机会和竞争对手频繁接触	公司会受到诱惑进行非正式的价格串通
(8) 企业没有伦理规范和合规程序或者虽然存在但非常模糊	企业和其雇员可能会欺骗顾客

资料来源：王方华、周祖城编著：《营销伦理》，上海交通大学出版社 2005 年版，第 126 页。另见刘红叶著：《企业伦理概论》，经济管理出版社 2007 年版，第 153 页。徐金发等编著：《企业伦理学》，科学出版社 2008 年版，第 162 页。

定价策略中的伦理问题可以分为两大类：第一类是妨碍公平竞争的定价策略，即企业的定价行为破坏了正常的竞争，这种行为在很多国家都是法律所禁止的，如串谋定价、歧视性定价、低价倾销；第二类问题是消费价格的合理性，它主要针对的是企业的定价行为对最终消费者的影响，如价格欺诈或误导性定价。前者妨碍了消费者对价格的认知和在不同价格之间进行比较。后者涉及消费者认为什么样的定价行为是公平的，什么样的行为是不公平的。所以保护竞争和保护消费者权益是探讨价格决策中的伦理问题的两个原则性标准。

（一）歧视性定价

歧视价格也称差别价格，是指对同一商品的不同买主索要不同的价格。歧视价格主要存在于垄断或寡头市场上。经济学中价格歧视的先决条件是：各自分开的市场和各市场之间需求弹性的差异。

有关歧视价格的伦理问题，主要是要考虑这种策略是否真正从根本上削弱了竞争关系。企业出售同一产品对不同客户实行不同的价格，这势必造成给不同消费者带来不同的利益的后果。中国 1998 年开始实施的《价格法》的第 14 条规定了经营者不得有下列不正当价格行为：提供相同商品或者服务，对具有同等交易条件的其他经营者实行价格歧视。企业这种歧视性定价行为确实妨碍了社会的公平竞争，那么这种行为就是不道德的。即使某些企业的某些歧视性定价行为在目前还不能由法院明确判定是违法的，但如果这种行为妨碍了社会公平竞争，我们可以判定这种行为是不道德的。

（二）串谋定价

串谋定价也称为串通定价或价格协定，是指生产、经营者之间互相串通，订立价格协议或达成价格默契，以共同占领销售市场，获取高额利润。串谋定价主要存在于寡头市场。在寡头市场上，由于寡头垄断企业之间是一种相互依存的关系，那么，他们就有可能达成一种共同的协议，来共同操纵市场，分享利润。明确制定价格协议称为卡特尔，它是指生产同类产品的企业之间公开的协议，共同来限制产量、提高价格、控制市场。与此相应的是没有明确协议而通过暗中协商进行串谋定价，暗中协商是指竞争者之间通过预谋来策划价格。特别是互相交换的信息、平行定价和通过一个价格领导者来统一定价，这些行为可能导致隐藏的串通定价行为。

在中国还有一种备受争议的价格行为，即价格联盟。典型的例子是国内九大彩电企业结盟深圳，以同行议价形式共同提高彩电零售价格，并迫使彩管供应降价。表面上他们的行为抑制了彩电业过度竞争，然而实质却是维护联盟成员的小集团利益并扭曲了市场机制。

串谋定价在世界上大部分国家都是受到反垄断法管制的。在美国对这种行为管制的法案就是于1980年颁布的《谢尔曼反托拉斯案》。该法案明确禁止竞争者之间串通定价。认为这是反竞争行为。我国的法律在价格串谋方面的规定有：（1）《价格法》的第14条规定经营不得相互串通，操纵市场价格，损害其他经营者或者消费者的合法权益。（2）国家发展改革委员会制定了《制止价格垄断行为暂行规定》，该规定已经于2003年11月1日开始施行。该规定明文禁止经营者之间通过协议、决议或者协调等串通方式操纵市场价格，以及凭借市场优势地位牟取暴利和进行价格歧视。

价格协定之所以是不道德行为，主要在于它人为地垄断价格，违反公平竞争，从而造成价格信号扭曲，破坏价值规律的正常作用，阻碍了社会经济发展。价格串谋行为还会影响社会公正，损害消费者权益。因为绝大部分串谋定价所制定的价格都高于正常的市场合理价格，使消费者受到直接的经济损失。

（三）低价倾销

低价倾销行为，是指经营者在一定市场和一定时期内，以低于成本的价格大量销售商品，以达到排挤竞争对手、占领市场的目的。低价倾销妨碍了正常的市场竞争秩序，是法律和伦理道德所不允许的。低价倾销行为具有以下特征：第一，行为主体在市场交易中处于销售者地位的经营者，大多数实力雄厚，具有竞争优势。低价倾销具有风险性，一般的弱小经营者势单力薄，无力承担这种亏损的风险。第二，行为主体怀有排挤竞争对手的目的。经营者主观上是否怀有排挤竞争对手的目的，是衡量其低价倾销行为正当与否、合法与否的界限。第三，行为主体客观上实施了以低于成本的价格大量销售商品的行为。

（四）价格欺诈和误导性定价

价格欺诈是指经营者以不正当的价格手段，欺骗购买者并使其经济利益受损的行为。误导性定价行为是指经营者在经营活动中，使用容易使公众对商品的价格产生误解的所有表示或者说法。对于价格欺诈和误导性定价的区别现在还没有一个非常严格的说法，实际上大部分情况下两者的区别也不是非常明显的。

价格欺诈是最容易受到公众关注和非议的定价形式。也是最常见的误导性定价形式。在超级市场、百货公司、家具店等销售场所几乎每天都能看到“促销价”“优惠价”“清仓价”“跳楼价”，大部分消费者都是不清楚的。销售商惯用的做法是开始时将产品定一个很高的价格，这个价格只维持很短的时间，然后销售商在其后的大部分时间内进行打折销售。不知情的消费者在将现售价和所谓的“原价”比较后，认为获得了优惠从而购买该产品。这种标价方式大多是应用在消费品上，并且在消费者越难辨别价值的商品上用得越多，“原价”也标得越高。而在工业品或者购买者为公司客户的情况下，这种定价方式很少采用。主要原因在于，相对于工业用户，消费者掌握价格行情、识别商品真正价值的能力差，容易被误导。如果商家真正认为消费者是知道商品的真实价值的，它们也就不会有动机采取这种多此一举的定价方式。因此，商家这种主观上的故意就导致了这种行为的不道德性。

国家发展计划委员会2003年制定的《禁止价格欺诈行为的规定》，其中第6条规定对什么是价格欺诈行为做出了规定：经营者收购、销售商品和提供有偿服务的标价行为，有下列情形之一的，属于价格欺诈行为：（1）标价签、价目表等所标示商品的品名、产地、规格、等级、质地、计价单位、价格等或者服务的项目、收费标准等有关内容与实际不符，并以此为手段诱骗消费者或者其他经营者购买的；（2）对同一商品或者服务，在同一交易场所同时使用两种标价签或者价目表，以低价招徕顾客并以高价进行结算的；（3）使用欺骗性或者误导性的语言、文字、图片、计量单位等标价，诱导他人与其交易的；（4）标示的市场最低价、出厂价、批发价、特价、极品价等价格标示无依据或者无从比较的；（5）降价销售所标示的折扣商品或者服务、其折扣幅度与实际不符的；（6）销售处理商品时，不标示处理品和处理品价格的；（7）采取价外馈赠方式销售商品和提供服务时，不如实标示馈赠物品的品名、数量或者馈赠物品为假劣商品的；（8）收购、销售商品和提供服务带有价格附加条件时，不标示或者含糊标示附加条件的；（9）其他欺骗性价格标示。该规定的第7条还规定：经营者收购、销售商品和提供有偿服务，采取下列价格手段之一的，属于价格欺诈行为：（1）虚构原价，虚构降价原因，虚假优惠折价，谎称降价或者将要提价，诱骗他人购买的；（2）收购、销售商品和提供服务前有价格承诺，不履行或者不完全履行的；（3）谎称收购、销售价格高于或者低于其他经营者的收购、销售价格，诱骗消费者或者经营者与其进行交易的；（4）采取掺杂、掺假、以假充真，以次充好，短缺数量等手段，使数量或者质量与价格不符的，对实行市场调节价的商品和服务价格，谎称为政府定价或者政府指导价的；（5）其他价格欺诈手段。

价格欺诈和误导是不道德的，这是毫无疑问的，因为企业或者经营者存在着主观上欺骗的故意。但是这种欺诈或误导在生活中还是屡见不鲜的，特别是在我国这样一个市场经济还不够发达、经济法规还有待完善的国家。由于这些行为不道德性是非常明显的，随着社会经济的发展，这些行为的道德要求必将上升到法律的高度，由法律来规范这些行为。但即使在法律没有完善之时，有责任感的企业或经营者也应该拒绝采用这些不道德的定价方式。

第四节　市场营销中的伦理

一、分销渠道中的伦理问题

分销渠道是产品从生产商到最终消费者的路径。制造商在为市场提供产品的过程中要与营销中介机构发生业务联系，这些营销中介机构组成了营销渠道，也称为分销渠道。广义的营销渠道包括生产商、经销商、赞助商以及最后的消费者和用户。狭义的营销渠道包括中间商、代理中间商等。为了满足消费者的需要，渠道中不同成员之间的最终目标需是一致的。渠道之间的每一组联系，如生产商与批发商，都有可能为双方带来伦理上的问题。例如，零售商想要提供多样的产品来满足其消费者，而批发商可能会主打一个生产商品牌，从而可以获得最大数额的回扣，分销渠道中固有的冲突就是产生伦理问题的潜在原因。

渠道冲突指的是渠道成员发现其他渠道成员从事的活动阻碍或者不利于本企业实现自身的目标。一般来说，生产企业能否成功地控制渠道，往往是企业能否在市场上成功的先决条件。著名的营销大师科特勒说过："对渠道无论进行怎样好的设计与管理，总会有某些冲突，最基本的原因就是各个独立的业务实体的利益总不可能一致"。渠道冲突的类型主要有三种：①

（1）不同品牌的同一渠道之争。渠道对持有不同品牌的制造商来说都很重要，是尽快进入市场的必经之道，各制造商为争夺同一渠道，都会制定更优惠的渠道政策来吸引渠道成员，这使渠道成员的地位较为主动。不同渠道成员对一家二级经销商或销售终端的争夺也可能造成彼此之间的冲突。

（2）同一品牌的内部渠道冲突。在销售区域未划定或进行调整的时期容易出现渠道成员之间的冲突。窜货与低价出货是冲突最常见的方式。较为严重的是跨区域延伸渠道——发展经销商、设立销售终端或抢占用户等。

（3）渠道上下游冲突。制造商或分销商从自身利益出发，采取直销与分销相结合的方式。不可避免地要与下游经销商争夺客户，挫伤下游渠道的积极性；经销商实力增强后，对目前的等级体系不甘心，希望更上一层楼，向上游渠道成员挑战；给二级经销商供货是渠道上下游冲突的核心。制造商出于产品推广的需要，可能越过一级渠道成员直接向二级渠道成员、甚至销售终端直接供货，使上下游产生矛盾。

渠道冲突中最严重的是窜货问题。窜货是指渠道网络中的成员受利益驱动，使所经销的产品跨区域销售，造成市场倾轧、价格混乱，严重影响厂商声誉和扰乱正常市场秩序的行为。窜货的危害主要有：（1）影响渠道控制力和企业形象。一旦价格混乱，将使渠道成员的利益受损，导致渠道成员对厂家产生不信任感，对经销其产品失去信心，甚至拒售。（2）影响销售业绩。厂家对假货或窜货现象监控不力，地区差价悬殊，使消费者怕假货、

---

① 刘红叶著：《企业伦理概论》，经济管理出版社 2007 年版，第 160 页。

怕吃亏上当而不敢问津，导致销售直线下降。（3）损害品牌形象，使先期投入无法得到合理的回报。竞争品牌会乘虚而入，取而代之。（4）影响决策分析：发往甲地的货物被悄悄销往乙地，其“业绩”体现在了甲地，在公司未确定窜货时，总部会得到这样的虚假数据，因而造成公司决策分析的失误。

企业在建立营销渠道体系之后，总是希望各个渠道成员之间密切配合，相互协作，实现预定的目标。但是经济运行本身是动态的，新的情况、新的问题层出不穷，冲突是不可避免的。因此要采取“预报警系统”制度，渠道一体化、扁平化、约束合同化、包装差别化、价格体系化，建立有效的渠道冲突解决机制。

二、促销中的伦理问题

促销是促进产品销售的简称，是指企业通过人员和非人员的方式。沟通企业与消费者之间的信息。并促使消费者产生好感，进而产生购买行为的一切活动。促销的首要目的就是将企业产品与它的竞争者区别开来，并通过创造一个具有特色和个性的形象从竞争产品中突现出来。从不同的角度来分析，促销具有以下几种主要的作用：（1）提供信息情报；（2）诱导需求，激发欲望；（3）突出产品特点；（4）反击竞争者；（5）消除不利影响；（6）消除需求波动。

企业的产品策略、价格策略、渠道策略等市场营销活动，主要是在企业内部或与其市场营销伙伴共同进行的。而促销活动则需要与其目标顾客和公众进行直接的交流，这种交流带有很强的目的性和方向性，主要是在顾客及相关公众之间开展的，它直接关系到企业的效益和形象。促销包括广告和人员推销等形式。这里主要探讨人员推销中的伦理问题。

推销人员是任何业务拓展的最前沿，他们与顾客进行直接的、单独的接触。一方面，他们是组织提供的产品或服务的拥护者；另一方面，他们要拥护顾客，要竭尽全力让组织的产品或服务迎合顾客的需求。尽管组织和顾客都希望推销人员在某种程度上具有忠诚度，但组织和顾客都希望推销人员有不同的期望，正是这些不同的期望经常使推销人员陷入伦理的“两难”境地。推销人员在同时面对所属公司和顾客两方面的要求时，经常由于销售工作本身的特性会带来很多伦理问题。（1）高压劝说，推销经常像广告一样被批评：推销就是劝说或说服，推销人员迫使顾客购买他们不需要的产品。推销就是操纵，就是迂回劝说，就是玩弄权术。作为消费者，我们经常需要一些外在鼓励才能做决定，同时接受不确定性。但当这种鼓励是高压性的时，就涉及了伦理问题。（2）顾客歧视。推销人员有时给某位顾客比其他顾客更殷勤的服务。一些顾客可以获得更快捷的送货；一些顾客可以获得低价格；一些顾客可以获得高折扣；一些顾客可以被告知销售组织内的变化；而其他顾客可能没有这些优待。（3）误导宣传。当推销人员对产品和服务进行不正确的陈述或者做出错误的承诺时，误导行为就发生了。虽然误导是销售组织的过错，但是当与产品有关的实际的信息被误导时，推销人员就要承担法律责任。误导行为因为扰乱了消费者自由的购买意愿，所以是不道德的。

第五节 企业广告中的伦理

一、广告的定义和作用

1. 广告的定义

随着社会经济的发展，尤其是广告赖以依存的大众传播媒介的丰富及其对社会生活渗透力和影响力的增强，人们对广州的认识和利用，从单纯的商业领域，迅速扩展到整个经济、文化乃至政治领域。因此，广告的概念也在发生变化。狭义的广告主要是指营利性广告，亦称经济广告或商业广告。这种广告只传播有关促进商品和劳务销售的经济信息。广义的广告则包括经济广告和非经济广告。所谓非经济广告，是为了达到某种宣传目的而进行的非营利性广告，如政府公告、教育通告、某些团体的启事、声明，以及个人的寻人启事等。

这里，从促销手段的角度来理解广告，即采用狭义的广告概念。美国市场营销协会（AMA）给广告下定义是："广告是由明确的发起人通过各种付费媒体所进行的各种非人员的或单方面的沟通形式。"① 该定义包含如下要素：（1）由发起者支付费用。（2）广告是非人格化的沟通方式。（3）介绍产品、劳务或某项活动的意见、想法。（4）广告可以用任何形式进行介绍，如报纸、杂志、广播、电视、邮件、海报、招贴、交通工具、路牌、大型电子显示屏、橱窗及各种流通票据、火柴盒、日历、电脑网络等。（5）广告宣传介绍的目的是要人们购买某种产品或劳务，或接受某种观念、想法，以使广告发起者能从中获取一定的利益。

2. 广告对企业经营活动的作用

（1）传递信息，促进销售。传递各种同品信息是广告最基本的作用。广告信息的内容涉及企业名称、商标、产品品牌、性能、质量、价格、成分、用途、保养方法，生产者通过广告把产品的信息传递给需求者，借助广告大量推销其产品。需求者通过广告了解企业生产的发展状况，商业部门的供应水平，商品的特点、质量、购买地点、售后服务等情况，选择符合自己需要的商品。

（2）降低成本，增加利润。广告具有说服性，广告通过对消费者深层心理和购买动机的影响，说服人们购买更多的产品。这种被动员起来的购买力是十分巨大的，这就进一步刺激企业生产更多的产品，利润也随之增加。所以企业通过广告促成大量消费、大量生产以降低成本，增加利润。

（3）引导消费，创造需求。广告常常包含对某一产品或观念的推广，通过广告，可以使消费者接受某一特定产品或观念，从而产生新的需求。事实上，通过广告，可以使消费者内心深处往往存在着某种未被满足的欲望，但还未转换成现实的需求。通过广告，可以影响

---

① 刘红叶著：《企业伦理概论》，经济管理出版社2007年版，第164页。

这种潜在需求，促使其变为现实的要求。

（4）树立企业形象，提高企业知名度。当市场上某种产品竞争激烈，种类繁多，品牌各异，消费者难以做出选择时，这时企业和产品的形象、知名度就成为消费者购买时的重要参考依据。企业要加强顾客对产品的记忆与好感。巩固和推广市场占有率，就要在保证产品质量的条件下，充分发挥广告的宣传作用。一些产品种类比较多的企业，其广告不是向消费者推销某一种产品，而是向社会大众推销企业，即“企业广告”，它是指以创造企业良好形象为目的，向社会大众介绍生产技术、经营哲学、企业精神等方面的信息。如诺基亚的广告“科技，以人为本”。由于它尽量避免了广告的说教和功利性形式，侧重于在平等地位上和消费者进行感情上的交流，改善和密切企业同消费者的关系，因此容易赢得消费者的信赖。

二、广告中的伦理问题

广告是一种高度公开的信息传播方式，这种公开性赋予产品一种合法性，对消费者产生深刻的影响；而且，它具有夸张的表现力，可以通过巧妙地运用印刷、摄影、戏剧等各种艺术手段展示一个企业及其产品，从而对消费者产生各种影响。对于某种带有一定危险性的产品，如果普通消费者在潜意识里认为这种产品是安全的，那么在广告中或者产品的包装上就应该包含特定的警告。我们知道碱性洗涤具有腐蚀性，因此，虽然广告中可能强调了产品的腐蚀特性，却不一定详细说明它会灼伤皮肤，虽然这是人人皆知的知识。我们通常不希望染发剂含有碱性物质或具有腐蚀性，因此，当这种产品的广告不说明其潜在的危险性时，它就是不道德的。

广告真实性的普遍原则可以总结如下：在广告中说谎、误导和欺骗顾客是不道德行为；对产品潜在的危险不提出警告是不道德行为。如果广告运用暗喻或其他比喻手法在正常理解的情况下不会产生歧义时，这并非不道德行为；另外，劝说和鼓励消费者购买产品也不是不道德行为。

目前，针对儿童的电视广告问题较多。有些电视广告图文并茂、跑跃动感、短小精悍，正好符合儿童注重感觉、好奇心强、活泼善变的性格特征，所以一般儿童都比较喜欢观看电视广告。针对儿童的电视广告是指所有指向0～14岁儿童的电视广告。电视广告很多时候以儿童作为对象。旨在影响、指导儿童的消费，并通过影响儿童进而影响其父母的购买行为，而且传统观念认为儿童是冲动型的购买者，因此广告商期望能够使儿童自小便建立起对某个品牌的忠诚。根据2002年的一项电视收视率调查，从晚上6:00～9:00，4～14岁的中国内地儿童在中央电视台1台的平均收视率为3.5%，相当于833万名儿童观众。在节假日收看电视的儿童则更多。与此同时，儿童接触广告的机会越来越多。[①]

由于儿童缺乏对外界信息的完全判断和认知能力，在接受儿童电视广告信息时，有可能

① 王方华、周祖城编著：《营销伦理》，上海交通大学出版社2005年版，第189页。另见刘红叶著：《企业伦理概论》，经济管理出版社2007年版，第169页。

不能完全对广告信息进行处理并做出合理的判断，电视广告对儿童有重要的影响。例如，一些儿童电视广告通过富有魅力的表现手段向儿童传达一个观念：要想快乐和满足，唯一的途径就是去购买和消费广告所宣传的产品，使儿童在物质上过分的喜新厌旧，追逐新产品，形成了以是否满足其物质需求来衡量父母或其他成员的好坏等道德认知。其后果是严重损害了儿童的身心健康。

理查德·T. 乔治认为，广告针对儿童进行宣传是不合适的行为，因为他们使孩子们对一个他们弄不懂的东西产生了渴望。广告的目的很明显是操纵孩子向其父母施压以购买产品。虽然是父母做出最终决定，但孩子们还是受到了广告的操纵。这种广告通过利用孩子达成目的，那些采取这类不当手段达到目的的方法的人在道德上应受到谴责。

第六节　企业服务中的伦理

一般认为，服务包括产品的售后服务和企业提供的“纯粹”服务。当企业提供的是物质形态的产品时，售后服务是提高消费者满意度或改进产品的重要保证；当企业提供的是“纯粹”的服务，即非物质产品时，服务的品质是企业收入最重要的影响因素。但无论是哪种形态，服务都是企业与消费者相互作用过程中不可或缺的一环。尤其是在消费者普遍追求个性化的时代，有特色的服务更是影响企业成败的关键。正是因为服务是企业与消费者进行直接接触的行为，而且具有非凡的重要性，服务中的伦理问题也不应该引起企业格外的注意。

一、售后服务中的伦理

现代意义上的售后服务又被称为“后营销”，它不仅包括投诉处理、产品维修、退换和保养等内容，还涉及对现有顾客的关系营销，如建立顾客资料库、加强顾客接触、对顾客满意度进行调查、信息反馈等。售后服务的重要性来源于：

（1）售后服务是完整产品的重要组成部分。一个完整的产品层次一般包括核心利益、基础产品、期望产品和附加产品，附加产品即增加的服务和利益。而且产品价格中通常包括服务的费用，因此，消费者有权享受完善的售后服务。

（2）售后服务是保证消费者正常使用产品的前提。有些产品具有技术性能上的复杂性，需要消费者具有一定的知识储备或经过一定的培训，此时，企业需要在运输与安装、调试、示范及培训方面，对消费者需要了解的特殊知识和操作技巧做好善后工作。

（3）售后服务是增加消费者信任、形成“口碑效应”的重要途径。良好的售后服务会为消费者带来更多的附加值，这种效应不仅增加了消费者对企业的信任，而且消费者会将这种感受传播给其他的消费者，扩大产品的知名度和美誉度，提高企业的形象。

（一）售后服务正式合同中的伦理问题

售后服务有两种渠道：一是制造企业自己设立的服务网点；二是售后服务外包，由当地商家代理售后服务或者签约地方维修公司作为厂家的服务网点。无论是哪种形式的售后服务，都与制造企业密切相关。售后服务的内容一般是通过正式合同形式确定的，但在实际操作中，不少企业却以各种“花招”规避合同的约束，使消费者的利益蒙受损失。下面以消费者反映最强烈的手机售后服务为例具体说明，其他产品售后服务中的伦理问题与此基本类似。

（1）退手机难。手机“三包”规定，自售出之日起 7 日内，移动电话机主机出现《移动电话机商品性能故障表》所列性能故障的，消费者可以选择退货、换货或者修理。但消费者在要求退货时，商家往往有各种理由推托不退，如手机价格已下调，损失无法弥补；消费者使用不当、机壳有磨损；或者以维修或检测等为借口，拖延时间，导致最后超出期限无法退货。

(2) 在维修手机时，不提供备用机。大部分消费者都不知道手机“三包”规定中有关维修商应该提供备用机的权利。因而在维修期间，消费者很少要求提供备用机，而维修点也就装作不知情，几乎很少主动提供备用机或询问消费者是否需要。

(3) 不做维修记录。手机“三包”规定，经两次修理仍然不能正常使用的，消费者可以凭“三包”凭证中的修理记录，由销售者负责免费为消费者更换同型号同规格的手机。有些经营者为了逃脱“三包”责任，在维修过程中，不做维修记录，致使消费者因没有证据，而无法维护正当权益。

(4) 在维修或更换新机时“偷梁换柱”。当维修手机时，有的维修点将其零部件换成其他旧机零件而不是原厂配件，这很可能导致维修后手机使用寿命缩短，或者使手机越修毛病越多；而有的消费者在维修两次不好、要求更换新机时，经营商提供的不是新机，而是翻新机。

(5) 拒绝对赠品实行“三包”服务。目前，手机行业由于品牌和渠道众多，赠品成为商家的惯用促销手法，有的甚至将手机必备的电池、充电器等作为赠品，欺骗消费者。而且，许多商家声称赠品不属于“三包”的范围。但实际上，赠品的成本已经纳入手机销售价格内，消费者对赠品和手机享有同等的“三包”权利。

(二) 售后服务格式合同中的伦理问题

由于企业与消费者交易的重复性、双方所要求的简便性以及行业的垄断性，产生了格式合同，又称标准合同、定型化合同，是指当事人一方预先拟定合同条款，对方只能表示全部同意或者不同意的合同，拟订方通常是企业。对企业售后服务来讲，包括通知、声明、店堂告示及行业惯例等方式。格式合同虽然具有节约交易的时间、事先分配风险、降低经营成本等优点，但同时也存在诸多弊端：由于格式合同限制了合同自由原则，企业可以利用其优越的经济地位，制定有利于自己而不利于消费者的合同条款。

根据2003年中国消费者协会所作的《消费者权益保护法》十年中国城镇消费者权益保护状况调查显示，有31.1%的被访者（其文化程度以高中、中专、中技和大学专科为主，比例达到69.5%）反映经营者“以格式合同减轻或免除责任”的现象经常出现。[①]

二、“纯粹”服务中的伦理问题

相比产品售后服务中的伦理问题，“纯粹”服务中的伦理问题更为突出，而且这些问题经常主要集中在与消费者生活密切相关的行业，如通信、旅游、摄影和保险等。

(1) 通信行业。通信行业历来受到广大消费者的诟病，如超过约定收费期限仍未交纳

① 徐金发等著：《企业伦理学》，科学出版社2008年版，第173页。

通信费用的，通信公司有权暂停提供服务，并收取暂停提供服务期间的月租费和违约金，不满月的全部按月收费，不满半月的按半月收费；暂停、挂失期间收取月租费；强制收取预存话费，消费者移动电话被他人非法并机或被盗用而给消费者造成的经济损失，公司不负任何责任；客户同意自赠送手机验收后，一切质量问题与公司无关；客户充分认识到移动电话通信服务不可避免会受到网络覆盖、网络故障及移动通信系统优化、升级时的影响，并可能造成通信的中断，客户承诺和保证其不会因该类情况而向公司索赔；在同一个通信公司消费者登记两部以上电话的，一部欠费，全部停机；宽带预付款概不退还等。以上这些都是典型的“霸王条款”。

（2）旅游行业。旅行社与游客签订的合同中也有众多推脱责任的条款和行为，如旅游如未成行，乙方（旅行社）应在不迟于出发日三天前通知甲方，甲方有权要求延期或更改旅游线路（价格以更改后的旅游时间、线路的收费标准计算）。否则乙方应退还甲方已支付的费用，但不涉及其他赔偿；甲方在支付团款后如遇国家政策性调价，乙方向甲方说明提供有关政策性文件后，有权调整相应收费价格；鉴于旅途中可能出现各种情况，乙方有权对行程表内各项安排临时作出适当调整，所发生的费用按多退少补的原则处理，即因调整导致服务档次降低或活动内容减少，乙方向甲方退还差额部分等。

（3）摄影行业。摄影行业的主要业务在于婚纱摄影、艺术摄影和照片冲洗。在前两方面的主要问题有：预约订金概不退还、转让或更改他用；摄影当天，敬请付清全部款项；除非加洗付费，否则客人不得要求超出所订套系组数以外的照片或影像档；经营者将制作相册后的多余照片或底片私自截留或另行收费；经营者将消费者不肯买走的照片扔掉或者销毁等。在最后一个方面，主要的问题在于经营者遇到意外事故损坏或遗失胶卷时，对消费者只赔同类同量胶卷，不负责其他损失，如精神赔偿等。

（4）保险行业。保险公司的单方限制也是引起消费者不满的主要原因。如在医疗保险方面，有些保险公司规定若已通过其他途径支付了器官移植或手术的部分费用，保险公司只承担剩余部分费用的保险责任；家庭病床不理赔；净保费扣除比例为35%等条款，都是经营者单方面决定限制消费者的主要合同权利和扩大消费者的主要合同义务。在车辆保险方面，以下几个方面几成行业惯例：保险车辆发生保险责任范围内的损失应当由第三方负责赔偿的，被保险人应当向第三方索赔，如果第三方不予赔付，被保险人应提起诉讼或仲裁；经保险人同意的，由被保险人支付第三者的抢救费、施救费、仲裁及诉讼费、律师费赔偿的总数在保险单载明的责任限额以外另行计算，最高不超过责任限额的30%。

其他“纯粹”服务中的伦理问题还有：洗衣店规定，衣物洗涤毁损，赔偿额不超过洗涤费的10倍；物业公司物业管理规定在停车场停放自行车每月每户××元、摩托车××元、轿车××元，车辆损坏或丢失及车内物品丢失或损坏均由车主自己承担责任；自来水公司收费规定，自来水公司按最低用水量实行低度收费，用户每月最低用水量为×吨，不足×吨按×吨收取等。这些问题的产生或者是因为个别商家利用信息不对称、供求关系不平衡，将不平等的消费条款强加给消费者；或者是因为消费者以个人形式面对集体形式的商家，存在心理弱势，往往不得不自认倒霉。这些企业的行为不仅逃避了自身应该承担的伦理责任，而且从根本上侵害了消费者的公平交易权、知情权、选择权和索赔权。

本章问题与讨论：

一、简答题

1. 企业与消费者之间存在哪些具体的伦理关系？
2. 企业产品中的伦理规范体现在哪些方面？
3. 企业在产品定价中的不道德行为有哪些？
4. 企业在产品促销中的不道德表现有哪些？
5. 企业在广告中的不良行为有哪些？
6. 企业在产品售后服务中的不良行为有哪些？

二、讨论题

1. 如何重构企业的道德规范？
2. 如何构建企业与消费者之间的信任关系？
3. 试分析企业的非伦理行为对社会经济发展的影响。

第六章 企业经营中的其他伦理行为

第一节 企业投资中的伦理

一般认为，投资分个人投资、集团投资和国家投资。在市场经济条件下，多种所有制并存，利益主体多元化，不同的利益主体作为经济主体可以自由地在道德和法律允许的范围内选择投资方式、经营内容。自由的程度与道德的要求成正相关，越是自由，越要求负责任，无论是个人投资、集团投资还是国家投资，进行道德思考都是必要的。在市场经济条件下，投资主体多元化，个人投资的比例随着市场化程度的提高占有更大的份额，集团投资、企业之间相互参股控股也越来越普遍，大量专业的投资公司如雨后春笋般不断涌现。在投资多元化的时代，我们到底应当投资什么样的企业，什么样的团体，是不是只要盈利就可以了呢？盈利是唯一的目标吗？企业的道德经营是不是也在投资选择的考虑范围之内？

有道德责任的投资者不仅要考虑企业的盈利状况，还要考虑企业的道德经营状况。投资什么样的企业意味着支持什么样的企业行为，投资道德经营的企业体现了对道德经营的支持和鼓励，投资不道德经营的企业就等于助长了企业的不道德行为。对于道德投资来说，最为重要的是不要投资不道德经营的企业。如果我们知道一家公司的经营是不道德的，我们就有责任不进行投资，不管这个公司的利润有多大，我们有理由撤回资金，表示我们对于不道德经营的反对，对投资道德责任的关切。不道德经营包括经营武器、毒品、烟草、含麻醉剂的饮料等，它们都是以危害人类的生命和健康来获取利润的，对它们的支持就等于是对战争的支持和对生命的威胁。当我们发现自己投资的股票、基金、债券和保险中有投资这些行业时，要果断地撤出。不道德经营除了在产品方面有明确的标志外，雇用童工和种族歧视也属于这一类。

判断公司的经营道德与否，可以从以下三个方面着手：[①]

第一，要考虑公司的政策。很多公司从事多种经营，在多种经营中，不道德经营占一定的比例，是不是在公司政策所允许范围内的不道德经营是可以原谅的？在国外，有一种观点认为，不道德经营的利润比例在公司总利润的1%以下，公司的经营就不算是道德。显然，这种观点是站不住脚的。只要公司从不道德的活动中获利就足以说明公司的不道德性，即使符合公司的政策也不能说就是道德的。道德的标准是社会的，以公众的支持和认同为依据，

---

① 曹凤月著：《企业道德责任论》，社会科学文献出版社2006年版，第152页。

而不是以公司自己为标准。

第二，要查看公司的记录。看看公司如何对待自己的员工？有没有种族歧视？少数民族员工的比例有多大？是否有妇女及少数民族的妇女被提升到高级管理层？公司生产的产品的安全系数有多大？雇员的工作条件的安全程度有没有保障？公司的生产和经营活动对土地造成当污染和破坏了吗？公司是否考虑到其活动对社会的影响？是否能保证对社会不造成任何危害？公司是否在经济萧条时不提前公告就关闭工厂和解雇工人？公司员工对公司有过多少起诉？诉讼的内容是什么？对这些问题的考察可能没有什么明确的答案，但它会帮助你了解公司以便做出正确的价值判断，决定是否投资这家公司。

第三，公司应当对它的所有雇员行为负责。时下经营流行的一种做法是，企业由于某一种决策失误产生了不良的社会影响，招致了公众的批评，此时，本应该由企业高层领导出面承担责任，可是我们看到的解释是，这是由于下层某个管理者在没有得到公司许可的情况下私自行为的结果，这样，公司高层管理者的罪名被开脱了。把公司的责任转换成个人的责任，大事化小，小事化了，而且对犯了错误的管理者不解雇，继续任用，这样的公司行为显然是不道德的，也是对社会极不负责任的。

为了做到道德投资，必须掌握企业充足的信息，这需要个人投资者和集团投资才共同努力。个人投资者由于能力有限、知识缺乏和信息闭塞，对企业信息全面掌握的可能性不大，再加上投资额度较小，认为投入太多的精力调查企业行为没有必要，因此，个人投资者关注企业的行为，很少调查企业的信息。另外，个人投资者在董事会上只占很小的比例，发言权上受到了一定程度的限制。因此，通过个人投资者的努力来发现并制止企业不道德行为是杯水车薪。在现代企业制度下，企业集团之间的投资参股越来越普遍，专门的投资公司也越来越多。集团投资和投资公司一般要进行严格的市场调查和市场分析，在众多的企业中选择成长性良好的有盈利能力的公司，以便实现自己的盈利目标。在市场调查和分析中，公司的道德状况不能忽视，如果在有投资意向的公司中发现有不道德倾向的要立即做出决定。改换别的道德状况良好的、对社会负责的公司。在已经投资的公司中，发现有不道德经营的倾向，可以在董事会上发表意见，意见不被接受，可以考虑撤资或卖掉股票。集体投资和专业投资公司对企业不道德行为的抑制是有效的。

第二节　企业生产中的伦理

生产中的道德责任的最高准则是不伤害，不管是对生产环境中的员工，还是生产出的产品，以及对环境造成的污染等，都要做到不伤害或者把伤害减少到最小的程度。生产道德责任主要表现为：在工作环境上，为员工提供健康、安全的生产环境，避免职业伤害；在产出的产品上，要为消费者提供高质量的、有益于人身心健康的产品；在生产对环境的影响上，要尽量减少和避免污染。

一、操作环境道德责任

工厂操作环境要符合安全生产的最低标准。按照生产最低安全标准的要求，生产环境必须能达到适宜的温度、足够的通风、适宜的光亮度、安全出口设置、保护危险环境下作业的职工人身安全与健康等。只顾企业的利润而置员工的健康、生命安全于不顾，让员工在不安全、不健康的环境中工作是极为不道德的。

生产操作环境道德责任的首要是按照职业安全卫生法的要求提供健康安全的工作环境。世界上大多数国家都有职业安全卫生法。美国职业安全和卫生法是最为健全的，非常详细地规定雇主必须为雇员提供安全设施。有职业安全卫生法的国家不少，但是能严格按照这个标准来做的国家和企业并不多。尤其是在落后国家，安全标准根本提不到日程上来。在发展中国家，不符合或低于最低安全标准的情况在一些乡镇企业和私人企业中普遍存在。在中国乡镇企业和私人企业比较发达的广州、深圳等地，雇佣大量民工从事生产和加工业务，有些企业的生产环境极为恶劣，操作环境严重不符合安全卫生标准，每年发生的事故、工伤都为全国之首。

其次，要避免职业危险，减少职业危害。一些特定的职业存在着职业性的危险和危害，如井下作业和高空作业、警察和消防员等职业，都存在着较大的职业危险。制药厂、纺纱厂等也存在着较大的职业危害，常年在这些行业中工作的员工经常会出现职业病。为了规避职业危险和危害，要加强安全教育，提高安全意识，同时进行一定的经济补贴作为从事危险职业的补偿。

最后，在劳动合同中要对工作中可能出现的危险和危险的预防进行必要的说明，尊重员工的知情权和自由选择权。如果雇主知道某项工作存在着危险却故意不告诉员工，这是不道德的欺骗。雇主有责任把工作中可能会出现的危险提前告诉员工，以便于员工选择是否从事这项工作。

二、产品质量安全道德责任

在经济不发达的情况下，人们对产品的要求不高，只要能满足使用的标准就行了。在经济发达、物质财富越来越丰富的情况下，人们选择产品的自由度越来越大。在这种情况下，对产品的要求也变得苛刻了，产品不仅要满足人最基本的使用要求，还要在安全、健康上符合一定的标准，如绿色食品、无公害等。如果说产品的使用要求体现为一系列的技术标准，这些通过技术的改进就可以实现，而安全、健康的标准则不仅仅体现为技术上的指标，它还是一个道德的指标，意味着企业对消费者生命、健康的关心和对社会的责任感。

产品的质量和安全密切相关，高质量的产品在使用中应当是安全可靠、没有危害的。企业在为社会提供安全的产品方面有一些什么样的责任？我们从道德的角度怎样进行安全评估？

（1）企业在生产一种产品时要预先知道，通过技术努力所能达到的最大限度的安全度，对获得这个安全度要有充分的了解和技术能力。

（2）确定某一产品在可接受的风险范围内的安全度。在这个范围内的风险是可以接受的，超过这个范围就变成伤害了。这既是一个技术上的问题，同时也是个价值问题。确定一个在技术范围内允许的安全度，并且为全社会的人所接受，需要由广大的用户、社会公众和代表公众利益的政府一起来决定。

（3）行业的技术安全标准要随着技术的进步、公众要求的提高不断完善。行业的标准是技术标准，而公众的满足是价值标准。一般来说，行业的安全标准是最低安全标准，而公众的安全需求价值标准是高于技术标准的。企业在制定安全标准时不能只考虑满足最低的技术标准，还要考虑公众的心理需求这个价值标准。

一个产品是不是高质量的，安全是主要因素。安全具体表现为是不是有利于健康，是不是有利于环保，是不是在合乎伦理的情况下生产的。对“质量”的理解在当今社会有了新的含义，质量不仅意味着较好的满足使用的功效，还意味着对人的健康有利，不能给人带来伤害，包括对他人和社会的伤害。因此，在产品质量要求中，环保的因素被加进去了，“无公害”成了高质量的标志。另外，产品是由谁生产的，是不是建立在剥削、歧视、不人道基础上的，这也成为高质量产品必须考虑的内容。近些年来，在产品质量要求中，伦理责任越来越受到重视，这一点在关于产品质量的立法和规范中有所显示。例如，在欧共体各个国家，对进口产品有严格的规定，进口产品必须是在符合最低劳动条件下生产的，有一种标明符合最低劳动条件的质量标签，表明这种产品是在合乎伦理的情况下生产的。

三、控制、避免污染的责任

企业在生产过程中不可避免地造成一定程度的环境污染。随着现代化和工业化的发展，环境的污染成为人类面临的一大难题。例如，杀虫剂和除草剂的发明，为农民减少了烦恼，增加了产量，同时也带来了严重的土和水的污染。杀虫剂渗入地下水使大批的鱼类死亡，妇女喝了含有杀虫剂的水，大量的孕妇生出畸形儿。环境是属于大家的，企业对生产污染以及污染所导致的对人类的危害理应负法律和道德责任。企业对污染的道德责任主要表现为要自觉地控制污染，努力减少污染的危害。

对污染的控制是和科学技术的发展、知识的增长有密切关系的。在科学技术不发达时，人们由于缺乏对所用原料的科学认识，有些存在很大危害的原料被长期使用，给人的生命健康带来很大的危害，这是不可避免的。在科学技术不断发展、人们的知识水平逐步提高的情况下，当人们认识到某些原料是有毒的、有害时，污染和伤害就是可以避免和控制的。当一个企业知道某种原料的使用会导致污染和伤害，为了利润最大化而继续使用时，是极为不道德的行为。

企业在环境污染方面的道德责任除了树立减少的控制污染的意识外，还要对不可避免的污染做出合乎道义的补偿。

（1）当不可避免的污染造成了伤害，企业要在事情发生之前主动采取措施进行一定的经济补偿。如建筑工地对于噪声扰民，在开工前就应采取相关措施，不能等公众提出以后再补救。

（2）要在污染产生之前设法清除和消灭污染。有些污染不是某个企业的问题，而是行业问题，如汽车的污染就是行业性的、甚至于全社会的问题。对于企业自身造成的污染，清理污染的费用由企业自己努力解决；对于行业污染，清理费用由行业和政府协商来解决。

（3）把污染消灭在源头。通过政府制定相关法规来杜绝污染。企业要配合政府，按照政府的要求，制定最低污染限制，保证将污染控制在最低限度内。

第三节　企业会计活动中的伦理

一、企业会计活动中的伦理问题

会计活动是财务管理的一项基本活动，任何企业都要借助于这一项活动，记录下企业的收入与支出以及两者的平衡情况，如企业的资产、流动资金、应收账目、盈亏等情况，来反映企业的财务状况，为企业的财务管理决策提供依据。实践中，会计活动中最主要的不道德行为就是做假账。做假账是经营者为了个人或小团体的利益而不惜牺牲他人利益的不道德行为。在我国，会计领域里做假账的现象比较严重。

1999 年 12 月 22 日，财政部发布第三号《中华人民共和国财政部会计信息质量抽查公告》，披露了 100 户国有企业 1998 年度会计报表抽审结果：① 根据驻各地财政监察专员办事处对 100 户经社会审计机构审计的国有企业 1998 年度会计报表的抽审，发现大多数企业主要会计要素的核算存在偏差。其中，81 户企业存在资产不实问题，共虚列资产 37.61 亿元；83 户企业存在所有者权益不实问题，共虚列所有者权益 36.12 亿元；89 户企业存在损益不实问题，共虚假利润 27.47 亿元。经抽审统计，共有 82 家社会审计机构对上述企业年度会计报表实施审计，在出具的 99 份审计报告中，无保留意见报告为 61 份。抽审发现，一些社会审计机构违规执业，企业会计信息方面的问题未被充分揭示。……抽审统计发现，100 户企业中有 27 户企业明显存在原始凭证、记账凭证不真实、不合格问题。抽审中还发现少数企业违反会计处理原则，通过违规调整会计核算方法、变更折旧年限、随意选择表合并范围等办法操纵会计信息。

时隔多年之后，虽经国家有关部门大力监管，做假账的现象仍然屡禁不止，时有发生。2008 年 8 月 22 日，财政部发布了第十四号《中华人民共和国财政部会计信息质量检查公告》，披露了 2007 年财政部组织驻各地财政监察专员办事处会同各省、自治区、直辖市、计划单列市财政厅（局）对 8398 户企事业单位、会计师事务所进行会计信息质量检查和会计师事务所执业质量检查的结果：② 少数企业（1092 户）存在违背准则操纵利润、虚构交易等严重会计造假行为，具体表现在以下几方面：

一是随意调节收入成本粉饰业绩。如提前或推迟确认收入从而在不同年度间调节利润，随意增减固定资产预计使用年限调节折旧费用，对同一交易事项采用不同的计量模式确定公允价值，非法转回以前年度确认的减值损失等。

二是利用关联方交易转移利润。如通过母公司豁免大额债务或者进行大额捐赠等手段，直接向上市分司输送利润，帮助上市公司扭亏为盈。

---

① 徐大建著：《企业伦理学》（第二版），北京大学出版社 2009 年版，第 153 页。
② 徐大建著：《企业伦理学》（第二版），北京大学出版社 2009 年版，第 153 页。

三是通过虚构经济业务进行系统造假。有的上市公司与关联企业相串通，通过编造虚假合同等手段进行系统造假，虚构业务收入，导致财务报表虚盈实亏。仍有部分事务所在执行准则方面不到位，执业质量和内部管理存在严重问题和薄弱环节，主要表现在以下几方面：

一是未保持应有的职业怀疑态度，部分事务所包括证券资格事务所在执行审计程序特别的函证、监盘等基本程序方面，仅限于审计程序形式上的完整性，未对取得的审计证据的真实性保持应有的职业关注，导致未发现企业重大违规问题。二是未充分关注审计中的高风险领域，对新会计准则实施后出现的新风险点，如资产减值损失的转回、重大债务重组和资产转让、公允价值的计量模式、财政税收政策执行情况等未予以高度重视。三是未按要求编制审计工作底稿，未严格实施逐级复核制度。

二、影响因素

会计活动中主要的不道德行为是弄虚作假，对于会计人员来说，其原因大致可归为两类：一类是出于贪污或挪用钱款等谋取私利的主动行为；另一类却是迫于某种压力的被动行为。[①] 例如，“东方锅炉”在1996年运作公司股票发行上市期间，编造虚假文件，虚增利润。[②] 在这类事例中，尽管会计人员的行为是不道德的，但他们往往是被迫的，或者是迫于上级主管的压力，或者是迫于企业顾客的压力。即由于利益的冲突使他们难于抗拒压力。就企业外部的会计人员来说，他们虽然受雇于企业，由企业支付报酬，但他们的工作即审计的目的却往往是社会公众的利益，因为审计的本来目的就是向政府、股东、潜在的股东、公众保证：公司的账目没有出错，审计报告精确地反映了公司的财务状况。也就是说，他们为之服务的顾客的利益与他们的工作目的所指向的社会公众的利益两者往往存在着冲突。一方面，他们应当尽到向社会公众的责任；另一方面，他们也面临着顾客或厂商的强大压力，并且如果不屈服于这种压力就有可能被解雇。因此，他们总是倾向于不做任何会导致企业客户不快的事情。

企业内部的会计人员也有同样的问题，虽然相对于独立的注册会计师或事务所而言，他们的服务对象是企业，他们的工作目的主要也是企业利益，两者之间不存在如此大的矛盾，但不可否认的是，企业内部计人员的工作目的也不仅仅是为了企业，因为他们的工作也涉及社会公众的利益，如政府、债权人和潜在的股东的利益。因此，他们也要面对利益的冲突，并且在不屈服上级主管的压力时也有可能被解雇。还有一个原因，就是现行的会计活动行规与其伦理准则两者之间存在着某些矛盾。会计的伦理准则要求真实精确地记录企业的财务运行状况，但现行的一些行规却不利于真实精确地记录企业的财务运行状况。例如，美国的会

① 徐大建著：《企业伦理学》（第二版），北京大学出版社2009年版，第153页。

② 为了达到股票上市的目的，东方锅炉公司伙同有关方面作假，将注册时间和成为试点企业的时间提前，还编造了股东大会决议和分红方案。另外，为表现出良好的盈利状况，公司违反国家有关财务制度和会计制度，对1992年的利润进行调整，编造虚假财务报告，虚增利润1500万元，并在上市公告中作了虚假披露。1993年11月6日起，东方锅炉公司以有关部门虚假批复的5400万股票额度，向公众违规溢价发行，并将溢价发行所募集资金及利息收入共14499万元违规账外核算。

计行规并没有明确地规定，当公众利益与客户利益发生冲突时，负责审计的会计师或事务所必须把公众的利益置于客户利益之上。因此，审计人员的责任仅仅是审核，企业的账目是正确表述出来的，符合公认的会计和审计标准，他们没有责任去查实企业所提供的信息，而且没有责任去公布所发现的任何内在的与账不符、欺诈或其他违规行为。

三、会计活动中的伦理规范

从企业伦理的角度看，会计活动的一条根本的伦理准则就是：真实、准确地记录企业的收支平衡状况，尤其不得编造文件和账目，参与欺诈和其他不道德的活动。

为了具体贯彻会计活动的这一根本伦理准则，各国的会计行业组织制定了一系列的行业为规范，要求会计人员遵守。如全美注册会计师协会（AICPA）制定了三个规则："通行会计原则"（GAAP）、"通行审计标准"（GAAS）和"职业道德准则"（GOPE）。这些规则除提出了职业行为的标准和一些一般的职业道德准则（如保护客户的机密、不得给客户回扣等等）外，大都是有关会计活动的客观公正的行为规范。例如，要求会计人员廉正、客观、有能力，其行为要符合职业标准；独立的注册会计师或会计事务所必须独立于客户，不能在客户公司中拥有任何财务利益；等等。显然，这些规定都是为了防止做假账，保证会计活动的客观公正。

从经济效率的角度看，真实准确的财务信息是良好的财务管理的基础，虚假的、不真实的财务信息会使在财务管理上作出错误的判断和决策，从而给企业管理带来重大损失。从经济公平的角度看，造假账、提供虚假的财务信息往往是为了某种目的而进行的欺骗，实质是一种侵犯他人权益的欺诈活动。如企业内的会计为了掩盖自己贪污或挪用公款的真相而造假账，侵犯了股东和其他员工的利益；企业主管为了达到逃税漏税的目的而命令会计造假账，侵犯了普通纳税人的利益；等等。

事实上，企业的财务管理涉及各方的利益。一方面，企业内部的管理决策要根据企业的财务状况作出；另一方面，企业外部的利益相关各方也要根据企业的经营状况进行决策。政府要根据它征税，银行要根据它决定是否贷款，股东要根据它决定是否对企业进行投资等。因此，其记录的真实可靠性就非常重要，虚假的记录不仅会导致错误的管理决策，给企业带来损失，而且会严重损害各个利益相关者的利益。

第四节 企业信息管理中的伦理

现代社会是高度信息化的社会，信息就是资本，信息就是金钱，谁要想在竞争中占有优势，谁就得想方设法获得最优先的、最具竞争力的信息。因此，现代企业的竞争表现为信息的竞争。在信息竞争中，经常出现的问题是商业秘密的泄露，如通过不正当手段获取商业信息、利用内部人进行不正当交易等。这些问题看起来是企业经营管理问题，其深层次的问题是企业伦理问题，是道德责任问题。

（一）泄露商业秘密

任何一个企业都有自己的研究开发计划、未来开发战略、员工状况、销售网络、客气名单、财务状况等，这些都属于企业的信息。企业信息有的是可以公开的，有的是不能公开的。那些不能公开的、需要特殊保护的属于商业秘密的范围。

商业秘密和普通信息的区分有以下几个方面的内容：

第一，商业秘密必须有一定的保护措施，制定相关的保护制度。商业秘密不是公司所有人都能接触得到的信息，对于少部分能接触到信息的人做一些特殊的规定。例如，不能把公司的技术发明和客户名单泄露给他们和同行，如果违反公司规定会受到惩罚；从事机密行业的员工，两年之内不得受雇于同行业的其他公司。

第二，企业为了获取信息而付出了代价，一旦失去，对企业的财务状况有巨大损失。例如，企业为了开发某项新产品，聘请了高级科研人员，花费了几年的时间，付出了巨额的资金，开发出的产品在同行业中有明显的优势，是企业获得利润、占领市场的重要条件，这样的企业信息就是商业秘密。

第三，对同行业有较高的竞争价值。这个信息不仅是本企业利润的增长点，也是同行业竞相追逐的对象。

对于属于商业机密的信息必须严加保护。保护措施除了在制度上申请专利、版权以外，在产品开发研究中还可以通过分解研究程序，使个人无法了解工作的全部。另外，还可以要求员工对从事的工作保守秘密，教育员工有责任不泄露企业的商业机密。虽然对于商业机密实施一定的保护措施，但是，在员工职业流动中商业机密的泄露还是不可避免地发生。因为员工有自由选择工作权利，他在原单位学到的知识技术和经验已经成为自己的一部分，留住他的知识和经验是不可能的，因此，在工作变动中，商业机密的泄露是不可避免的。

怎么看待工作变动中商业机密的泄露呢？是不道德行为吗？关于这个问题说法不一。有的认为这样做是不道德的，因为产品的所有权属于公司，个人即使在研究开发中做出了努力最终的成果也不属于个人，因为研究是以公司的名义进行的，公司提供了研究设备、资金，支付研究人员工资，研究的最终成果属于公司，个人无权使用集体劳动的成果为个人牟取私利。另一种观点则认为，管理人员跳槽到同行竞争企业，不属于不道德。员工管理技术和经验不应当属于公司，它是在个人长期的工作中摸索出来的，其中有个人智慧的很多成分，管理的经验不属于公司，公司不能因为员工到同行竞争者任职而指责其不道德。任何员工在进入新单位之前都要进行一定的岗位技术培训，如果因为接受了公司的培训，获得了公司的有关信息，就在以后工作的选择中受到了限制，这是对自由选择工作权利的剥夺，是不道德的。

工作变动中商业机密的泄露是经常发生的。不能因为公司商业机密的保护规定和人的自由选择权利相冲突，就否认行为的不道德，也不能因为商业机密的规定就一概认为带走了企业信息就是不道德的。要区分什么是商业机密，什么是一般的信息，什么信息属于企业，什么信息属于个人。只有这样，才能正确评判员工职业流动过程中和企业信息相关的不道德行为。

（二）内部人与内部交易

内部人是指掌握未公开信息，比社会公众有信息优势的人。这些人包括秘书、律师、顾问、财务出纳等接触关键信息的人，还包括处在企业外部，但是通过某种关系和途径获得了企业内部信息，在交易中拥有信息优势的人。内部人交易是指，企业内部和外部拥有信息优势的人利用信息优势或出卖信息在交易中牟取暴利的行为。企业内部人交易损害了企业利益，破坏了公平交易的环境，妨碍了公平竞争的市场秩序，是极为不道德的。

内部人利用内部信息不正当交易的方式有两种：其一，企业内部成员利用内部信息为自己牟取私利，损害了企业利益；其二，企业内部人利用内部信息牟取私利，损害了企业外部人员的利益。内部人交易事件大量地存在于日常生活中，例如，某房地产开发公司经理参与了城市改造会议，知道了在某个时间某个地段要拆迁，他利用这个信息，自己在这个地段购置了几个房产项目，并把这个消息透露人自己的亲友，他们分别仿效这个经理的行为，在这一地段购买房产。拆迁计划实施以后，经理和他的亲友获得了巨额的拆迁补贴。房地产经理的不道德体现在，他透露了本应该保密的信息，结果拆迁的成本大大增加了，损害了房地产公司的利益。另外，内部人交易事件还普遍存在于企业兼并重组中。企业管理层的高级管理人员、会计师、秘书等人利用事先知道的重组消息，把消息透露人证券交易所有大投资商、投资咨询公司，他们利用资金优势大肆炒作，抬高股票价格，时机一到又大量卖出，大投资商获得了几倍的暴利，而中小投资者、散户股民却血本无归。中国股票交易中类似的内部交易事件有20世纪90年代中期的“亿安科技”“郑百文”“银广厦”等。在日本，类似的事件也经常发生。1990年，日本大藏省决定出售由政府掌握的电报电话公司的500万股股票，他们一开始就把股票的价格定得非常高，吸引股民的注意力，然后鼓励经纪人公司联系炒作，最后，股票跌至初始价的1/3，结果政府和经纪人公司获得暴利，而普通股民损失高达8000万美元。内部人交易事件不仅是违法的，也是不道德的。为此，美国证券交易委员会这些年来一直致力于这方面的工作。1988年，美国参议院立法决定，加大了内部交易的惩罚力度，犯罪人入狱10年，并处以100万美元的罚款，违规公司罚款250万美元。并且，在内部人交易中，公司主管工作监督不力，负有连带责任。在中国，这几年股票市场内部交易事件接二连三，市场交易秩序非常混乱，股民谈股色变，内部人交易方面的立法亟须完善。

（三）信息披露

公司中有些信息是保密的，而有些信息是公开的。为什么要披露信息？披露什么信息？对谁披露？目前，这些问题还没有统一的规范。这里主要针对企业社会责任信息的披露略作一些阐述。

国外研究者对企业社会责任信息分类之后，认为企业社会责任信息包括以下15个类别：环境问题类、消费者问题类、能源问题类、社区问题类、慈善和政治捐赠问题类、与雇员相关的数据类、养老金的数据类、向雇员咨询类、在南非的雇佣问题类、雇佣残疾人的问题类、增值表类、健康与安全类、雇佣持股计划类、其他的雇佣问题类、其他类。为此，国外学者认为企业社会责任要求企业不仅关注股东，而且还要从人权、员工福利和环境等方面来关注其他的利益相关者，包括员工、顾客、受影响的社区、公众等，企业社会责任信息的披露也应该围绕以上方面进行。而国内学者认为，企业除了应提供正常经营活动报告之外，外界利益集团、政府机构和社会公众都需要会计人员提供有关企业社会责任的更多信息，诸如企业与环境保护、就业、雇员培训、反种族歧视、医疗劳保、与社区之间的联系或所作贡献的信息资料，同时，我国企业社会责任信息披露的内容除了财政公布的经济效益评价指标中的社会积累率和社会贡献率外，还应该包括改善生态环境的贡献、对社会福利的贡献、人力资源方面的贡献、提供产品和维修服务方面的贡献、诚实信用的商业道德、企业收益方面的贡献。因为企业的利益相关者有信息的知情权，即任何和公司有利益关系的，从事交易的人都有权获得所需要的信息，当交易中利害关系人的利益受到影响时，交易人有权了解情况，这是公司道德责任的要求。

本章问题与讨论：

一、简答题

1. 企业投资中的非伦理因素是什么？
2. 如何才能避免企业会计活动的伦理问题？
3. 在企业信息中，哪些属于社会责任信息披露的内容？

二、讨论题

1. 试讨论企业投资促进经济公平的作用与意义。
2. 试分析企业信息管理中的伦理责任。

第七章　企业捐赠及战略公益活动

第一节　企业捐赠

一、企业捐赠的动机与类型

企业捐赠的动机有三类：为了促进公共利益；对公司和社区均有利益；有利于公司的商业目标。相应地，企业捐赠行为可以被定义为利他行为、互利行为和自利行为三种类型。

1. 利他行为

以促进公共利益、增进社会福利为企业捐赠的唯一目的和行动。在利他行为中，如果企业在捐赠中受益，仅仅是外部效果导致，并非自身的追求。但社会因此获得可见的社会效益，企业自身也因此获得社会声誉，如公共灾难救助，扶贫资助，初级教育，健康资助等行为。

2. 互利行为

以既为社会福利又为企业利益的双重目的作为企业捐赠的行动。在互利行为中，企业与社会均在其中受益，但企业受益并非外部效果所致，而是自身的追求。然而社会因此获得可见的社会效益，企业获得可估算或可预期的长期经济利益。如支持企业所在社区的发展计划，支持公司员工对社区的志愿服务，支持大学的相关研究和发展等行为。

3. 自利行为

以满足商业利益为公司捐赠的目的和行动。在自利行为中，企业受益显而易见，社会若从中受益则属于企业行为的一种外部效果，非企业所求。但企业因此获得可计量的经济效益，同时，社会利益不致因此受到损害，如以产品捐赠、活动赞助做实物广告等行为。

传统的企业捐赠主要是企业家个人或者企业基金会的行为，其目标走向是完全的利他主义。例如，建立于 1907 年的罗素·塞奇基金会的目标是“改善美国的社会生活条件”；创立于 1911 年的纽约卡内基基金会的宗旨是“促进相互理解和知识的发展与传播”；1913 年创立的洛克菲勒基金会以“促进全人类的共同富裕”为追求；目标概括性最强的是 1918 年建立的哈克尼斯的共同基金会，旨在“服务人类福利”。[①] 现代公司公民的概念不是慈善道义概念。它将纯粹利他的慈善捐赠视为公司履行社会责任的一种方式（不是唯一方式，也不是主要的方式）。从相关利益人概念出发的公司管理者们，将企业与社会的关系看作相互依存的、不可分割的整体，自己已经不再是股东利益的代表，而是包括普通大众利益在内的消费者、社区、环境等相关利益人的代表。因此，这类公司管理者们将自己看作共同体的财产管理人或者受托人，他们逐渐摒弃了仅从慈善角度向穷人提供援助的公司捐赠模式，转向以公共信托人身份，考虑所有相关利益人的利益的公司捐赠新模式。工业化社会在向后工业化社会行进中，完全从道义责任出发的慈善性捐赠动机已呈下降趋势，而将社会捐赠作为社会投资的动机显著上升。

二、国内外企业捐赠比较

1. 国外企业内部驱动占主导，国内企业外部驱动占主导

企业进行捐赠的原因一般可以分为两类：一是“内部驱动力”，即企业从自身发展以及各种利益相关者角度出发进行捐赠，包括高层领导的重视、企业战略规划、吸引投资者及消费者等；二是“外部驱动力”，即外部机构的捐赠动员及企业的从众心理，包括政府、慈善机构、媒体的捐赠动员，以及其他企业捐赠的影响。中国社会科学院社会政策研究中心公司捐赠研究课题组的研究结果表明：在捐赠决策的驱动力方面，国外企业的捐赠驱动力主要来自计划策略、员工发起和领导倡议等内部驱动，比率为80%，而国内企业仅为41%；国内企业的捐赠驱动力主要来自政府动员、社团劝募和社区申请等外部驱动，比率为59%，相应的国外企业为25%。[②] 内、外不同的捐赠驱动力反映了国外企业和国内企业处于不同捐赠状态，其中，国外企业有着明确的捐赠动机，内部驱动占主导，是一种主动性捐赠；国内企业捐赠动机模糊，被动捐赠的行动更多。

2. 国外企业注重策略性，国内企业注重实用性

企业捐赠方向、企业捐赠结构往往受企业的主营业务、企业所在的社区以及其他利益相关者的会影响。《中国企业家》曾经对部分国内企业和跨国公司进行的一次调查结果表明：对于跨国公司来说，有87.5%的企业选择“教育科研”为主要的捐赠方向，75%的企业选择“赈灾”方向，50%的企业选择“扶贫”方向。而对于国内企业来说，各有84%的企业选择“扶贫”和“赈灾”作为捐赠的主要方向；80%的企业选择“教育科研”方向，52%的企业选择“体育文化”方向。[③] 可见，跨国公司更倾向于“教育科研”方向的捐赠，国内企业更倾向于“扶贫”“赈灾”方向的捐赠。显然，跨国公司利用了教育捐赠互动性强的特点，扩大了捐赠的影响面，体现了企业在慈善捐赠过程中的战略意识。

---

① 陈炳富、周祖城编著：《企业伦理学概论》（第二版），南开大学出版社2008年版，第160页。
② 陈炳富、周祖城编著：《企业伦理学概论》（第二版），南开大学出版社2008年版，第161页。
③ 陈炳富、周祖城编著：《企业伦理学概论》（第二版），南开大学出版社2008年版，第162页。

3. 国外企业重视管理和评估，国内企业管理不足、评估较低

中国社会科学院在北京、上海和广州的一项包括15家跨国公司和15家国内企业的“捐赠研究资料”的结果显示，国外企业重视捐赠项目的管理与效果评估，其中与政府合作管理的比例达到76%，与社区合作管理和自行管理的比例分别为5%和2%，三者合计达到83%。另外，国外企业86%以上的捐赠资源得到了效果评估，但国内企业接受评估的捐赠只有11%。[①] 由于对捐赠效果的评价低于跨国公司，国内企业的继续捐赠意愿也比跨国公司低。

三、培育中国企业慈善文化的措施[②]

企业捐赠作为社会资源再分配的一种有效形式，可以从微观层面上补充宏观税收转移支付的不足，它可以直接深入国家税收转移覆盖不到的地方，使社会公益事业从宏观的统筹规划到微观的扶贫济困，形成一个系统、完整的体系。因此，建立一套鼓励企业参与慈善公益事业的社会政策是必要的。

1. 倡导企业公民理念，走互利双赢的捐赠模式

中国目前的企业慈善政策倾向于经济资源，而对于非经济资源，如企业公民文化关注不够，企业公民文化是外来文化，也是时代文化，它植根于公司法人制度和现代国家追求公正、平等的社会发展目标，正适合当前中国社会发展之需，因此，引进企业公民文化，倡导企业公民理念，对于当今的中国有着不容忽视的重要意义。

企业也需要一个良好的社会生态系统才能很好地生存和发展。企业建立这种生态环境需要多方面努力，如良好的业绩、得体的公共关系、协调的内部关系、亲和的社区关系等。就宏观政策而言，一方面要大力弘扬企业公民的理念，继续培育企业的社会良知、社会责任；另一方面，要鼓励企业的公益行为，为企业开展公益活动创造条件。

2. 实行税收鼓励政策

对企业公益活动，应有更多的鼓励政策。理由主要有：第一，目前中国的企业实力还不强大，参与社会公益事业的能力有限，需要政策上的鼓励和优惠。第二，中国幅员辽阔，发展不平衡，社会问题层出不穷，仅靠政府的力量难以应付，因而十分需要企业和社会各界的共同介入。第三，企业介入自己熟悉的社会领域可以节省大量的社会交易成本，使资源得到有效配置，从而最终提高全社会的经济效益和社会效益。

3. 提高慈善机构的公信力

完善法制和道德环境，是促进慈善事业健康发展的基本保障。由于我国慈善组织的发展处于起步阶段，因此在立法、管理、监督、服务方面还跟不上需要。近年来，社会不断爆出慈善资金被挪用、受损失的新闻，导致捐赠者包括企业和个人对慈善机构失去信任。因此，目前最为紧迫的工作是对现有的慈善机构加强指导、监督和服务，促进其

---

① 陈炳富、周祖城编著：《企业伦理学概论》（第二版），南开大学出版社2008年版，第162页。

② 陈炳富、周祖城编著：《企业伦理学概论》（第二版），南开大学出版社2008年版，第162页。

健康发展。

此外，由于慈善组织、慈善机构是以从事公益事业为目标的非营利组织，它的动力主要来自内生的慈善精神，自律应该是慈善组织的主要制度。要加强慈善组织的自律，完善慈善组织内部的管理和监督制度，实行理事会决策和所有信息公开透明，培育慈善组织的社会公信度，提高从业人员的道德素质，进而增强公众参与慈善事业的吸引力。

第二节 企业战略公益活动

一、企业对公益活动认识的转变

在20世纪90年代以前，企业倾向于把从事公益活动看作履行义务。当时的企业更倾向于避开可能与自身的核心商业产品联系起来的主题，因为那可能会被看成是自私自利；也更倾向于回避像艾滋病这样重大且往往有争议的社会问题，因为企业觉得这些问题最好由那些具备专门知识的政府机构或非营利组织来处理。另外，在选择支持和资助对象时，当时对企业的决策影响更大的是高级管理层和董事会成员的偏好（和愿望），而不是要支持战略性经营目标的需求。

1994年，克雷格·史密斯（Craig Smith）在《哈佛商业评论》上发表了《新的公司慈善》（the New Corporate Philanthropy）一文，指出：对特定的社会公益事业和活动作出长期的承诺；不仅仅提供现金捐助；既从经营单位也从慈善预算中获得资金，形成战略联盟；以同样也会促进商业目标的方式来完成这一切。

史密斯认为，对这种发展有贡献的一个里程碑，是联邦最高法院在20世纪50年代作出决定，废止了直到那时还禁止或至少限制企业对社会公益事业的捐助和参与的法律与不成文法规。后来到了60年代，大多数的美国企业开始感受到了要证明自身社会责任的压力，纷纷建立了内部的基金会和捐赠计划。

史密斯提到的第二个里程碑是1989年的“埃克森瓦尔迪兹”（Exxon Valdez）漏油事件，它使20世纪70年代和80年代的慈善行为成为一个严肃的问题。在那一时期，企业倾向于支持与自身行业联系最小的社会问题，捐助各种各样的公益事业，并把捐助的管理交给单独的基金会。事件发生后，当埃克森公司需要环境问题专家给予专业知识的支持和帮助时，管理层却发现“他们与基金会资助，的环保权威们没有直接的联系”。

史密斯指出的最后一个里程碑是20世纪90年代各种模式的出现，如美国AT&T公司曾经用过的一个模式，就对企业基金会的角色及其与营利性分支的关系提出了新的看法。这个模式的观点是：基金会的慈善活动应该支持经营目标；反过来，经营单位也应该以营销知识、技术援助和员工志愿者等形式来支持慈善活动。

还有一种力量，史密斯没有提到，但越来越引起企业所关注的是，投资者、消费者、员工等企业的主要利益相关者在意企业的社会业绩。例如，1993～1994年美国的一项消费者调查发现：84%的被调查者说，他们对努力让这个世界变得更美好的企业有着更积极的印象；78%的被调查者说，他们会更愿意购买某种与自己关心的公益事业有关联的产品；66%的被调查者说，他们会为了支持自己关心的公益事业而改换购买的品牌；62%的被调查者说，他们会为了支持某项自己关心的公益事业而改换光顾的零售商店。

二、战略公益活动的影响

迈克尔·波特（Michael E. Porter）和马克·克雷默（Mark R. Kramer）将企业竞争环境概括为相互关联的四个方面：要素条件、需求条件、企业战略与同业竞争以及相关和支持性产业。他们认为，战略性慈善行为对竞争环境的四个方面都将产生十分重要的影响。

首先，对要素条件将产生三个方面的重要影响：一是改善教育和培训状况，从而为企业提供大量的高素质劳动力储备；二是改善企业所在地居民生活水平，从而对专门人才具有强大的吸引力；三是能有效提升所在地研发机构水平、行政机构效率、基础设施质量以及自然资源生产效率。其次，从需求条件的角度看，战略性慈善行为不仅可以影响本地市场规模，还可以有效改善本地市场质量，如思科网络技术学院通过帮助客户获得训练有素的网络管理人员而极大地改善了需求条件。再次，从企业战略与同业竞争的角度看，战略性慈善行为对于创建更有效率和公开透明的竞争环境至关重要。如 26 家美国企业和 38 家其他国家企业，共同支持国际透明组织（Transparency International）反对国际商业贿赂。这不仅有利于当地居民，同时也为采取这种活动的企业提供了进入市场更便捷的途径。最后，从相关和支持性产业的角度看，战略性慈善行为可以推动支持性产业的进一步发展。如美国快运公司通过资助旅游等支持性产业，在承担社会责任的同时，也凭借更具竞争实力的旅游企业而获益。

BSR（Business for Social Responsibility）是一家全球性的非营利组织，致力于把企业社会责任整合到企业的经营实践中去。他们的研究表明，参与社会活动的企业已经得到了一系列实际的利益，主要包括：销售额和市场份额增长，品牌定位得到巩固，企业形象和影响力得到提升，吸引、激励和保留员工的能力得到提高，运营成本降低，对投资者和财务分析师的吸引力增大。

如今的企业越来越渴望“既要做得好，又要做好事”。它们选择少数适合自身价值观的战略性重点领域；挑选可以支持企业经营目标的社会活动；选择与自身的核心产品及核心市场相关的主题；支持可以为实现营销目标提供机会的主题；评价不同主题对陷入危机或面临国家政策变动时提供积极支持的潜力；让更多的企业部门参与选择过程，以便为支持计划的实施打下基础；承担那些社区、客户和员工最关心的主题。

三、战略公益活动管理

实施战略公益活动关键要做好以下四个方面工作：[①]（1）选择要支持的社会主题；（2）选择支持社会主题的活动；（3）制定和实施活动计划；（4）评价成果。

---

① 陈炳富、周祖城编著：《企业伦理学概论》（第二版），南开大学出版社 2008 年版，第 167 页。

（一）选择要支持的社会主题

1. 需要思考的问题

这会对我们的经营目标产生怎样的影响？
这是一个多重大的社会问题？
是否有政府或别的什么组织在处理这个问题？
我们的股东会怎样看待我们对这个社会问题的参与？
这会让我们的员工得到激励吗？
这会不会怂恿其他参与这项公益事业的人来找我们要钱（或打扰我们）？
我们怎么知道这不是一项“昙花一现的事业”？
这项公益事业会让我们引火烧身、造成丑闻吗？
这是一项我们的竞争对手已经参与的事业吗？

2. 选择要支持的社会主题的原则

只选择少数的社会主题；
选择当地社区关心的主题；
选择可以与企业的使命、价值观、产品和服务协同配合的主题；
选择有能力支持经营目标（营销、供应商关系、生产率、成本降低）的主题；
选择关键群体（员工、目标市场、顾客、投资者和企业领导者）关心的主题；
选择能够得到长期支持的主题。

（二）选择支持社会主题的活动

1. 需要思考的问题

怎样才能保证支持这个问题不会影响我们专注于核心业务？
这种活动将怎样让企业引起公众的注意？
这些宣传真的会奏效吗？谁会注意它们？
要是消费者发现实际上投入到这项事业中的销售所得微不足道时，会怎样？
我们计算过给员工放假让他们去做志愿者的生产成本了吗？

2. 选择支持社会主题的活动的原则

选择最有利于实现经营目标的活动；
选择可以满足公益事业的优先需求的活动；
为一项公益事业选择多重活动，补充现有公益事业活动的不足；
选择最能体现社区合作伙伴的潜力的活动；
选择有历史经验的活动；
选择将会发挥现有充足资源的潜力的活动。

（三）制定和实施活动计划

1. 需要思考的问题

当提升业绩需要资金时，我们怎样才能完成该计划？

我们怎样向那些认为这些钱属于他们的股东们解释？

为什么我们的部门被要求资助这项计划？

拥有合作伙伴会让决策过程陷入泥潭吗？会因此耗费我们更多的时间吗？

我们会为这项事业带来足够大的促进以证明我们付出的代价是合理的吗？

这次活动难道就是伪装起来的品牌广告吗？

我们的退出策略是什么？

我们要怎样避免伪善之嫌？

2. 制定和实施活动计划的原则

组建内部的跨职能团队来制定计划；

让社区合作伙伴参与计划制定；

为企业设定明确、可测量的目标（结果）；

为公益事业设定明确、可测量的目标（结果）；

制定沟通计划；

确定其他的战略要素并为其制定计划；

赢得高级管理层的支持。

（四）评价成果

评价社会活动对企业和社会的影响是一项极具挑战性的任务，但还是要积极面对。在评价时要注意以下几点：

（1）确定评价的目的；

（2）测量和报告资源输出；

（3）根据活动的目标来测量和报告给企业带来的成果；

（4）根据活动的目标来测量和报告给公益事业带来的成果；

（5）监控活动所支持的社会主题的状态；

（6）为测量和报告分配足够的资源。

吉拉德·杰德尔（Gerald SGendell）列举了有效的战略捐赠计划的特征：

（1）建立在公司较长期的战略利益基础之上；

（2）具有描述清晰的战略，且该战略得到高层管理者的同意；

（3）具有明确的指导方针；

（4）是有计划的；

（5）建立在能被所有相关各方理解的客观标准之上；

（6）受到有效的管理并对结果进行评估；

（7）聚焦于方案，而不是资金或捐赠物；

（8）被认为是完整的公共事务过程中的一项职能或工具，而不仅仅作为对公司良心的一种衡量。

本章问题与讨论：

一、简答题

1. 企业捐赠的动机有哪些？
2. 企业捐赠行为可以划分为哪些类型？
3. 如何培育中国企业的慈善文化？
4. 什么是企业战略公益活动？
5. 企业战略公益活动会产生哪些影响？

二、讨论题

1. 试分析国内企业战略公益活动的内外部环境。
2. 试比较国内外企业公益性捐赠的异同。

第八章　企业竞争伦理

第一节　企业竞争伦理的作用与意义

一、企业竞争伦理的作用

（一）企业竞争伦理可促进法律法规监管作用更好地发挥

道德和法律作为调整人与人、群体与群体之关系、规范个体和群体行为的社会调控手段，具有相互依赖、相互促进的关系。对于市场经济来说，如果市场中的经济主体，主要是企业，能自觉地遵守竞争伦理，那些不正当竞争行为就会减少，有关违法案件案发率就会降低，这实质上就促进了上述各种法律法规作用的发挥，使法律监管达到了其本质的目的。事实上，很多企业在采取不正当竞争行为参与市场竞争时，并不是不知道该种行为是违法的，相反，那些企业的所有者或者管理者甚至有十分强的“法律意识”并精通各项法律法规，而是试图要钻法律的空子。为什么会出现这种情况呢？那是因为这些企业所有者或管理者缺少起码的道德意识和道德信念，才会导致他们选择突破法律底线和伦理防线，做出违法和违背伦理的决定。因此，如果在一个成熟的市场中形成一系列大家约定俗成的伦理规范，由于这些伦理规范的强大影响作用，会对市场微观主体的行为选择提供一种正确的导向，帮助他们作出正确的选择，从而使违法行为的发生率降低，使法律法规的监管作用得到真正的体现。

（二）企业竞争伦理是市场经济健康运行的有效保障

市场经济是法制经济，市场经济同时也是道德经济，如果法律是对特定主体的一种他律，那么伦理和道德就是该主体的一种自律。市场经济的健康运行需要法治作为基础，但是法律监管的成本过高。如果发生不正当竞争案件，在一个案件的裁决过程中，调查、取证、审判等，都会耗费大量的物力财力。而竞争伦理和道德则不同，它们作为企业的一种自律，是企业自觉的一种行为取向，成本更低，效果更好。如果每一个企业都自觉地遵守竞争的伦理规范，那么市场环境就会得到净化、不正当竞争行为相应减少，市场经济的运行效率也会得到很大的提高，从而以一种低成本的方式保障了市场经济的健康运行。另外，在法律和道德之间，总会存在一定的空白地带，即使法律再健全，也不可能涵盖市场经济的所有行为，而且立法的时滞性和法律的宏观指向，更会使这一空白加宽加大。某些企业抢注别的企业未曾注册但已经具有一定知名度或者有潜力的商标来牟取不当利益；某些企业请名人或者明星担当形象代言人，做一些内容夸张的广告，利用普通民众对名人和明星的欣赏甚至崇拜心理来拉动销售。诸如此类的竞争行为虽然并未被法律明令禁止，不属于违法行为，但却明显是不道德的，对于这种问题，只能依靠竞争伦理规范来加以约束，从这个意义上说，竞争伦理规范更是市场经济健康运行必要的有效保障。

（三）企业竞争伦理保障和谐社会的构建

首先，从理论上来说，企业伦理学是应用伦理学在企业层面的发展和应用，那么从实践上讲，企业的竞争伦理也是所有应用伦理的一部分，是整个社会伦理的一部分。企业不但是一个经济主体，承担着经济责任，也是一个社会主体，同时承担着社会责任。企业如果一味地追求经济利益，不择手段、巧取豪夺，其行为必然会对社会风气和社会价值取向造成不良的影响。换句话说，企业的不道德行为会产生一种辐射作用，企业逃避承担社会责任会带动社会中的其他组成部分纷纷效仿，使整个社会伦理受到损伤，从而破坏社会主义和谐社会的构建。其次，从资源流动和利益分配的角度看，良好的市场环境和规范的竞争秩序有助于竞争“优胜劣汰”功能的充分发挥，使综合效益好的企业在市场竞争中脱颖而出。这样社会资源就会不断流入那些综合效益好的企业，从而促进整个经济效率的提高，而效率是公平的基础，经济效率提高的结果就是社会财富的积累越来越多、人民大众所分配到的利益越来越多，这才是真正的公平和共同富裕的实现，公平和共同富裕正是社会主义和谐社会的要求和体现。因此，可以说竞争伦理规范是构建和谐社会的有力支撑，倡导竞争伦理必将在我国社会主义和谐社会的构建进程中发挥巨大的积极作用。

二、企业遵守竞争伦理的意义

（一）企业遵守竞争伦理有助于树立良好的市场形象

良好的企业形象无疑是一个企业宝贵的无形资本，而良好的企业形象的树立，是多方面因素共同作用的结果。首先，企业要为市场提供高质量的产品和服务，有良好的财务业绩和市场表现，甚至还需要企业具有一个高效能的领导团队、能够做好媒体的公关工作等等，但是其中很重要的一点就是企业一定要勇于承担社会责任，而企业遵守竞争伦理，自觉约束自身的竞争行为正是企业社会责任的一部分。当前一系列最受尊敬企业的评选，诸如《财富》杂志的最受尊敬企业、《当代管理》的英国最受尊敬企业、德国管理者杂志最受欢迎企业评选、《经济观察报》与北京大学管理案例研究中心主办的中国最受尊敬企业的评选都说明社会对于企业形象越来越多的关注。而在这些评选中，他们都把企业社会责任作为一个重要的指标。所以说，遵守竞争伦理作为企业承担社会责任的表现，有助于企业树立良好的企业形象。

（二）企业遵守竞争伦理有助于赢取顾客

企业竞争的成功和失败最终要体现在企业能否赢取市场中顾客的购买，可是说顾客就是企业的衣食父母。诚然，顾客的购买决策受到诸多因素的影响，但是可以肯定的是，一个臭名昭著的企业是很难赢得顾客的信任和忠诚的。如南京某企业“陈馅月饼”事件，这家企业本来是一家老字号的月饼生产企业，在 2001 年中秋节前，该企业用陈馅翻炒再制成月饼销售给顾客的消息被媒体曝光后，其月饼顿时无人问津，销售陷入冰点。随后，虽然其月饼经有关部门检测合格后重新上柜销售，但消费者已经是避之唯恐不及了。一次不道德的市场行为使其丧失了顾客的信任，给这个老牌企业带来了灭顶之灾。相反，如果企业自觉地遵守竞争伦理，社会会给其行为以反馈——良好的企业声誉和公众形象，可以说在当前顾客占据主导地位的买方市场，良好的企业声誉和公众形象会成为企业参与市场竞争强有力的武器，会对顾客的购买决策产生重要影响。一个遵守竞争伦理的企业才会持续地赢得顾客的信任和忠诚，才能保证稳定的市场。

（三）企业遵守竞争伦理有助于形成健康的企业文化

企业文化是一个企业所有成员所共有的价值观，其中伦理是企业文化的核心，它影响着企业成员的思考方式和行为决策。一般认为，企业文化的最初来源是企业创始人的价值观和愿景，企业文化的传播途径包括故事、仪式、有形信条和语言等。如果企业所有者或管理者坚持以对社会负责任的态度决定自己的行为选择，他们的态度和行为必然会通过故事、语言甚至是感知传递给企业员工，对企业员工的态度和行为产生积极影响。相反地，如果企业以不道德的方式参与市场竞争，也会对企业员工的价值取向造成消极影响。久而久之，不难想象遵守竞争伦理的企业内部会形成一种诚实守信、认真负责的文化，成员之间真诚相待、团结互助并愿意参与和奉献，因为他们会感受到自己所在的企业是在以合法合理的方式创造价值、为社会贡献力量，他们的付出是在实现个人价值的同时实现了自己的社会价值。相反，那些不遵守竞争伦理的企业其内部伦理也会受到消极影响，企业不负责任的行为将通过各种途径影响到企业成员的价值取向，最终大家共有的是一种自私利己、不负责任的价值观。已经有大量的实证研究表明，企业文化和企业绩效之间存在正相关的关系，所以企业是否遵守企业伦理会影响到企业文化，并最终影响企业绩效。

（四）企业遵守竞争伦理是参与国际市场竞争的需要

随着经济全球化进程的推进，企业间的市场竞争开始不再局限于一国国内，而是突破国界在全球范围展开。改革开放之后，越来越多的跨国公司进入中国市场，也有越来越多中国的优秀企业逐步走向国外，如海尔、华为等。但是不得不承认，在普遍意义上看，外国企业的管理理念更为先进，管理制度更为完备，其中包括伦理制度，其实国外对于企业伦理学的研究也是先于我国的。因此，我国的企业如果要在国际市场上取得竞争优势，单纯依靠低价等方式已经困难重重，我国企业出口的商品诸如温州出口的打火机、皮鞋频频遭到其他国家的反倾销诉讼即是例证。我国企业应该正视与国外先进企业之间的各种差距，包括伦理方面的差距，通过伦理生产、伦理营销、伦理竞争等，树立自己良好的国际形象，在国外顾客中建立良好的口碑。这样，我国企业会逐步积累起健康而持久的竞争力，能从容面对国际市场上的激烈竞争，获得全球经营的成功。

第二节　企业竞争伦理的基本原则

竞争伦理是超越基本的法律义务的关于企业竞争行为的道德标准，它要求企业不仅仅以合法的方式参与市场竞争，而且要以对他人、对社会无害并合乎道德的方式参与竞争。竞争伦理以法律为基础，又超越法律的要求，要求企业的竞争行为应符合以下基本原则。①

一、公平竞争

公平竞争是竞争伦理的基本原则。在界定公平竞争之前，我们首先要指出，不公平竞争和不正当竞争是有区别的。在很多情况下，大家都将不公平竞争和不正当竞争等同起来了，这是没有问题的，企业的不正当竞争行为肯定是以某种手段将竞争对手排斥在公平竞争之外，使其不能在公平的条件下与自身抗衡，因此不正当竞争行为属于不公平竞争的范畴。但是，在有些情况下，不公平竞争并不全都是不正当竞争。例如，随着国有企业的改制，国有企业和民营企业开始同场竞争，但是很多国有企业固有的重要的客户资源、公共关系资源等，使民营企业难以和它们真正地在同一起跑线上。它们之间的竞争属于不公平竞争，但并不是违法的不正当竞争。因此，公平竞争的要求超出了法律的要求，具体体现在两个方面：一是规则的公平，即市场要为参与市场的所有企业提供公平的政策、机会、条件和大环境，使得这些企业能够站在相同的起跑线上；二是结果的公平，这里结果的公平不是说相互竞争的企业获得相同的结果，而是指公平的规则要有内部效度，使优者胜、劣者汰，体现出不同经营效果的差异。

二、诚信戒欺

诚信戒欺是竞争伦理的灵魂，它既是企业实现其经济责任的需要，更是企业履行其社会责任的基本要求。诚信戒欺是中华民族的优良传统，也是现代市场经济公认的商业道德。在中国古代，信就与仁、义、礼、智并列为儒家“五常”，孔子提出“仁、义、礼”，孟子延伸为“仁、义、礼、智”，董仲舒扩充为“仁、义、礼、智、信”，后称“五常”。这“五常”贯穿于中华伦理的发展中，成为中国价值体系中的最核心因素。管子更是提出“是故非诚贾不得食于贾，非诚工不得食于工，非诚农不得食于农，非信士不得立于朝”，意为不诚信的人不能从商、从工、从农、从政，简直是无立身之地了。而在中国近代，著名的红顶商人胡雪岩开创的胡庆余堂雪记国药号，他亲书“戒欺”匾额悬挂于大厅，将“戒欺诚信”定为店规，并告诫其员工“药业关系性命，尤为万不可欺”“采办务真，修制务精”。正是这种“戒欺”的经营理念使胡庆余堂雪记国药号能发扬光

① 徐金发等著：《企业伦理学》，科学出版社 2008 年版，第 228—230 页。

大，对中国医药事业的发展起到巨大的推动作用。可见，从古到今，诚信戒欺都是商业竞争中重要的伦理准则，在现代市场经济中诚信戒欺更是具有重要意义——市场经济在某种意义上就是信用经济。诚信戒欺要求企业：一是要对顾客诚信戒欺，向顾客提供货真价实的产品或服务；二是要求企业对社会包括竞争对手诚信戒欺，如依法披露有关企业的真实信息等。

三、平等自愿

平等自愿是竞争伦理的根本原则。平等是指企业无论资产多少、规模大小、性质如何，都没有地位的差别，都应该有平等地参与市场竞争的权利；自愿是指在企业平等的前提下，企业应能根据自己对于外部环境和自身实力的判断，从企业的利益出发，作出符合企业意愿和企业利益的决策和行动。平等自愿首先要求企业具有生产、经营和出售的自主权，能独立选择自己的产品、市场，自主地决定自己的人事安排、规章制度等，成为独立经营、自由交换的经济主体，其次平等自愿要求企业不能以违法或者不道德的方式干涉其他企业的经营自主权，强迫其他企业作出违背自身意志的决策和行为。例如，在某些原材料供应紧张的行业，这种原材料供应的紧张是一种普遍的情况，对于处于该行业的所有企业都是一样的，企业就不应该利用行政权力对上游供应商施加压力。否则就是对供应商权利的侵犯，因为它本可以按照市场规律的要求，将自己的产品提供给最合适的顾客；同时这也是对同行业其他竞争者公平参与市场竞争权利的侵犯，因为在源头上它们已经处于劣势的地位。诸如此类的行为与平等自愿原则背道而驰，都是明显不道德的。企业的经营自主权是企业的根本权利，平等自愿也是竞争伦理的根本原则，市场应该提倡，企业应该自觉遵守和维护。

四、互惠互利

互惠互利既是竞争伦理的内在要求，又是竞争伦理的必然结果。企业作为市场经济活动的微观主体，具有相对独立的经济利益，企业要想实现生存和发展，首先就要实现自己的经济责任。竞争伦理要求企业以负责任的态度对待顾客、对待竞争者、对待社会，但并不要求企业放弃自己的经济利益，相反竞争伦理维护企业的经济利益。竞争伦理的平等自愿原则提倡企业应该自主自愿参与市场，这中间就包括了交易自由，如果企业认为交易不能给其带来利益甚至有损自身利益，竞争伦理维护企业选择不交易的权利。一个企业选择以获利的途径参与市场，其他企业亦然，因此，交易只能在互惠互利的基础上才能进行，企业平等自愿地选择交易是竞争伦理的要求，相应地互惠互利本质上就是竞争伦理的内在要求。另外，如果每一个企业都自觉遵守竞争伦理，以合法合理的方式参与市场竞争，那么市场环境会得到很大改善，市场秩序井然，这样对于每一个企业来说都是符合其正当利益的。在这样的市场中，它们可以公平、自愿地参与竞争，于己有利，于人有利，最终都会按照市场法则获得合理的收益。因此，互惠互利也是竞争伦理的必然结果。

五、其他公认的商业道德

中国是一个具有悠久历史文化的国度，在几千年的灿烂文明中更是蕴涵着丰富的道德宝藏。其他公认的商业道德是指在从古到今长期的市场活动中逐步形成的，并为社会所普遍承认和遵守的行为规范，是在公平、诚信、戒欺、自愿等观念基础上发展起来的或许是不成文的商业惯例，并随着时代的发展不断更新，如童叟无欺、生意不成友情在等，我们在这里无法穷尽列举。但是，我们都应该深刻地意识到，自觉遵守这些公认的商业道德，对于弥补立法不足、规范市场秩序、繁荣市场经济具有十分重要的意义。

第三节　反行贿商业原则

一、反行贿商业原则产生的背景

《反行贿商业原则》（以下简称《原则》）于2002年12月发布，通过多方利益相关者对话制定的。这些利益相关者包括许多国家的工会、公司、非政府机构和学术界。对话的召集者是透明国际和社会责任国际（SAI）。透明国际成立于1993年，是为反腐败结成的联盟。

透明国际在全球大约有90家分会，它将腐败视为人权和发展的障碍。SAI是一个成立于1997年的非政府机构，通过多方利益相关者对话制定和促进了工厂厂所的标准。SAI已制定了社会责任标准8000（SA 8000），并针对SA 8000为审核认证者制定了一个过程。

鼓励企业应用（而不是采用）该《原则》。通过与多方利益相关者协商，在企业内开创自己内部制定政策和程序的过程。

根据透明国际和SAI所述，该《原则》仍处于初级阶段，但承诺将是一个长远的过程。目标是制定原则来指导企业度过艰难的阶段，而不是制定一个没有几个企业能够达到的标准。因此该《原则》是一个“有生命力的标准”。它会随着领域的变化而发展。就目前而言，通过为企业建立较好做法而不是最佳做法，该《原则》为各个企业规划了一个进程。

二、反行贿商业原则的适用范围和特征

该《原则》适用于大中小各种规模企业。

该《原则》是以OECD的《在国际商务交易中反对行贿外国公职人员公约》和美国《反海外贿赂法》（1977年FCPA）为蓝图制定的。然而，该《原则》比这些基础标准更加深入，因为它们还以私对私行贿为中心，而基础标准只以海外公职人员为中心。

该《原则》实用、简洁和全面，要求企业遵守立法。企业需要建立“以信任为基础的，不能容忍行贿的内部文化”。该《原则》为企业提供了一些参数，供它们自己制定反行贿制度和程序。

该《原则》为企业制定重要的规定和制度。它主张企业的高级管理人员应该监督并定期的检查计划的适合性、充分性和有效性，视情况实施改进。该《原则》鼓励企业和首席执行官一起为反行贿计划负起最大的责任。

三、反行贿商业原则文本

（一）介绍

《反行贿商业原则》（以下简称《商业原则》）是由私营业利益者、非政府机构和工会制定的，作为一个工具来协助企业制定有效的方法来打击企业经营活动中的行贿行为。

该《商业原则》也影响了新近的一些倡议，如 OECD 的《在国际商务交易中反对行贿外国公职人员公约》、ICC 的《打击敲诈与行贿的行为守则》和修订的《OECD 跨国企业指导方针》中的反行贿条款。

该《商业原则》中为大、中、小型企业的使用而设计的，可用于打击公职人员和私对私交易中的行贿行为。目的是为反行贿提供实际的指导，创建公平的竞争环境，提供长期的经营优势。

（二）商业原则

（1）无论是直接行贿还是间接行贿，企业必须禁止任何形式的行贿。

（2）企业必须承诺实施反行贿计划。

这些商业原则是以基本价值观的完整性、透明性和责任性的承诺为基础提供的企业必须力求创建和维护以责任为基础的，不容忍行贿的内部文化。

该计划是企业反行贿工作的全部，包括价值观、政策、过程、培训和指导。

（三）目标

该《商业原则》的目标是：

（1）为反行贿提供一个良好的行业惯例和风险管理战略的框架。

（2）帮助企业：

①消除行贿行为。

②表明它们反行贿的承诺。

③在所在经营地，为提高商业标准的完整性、透明性和责任性做出积极的贡献。

（四）制定反行贿计划。

（1）企业应该制定一个计划，该计划能反映出其规模、业务领域、潜在的风险和经营的位置。它应该清楚、合理、详细地阐明价值观、政策和程序，用于防止在其能有效控制的经营活动中行贿行为的发生。

（2）该计划应该符合企业经营辖区内的所有反行贿法律。特别是直接与具体行业惯例相关的法律。

（3）企业应该同雇员、工会或其他雇员代表团体协商制定该计划。

（4）通过与相关利益方交流沟通，企业应该确保熟知有效制定该计划的所有情况。

（五）该计划的范围

在制定反行贿计划时，企业应该分析哪些区域具有行贿的最大风险。该计划应该解决有关企业行贿的最普遍形式，至少应包括下列范围：

（1）行贿。

①企业应该禁止有关合同付款部分的任何形式的行贿或接收行贿的行为。包括回扣，禁止使用其他渠道向客户、代理人、承包商、供应商、合约双方的雇员或政府官员提供不正当的利益。

②企业也应该禁止为了雇员的利益或为了雇员的家人、朋友、同事或熟人的利益，安排或接收来客户、代理人、承包商、供应商或合约双方的雇员或政府官员的贿赂或回扣。

（2）政治性捐赠。

①企业及其雇员和代理人不应该向政党、从政组织或个体进行直接或间接捐赠，以取得商业交易中的优势。

②企业应该公开所有的政治性捐赠。

（3）慈善捐赠和资助。

①企业应该保证不以慈善捐赠和资助作为欺骗手段进行行贿。

②企业应该公开所有的慈善捐赠和资助。

（4）疏通费。

承认疏通费是行贿的一种形式，同时企业应该辨别、减少，最好是消除疏通费。

（5）礼品、请客或非合理消费。

当礼品、请客不合理消费影响商业交易的成果时，企业应该禁止提供或接受礼品、请客或非合理消费。

（6）计划实施要求。

下面的部分阐述了实施计划时至少要达到的要求：

（1）组织和责任。

①董事会或同等级别的机构应该以商业原则为基础制定政策，为管理部门实施计划提供领导、资源和给予积极支持。

②首席执行官保证以清楚的权限，始终如一地实施计划。

③董事会、首席执行官和高级管理人员应该积极公开承诺实施商业原则。

（2）商务关系。企业应该在其与子公司、合资方、代理商、承包商和其他有关业务关系的第三方的交易中应用自己的计划。

①子公司和合资企业。

- 在建立合资企业前，也应该进行适当的努力。
- 企业应该保证在其有效控制的子公司和合资企业采用该计划。应该通知未有效控制的子公司和合资企业该计划，尽最大努力监督上述合资企业和子公司的行为是否符合商业原则。

②代理商。

- 企业不应当通过代理商进行不正当的付款。
- 企业在任命代理商前，应该进行适当的调研。
- 企业应当给予代理商适当的酬金，对其提供的合法服务给予正当的报酬。
- 与代理商的关系应当形成文档。
- 代理商应该按合同规定同意执行企业的计划。
- 企业应该监督代理商的行为，一旦他们发生行贿行为，企业有权终止合同。

③承包商和供应商。

- 企业应该以公平、透明、公平的方式进行采购活动。
- 在评估未来的主要承包商和供应商时，企业应该进行适当的调研，保证他们具有行之有效的反行贿政策。
- 企业应该把自己的反行贿政策告知承包商和供应商。应该监督主要承包商和供应商的行为，一旦发现他们发生行贿时，企业有权终止合约。
- 企业应该避免与曾有行贿行为的未来承包商和供应商交易。

（3）人力资源。

①招聘、晋级、培训、绩效考核和褒奖的过程中应该反映企业对该计划的承诺。

②应该视情况同雇员、工会和其他雇员代表机构协商和制定与该计划相关的人力资源政策，并进行实施。

③企业应该使每个员工清楚地知道，任何员工不会因拒绝行贿而到降级、处罚和其他不良后果。即使因拒绝行贿致使企业受到损失也一样。

④企业应该对违反计划的行为采取适当的制裁。

（4）培训。

①经理、雇员和代理商应该接受有关该计划的培训。

②适当的情况，承包商和供应商应该接受有关该计划的培训。

（5）提出问题，寻求指导。

①为使该计划行之有效，该计划应该依赖员工和其他人员尽早提出问题和举报违规情况。为此，企业应该设立一些安全的渠道，通过这些安全渠道，员工和其他人员能保密且不会遭到报复的提出问题、举报违规情况。

②这些渠道也应该适合员工和其他人员提出改进计划的建议。为此，企业应在个别情况下，为员工和其他人员提供有关该计划的解释指导。

（6）沟通交流。

①企业应该针对该计划建立有效的内部和外部交流。

②企业应该按要求公开反行贿中使用的管理制度。

③企业应该乐于接收有关利益方针对该计划的讯息。

（7）内部控制和审计。

①企业应该保持准确的记录以供审计。

②企业应该建立反馈机制和内部程序以不断改进该计划。

（8）监督和检查。

①企业的高级管理人员应该监督该计划和定期检查该计划的适用性、适合性和有效性。视情况进行改进。他们应该定期向审计委员会或董事会汇报检查结果。

②审计委员会或董事会应该独立地评估该计划的适合性，在给股东们的年度报告中公开结果。[①]

本章问题与讨论：

一、简答题

1. 什么是企业竞争伦理？
2. 企业竞争伦理的作用是什么？
3. 企业遵守竞争伦理的意义是什么？
4. 企业竞争伦理的基本原则有哪些？
5. 《反行贿商业原则》的核心是什么？

二、讨论题

1. 举例说明企业竞争中存在的具体伦理问题；
2. 分析当前互联网企业竞争中的伦理问题。

① 资料来源：殷格非等主编《企业社会责任行动指南》，企业管理出版社 2006 年版，第 142—148 页。另参见 www. transparency. org。

第九章　企业环境伦理

第一节　环境伦理的基本原则

环境伦理的基本原则是人类重新认识人与自然的关系，将过去那种征服自然、改造自然的态度和做法，转化为尊重自然、保护环境、合理利用自然、对自然尽自己的道德责任的态度和做法。虽然当前国内外学者，在人与自然的关系问题上，存在着“走出人类中心主义”与“走进人类中心主义”、“人类中心主义”与“生态中心主义”之争，[①] 但人类不能对自然非理性地为所欲为，而要尊重自然界自身存在和发展的规律，要在不破坏甚至促进自己自然界的稳定性，完整性和完美性的前提下合理利用自然，保护环境，就是保护我们和我们的子孙后代的共同家园，这一观念，已成为有识之士的共识。

人类中心主义又称人类中心论，指的是一切以人类的利益和价值为中心，以人为根本尺度去评价和安排整个世界的价值观和思维方式。人类中心主义源远流长，自文艺复兴和工业革命以来，逐渐在世界上占据统治地位。人类中心主义作为一种人道主义思想，在历史上对反对宗教神秘主义、推动经济和社会的发展、促进人类的解放，曾起过伟大的作用。在今天，其积极作用也是不可忽视的。但是，在历史和现实中，它也带来了一些消极影响，例如，使一些人为了满足人的眼前利益和需要，违背生态规律去征服和改造自然，给自然环境造成很大的破坏，危及人类的生存和发展。

出于对日益严重的环境问题的关注，20 世纪中叶，一些思想家开始对统治世界几百年的人类中心论提出反对意见，并提出与之相对立的价值标准。如德国哲学家海德格尔 1946 年发表的《论人类中心论的信》中提出“对迄今为止的一切人类中心论”。1949 年出版的利奥波德的著作《沙乡年鉴》，更是生动具体地论述了人类中心主义的缺陷，并较系统地提出一种崭新的、和人类中心论相对立的伦理观——土地伦理。[②] 这是一种生态中心主义或者环境主义的价值观，它以包括人类在内的整个生态系统为中心，以包括土壤、水、植物、动物等在内的生态系统的存在和发展为标准去评价和安排整个世界。环境主义的出现，对尊重自然、保护环境无疑具有积极意义，但是在人的价值和尊严，人的生存和发展的权利还没有保障的今天，它的说服力是有限的。只有在人的价值、尊严和权利有了充分的保障，人类得到了自由和全面发展时，超越人类中心主义才有可能。不过，不管最终是为了人类自身的利

---

① 章海山、张建如编著：《伦理学引论》，高等教育出版社 1999 年版，第 224 页。

② 章海山、张建如编著：《伦理学引论》，高等教育出版社 1999 年版，第 225 页。

益，还是为了自然的权益，我们都必须尊重自然、保护环境，合理利用自然，对自然尽自己的道德责任。

尊重自然规律、合理利用自然、保护生态环境，是每一个现代人都应该具备的观念。自然事物有其存在和发展的规律，生态系统的各个要素之间存在着复杂的、密切的网络联系，如果我们不认识和不尊重这些规律和联系，从情感出发，急功近利，盲目行动，甚至为所欲为，就会破坏自然环境，危及人类的生存和发展。例如，由于长江上游的大量森林被毁，造成了1998年我国长江的特大洪水，给人民群众的生命、财产带了巨大的损失。

人的生存和发展依赖于对自然资源的利用，离开了对自然资源的利用，人类一刻也不能生存，更不用说发展了。要尊重自然，并不是说要停止利用自然，而说要合理地利用自然。要合理利用自然，首先要节用资源。任何自然资源都不是取之不尽、用之不竭的，都应该厉行节约。对不可再生资源，用一点，少一点，如果不节约利用，很快就会枯竭。即使是可再生资源，用一点，少一点，如果不节约利用，也会很快枯竭。可再生资源，有再生的条件，也有一个再生期，如果过量地使用地下水，不仅使地下水资源枯竭，还会使地表下沉。其次要利用与养护相结合。如前所述，自然资源的再生需要一定的条件和时间。一些自然资源，如果没有人类的支持，按照自然过程，其再生的速度很慢，根本承受不了人类的大量使用，如森林、草原和土地资源等。而人类为了其自身的生存和发展，又不得不大量使用这些自然资源。人类要保证能持续、大量使用这些资源，就必须加强对这些资源的养护，并根据其再生的速度，适量使用。

自然环境不是人类征服和主宰的对象，而是人类共同的家园。保护自然，就是保护我们这一代人和我们的子孙后代的家园，它是我们对自然应该承担的义务和责任，也是我们对自己和我们子孙后代应该承担的义务和责任。保护自然环境，就是保护整个生态系统的稳定性、完整性和完美性。具体包括维护水、空气、土壤、矿产、森林、草原、湖泊和沼泽等的数量和质量；保护生物物种的多样性和生物个体的存在和发展；维护山川、河流等的秀美等。

近年来，随着环境保护和治理工作的进行及环境教育力度的加强，国人的环境意识不断提高，这是中国环境保护上的最大成就。但是，到过美国、日本、加拿大、澳大利亚等西方发达国家的人都知道，这些国家的环境质量比我国好多了，这与我国人民的环保意识和观念远远落后于西方发达国家的人民密切相关。环境意识不够高，已成为我国环境保护的最大障碍。例如，这些国家的居民一般不太使用容易污染环境而造成资源浪费的一次性用品。如塑料饭盒、购物袋等，而在我国，这些产品则大行其道；这些国家的消费者和商家喜欢买卖环保产品，而在我国，环保产品买卖都不太积极，不少消费者购物时往往只考虑是否便宜好用，至于是否环保，则毫不理会；在这些国家，将垃圾分类是很普遍的事，而在我国，这样的事则很少见。因此，在我国，应该加大力度强化对国民的环保知识和观念和宣传和教育，尽快使国民具有一些基本的环保知识和较强的对自己环境的责任感和义务感。

第二节　环境伦理与可持续发展

实行可持续发展战略是环境伦理的基本要求。世界环境与发展委员会在《我们共同的未来》一书中指出："可持续发展是既满足当代人的需要，又不对后代人满足其需要的能力构成危害的发展。它包括两个重要的概念：'需要'的概念，尤其是世界上贫困人民的基本需要，应将此放在特别优先的地位来考虑；'限制'的概念，技术状况和社会组织对环境满足眼前和将来需要的能力施加的限制。"又指出："从广义来说，可持续发展战略旨在促进人类之间以及人类与自然之间的和谐"。

1992 年 6 月，联合国环境与发展大会通过《关于环境与发展的里约宣言》在阐述可持续发展问题时指出：人类应享有与自然和谐的方式，过健康而富有生产成果的生活的权利，并满足今世和后代在发展与环境方面的需要，求得实现发展的权利。

根据以上两项国际性文件的阐述，可持续发展观主要包括以下几层含义：

首先，强调发展和人类需要的满足。只有发展和人类需要的满足，特别是发展中国家人民的基本生活需要的满足，才能为解决环境问题奠定坚实的基础。必须在全世界范围内消除贫困，贫困是导致生态恶化的根源，生态恶化又更加加剧贫困，只有发展才能为解决生态危机提供必要的物质基础。

其次，可持续发展的实质在于人类与自然的和谐，以维护经济增长的生态潜力，使自然界能持续为经济增长提供资源和环境条件，而要做到这一点，人类就应该改变传统的生产方式和消费方式，并限制人口的过快增长。发展的持续性与人口的增长过程密切相关，过快的人口增长会给资源环境造成压力，延缓资源不足的发展中国家和地区人民生活水平的提高，甚至会使其生活水平下降。

最后，可持续发展观还要求人类之间的和谐，要求关注各代人之间和每一代人内部的公正。正如世界环境与发展委员会所指出的："虽然狭义的自然可持续性意味着对各代人之间社会公正的关注，但必须合理地将其延伸到对每一代人内部的公正的关注"。没有人类内部的和谐，就没有人与自然的和谐，也就没有可持续发展。可持续发展所要求的人类之间的和谐和公正，包括两层含义：

一是指各代人之间的和谐和公正。我们这一代不能滥用自己的环境权利，不能一味片面地追求自身的发展，在维护自身权利的同时，也要维护后代人生存与发展的权利。要把充足的资源和清洁、安全和舒适的环境留给我们的子孙后代。在这方面，当代人做得很不够，当代人对资源的过度使用和浪费，已经剥夺了子孙后代公平地享有许多资源的权利，这种状况必须改变。

二是指同代人之间的和谐与公正。没有同代人之间的和谐，特别是国家之间的和谐，全人类就不可能团结起来，在保护人类共同的家园——自然环境的工作中空前也展开合作，而这项工作，没有全人类的合作，特别是国家之间的合作，是不可能完成的。由于各个国家处在共同的生态系统中，世界上还存着许多不属于任何国家管辖的公共区域和公共资源，为了人类的共同利益，就必须进行国际合作，而没有国家之间和谐，国际合作就无法顺利进行。国家之间的和谐建立在国家之间的公正基础之上。没有国家之间的公正就难有国家之间的和谐。当前，国家之间在自然环境方面不公平还比较严重地存在着。主要是发达国家对资源的大量使用，限制了发展中国家公平地享有资源的可能性，如发达国家对资源的人均消费比发展中国家的人均消费量高出许多倍，这是很不公平的。还有许多国家，为了本国的眼前利益，不执行环境问题上的有关国际公约，成为全球环境状况好转的一个重要障碍。

根据我国的国情，当前我国实施可持续发展战略着重要作好如下几项工作：一是坚持节水、节地、节能、节材、节粮以及节约其他各种资源；二是工农业生产要高质量、高效益、低消耗，第三产业要与第一、第二产业协调发展；三是继续控制人口增长，全面提高人口素质；四是消费结构要合理，消费方式要有利于环境和资源保护，绝不能搞脱离生产力发展水平、浪费资源的高消费；五是加强环境保护的宣传教育工作，增强干部和群众自觉保护生态环境的意识；六是坚决遏制和扭转一些地方资源受到破坏和生态环境恶化的趋势。

第三节　环境伦理与生产和生活

国家环保总局和国家统计局于2006年9月7日联合发布了《中国绿色国民经济核算研究报告2004》。这是中国第一份经环境污染调整的GDP核算研究报告，标志着中国绿色国民经济核算研究取得阶段性成果。研究报告说，2004年，全国因环境污染造成的经济损失为5 118亿元，占当年GDP的3.05%。其中，水污染的环境成本为2 862.8亿元，占总成本的55.9%；大气污染的环境成本为2 198亿元，占总成本的42.9%；固体废物和污染事故造成的经济损失为57.4亿元，占总成本的1.2%虚拟治理成本为2 874亿元，占当年GDP的1.80%。

环境问题的出现和恶化，是由人们不良的生产和生活方式造成的，要解决这些问题，也只能从改变人们的生产和生活方式着手。环境伦理规范就是人们在涉及自然环境的生产和生活中应该遵守的具体的行为准则，也就是人们对自然环境应尽量具体的责任和义务。环境伦理规范有很多条，比较重要的有清洁生产、节用能源和合理消费等。

首先，清洁生产，在工农业生产中尽量不污染、少污染环境。当前世界上主要的工业生产系统或工艺程序，都有高消耗、低效益、高污染的特点。要在这样的工业生产系统尽量解决环境问题，就必须全面推广环境技术，建设废弃物净化装置。实现有毒有害废弃物的净化处理；开发和利用废弃物，实现废弃物的再利用；用“干净”的能源代替“肮脏”的能源，用无毒无害的材料代替有毒有害的材料等。

但是，要根本解决环境问题，就必须在工农业生产中采用生态技术。生态技术是利用生态学原理和现代科学技术成就所设计的新的技术形式，它应用于社会物质生产，通过物质和能量多层次分级利用或循环利用，把投入生产系统的物质尽可能多地转化为产品，实现废物量小化，是一种低消耗、高效益、低污染的生产技术。生态技术和传统技术相比有如下明显特点:[①] 第一，传统技术视经济增长为唯一目标，生态技术既有经济目标，又有环境目标；第二，传统技术以单一技术为主，生态技术是一种综合技术；第三，传统技术是线性和非循环的，而生态技术是非线性的和循环的；第四，传统技术以排放大量废料为特征，是高消耗、低效益和高污染的技术，是不可持续的，而生态技术以废物最小化完成产品生产，是低消耗、高效益和低污染的技术，因而是可持续的。

建立在生态技术基础上的工业和农业就是生态工业和生态农业。生态工业就是用生态学原理和系统工程优化方法，应用人类科学技术的优秀成果，设计工业生产过程中原料和能量的分层分级利用，以便在生产过程中每一个阶段建立工业循环与环境之间，产品生产与环境保护之间最好的相互作用关系，达到比较理想的经济发展和环境保护的效果的工业生产方式。生态农业是用生态学原理和系统工程优化方法以及其他现代科学技术成果，规划和组织生产的农业生产方式。它是农业与生态学结合，对农业进行生态设计，生态技术应用于农业

---

① 章海山、张建如编著:《伦理学引论》，高等教育出版社1999年版，第228页。

生产的产物。生态工业和生态农业是以经济增长与环境保护相结合为目标的产业，是面向未来的、可持续发展的工农业。开发、设计、投资、推广生态工业和生态农业，是当代人对自然环境、对子孙后代、对我们自己的道德责任和义务。发展生态工业和生态农业是历史发展的必然，我们越早、越自觉地将传统的工农业生产逐渐渡过生态工业和生态农业，付出的代价就会越少，相反，我们的代价就会越大。

其次，节用能源，开发利用“干净”能源。对矿物能源特别是煤等“肮脏”的能源的开采和消耗，是污染环境、破坏生态的罪魁祸首之一。因此，节约利用能源、提高能源的利用率，特别是开发利用各种新的干净能源，也是重要的环境伦理规范。当前，我国浪费能源的现象很严重，能源利用率很低。中国单位 GNP 的能耗是美国的 4 倍，日本的 11 倍。想方设法提高能源利用率是我们义不容辞的责任，这不仅能节约能源，促进经济发展，更能大大减少对环境的污染。开发利用核电、生物能源、太阳能、水力、风力、潮汐能等“干净”能源，用这些“干净”能源逐渐代替矿物能源是环境保护的必然要求。

最后，理性消费，养成良好的消费习惯。人们的生活消费特别是高消费对自然环境造成巨大的污染和破坏，消费是要付出环境代价的。如消费矿物燃料会排放二氧化碳，这是主要的温室效应气体。满足我们需要的各种物品，“像汽车、一次性物品和包装、高脂饮食以及空调等东西——只有付出巨大的环境代价才能被供给。”从地球中开采煤、石油、天然气等矿物原料持久地破坏着无数的动植物的栖息地；燃烧它们造成世界的空气污染；提炼它们产生了大量的有毒废物。

“消费者阶层”（富裕的高消费阶层）比中产阶级和贫困阶层对环境产生大得多的污染和破坏。“工业化国家居民水平的平均消费量是发展中国家的居民平均消费量的 3 倍，能源是 10 倍，铝是 19 倍”。西方发达国家居民的生活水平比发展中国家居民要高得多，但这些国家对环境的破坏和污染也大得多。“在工业化国家，燃料燃烧释放出了大约 3/4 的导致酸雨的硫化物和氮氧化物。世界上绝大多数的有害化学废气都是由工业化国家的工厂生产的。他们的军用设备已经制造了世界核弹头的 99% 以上；他们的原子工厂已经产生世界放射性废料的 96% 以上，并且他们的空调机、烟雾辐射和工厂释放了几乎 90% 的破坏保护地球臭氧层中的氟氯烃”。可见，消费从某个角度来说，正如《简明牛津词典》对它的定义一样，是“摧毁或毁掉；浪费或滥用；用光，用尽。”

遗憾的是，在我们这个各国均普遍把消费增长作为国家经济政策主要目的的时代，特别是以美国为代表的消费者社会，人们过分看重了消费增长对经济发展的促进作用，消费不振对经济和就业带来的不利影响，忽视了消费对自然环境的危害。商品广告等社会上的主流文化，不断刺激人们的消费欲望，劝说、诱导人们用前所未有的速度去烧掉、穿坏、更换或扔掉各种消费品，导致人们普遍崇拜高消费。对目前世界上两个最大的经济机构——日本和美国——的民意测验显示，人们正以他们的消费数量来衡量成功。并且这种势头继续呈增长之势。但是，“如果我们试图无限期地保持消费经济，生态的力量将残酷地粉碎它。如果我们自己渐渐地消除它，那么我们将有能够承受低消费经济——一个持久经济代替它的机会。”

因此，我们应该用理性的生活方式代替奢侈、挥霍的、高消费的生活方式。理性的生活方式包括适当的物质欲望的满足和充实、丰富、高尚的精神生活。用理性的生活方式代替奢侈、挥霍的生活方式并不会降低人们的生活质量。因为在适当的物质需要得以满足以后，深层的、非物质的满足，包括家庭和社交，有意义的工作、各种文娱体育活动和闲暇等才是幸福生活的决定因素。而奢侈的生活方式不仅浪费资源、污染环境、破坏生态，也不利于人们心身健康。“降低我们的消费不会使我们丧失真正重要的物品和服务。相反，最有意义和最令人兴奋的生活活动常常也是环境美德的典范。”

“绿色消费”作为理性的生活方式的一部分应该大力提倡。所谓“绿色消费”是指在物质消费中选择“绿色产品”，在购买商品时宁愿多花钱也乐意买“绿色产品”的消费方式。“绿色产品”是指它的生产和使用对人体健康和环境无害，符合生态保护要求的产品。买卖绿色产品的市场就是绿色市场。在市场上，绿色产品往往贴有环境标志或绿色标签来使它和其他产品区分开来。在我国，由于人们的环境意识还不太强，较少有人愿吃眼前亏去购买绿色产品（其价格相对较高），市场上的绿色产品如不含磷的洗衣粉和不含汞的电池等比较少。因此，应该加强绿色消费的宣传教育工作，加强人们的绿色消费意识。如果每个消费者明白自己对自然环境的道德责任，就会选购绿色产品，选购绿色产品的消费者增多，就会有更多的绿色产品生产出来，形成良性循环，最终使绿色消费在社会上得以普及。

总之，环境伦理建设，指的是树立科学的环境伦理观念，并将科学的环境伦理观体现在自己的行动中，体现在自己的生活和工作等活动中，时时处处以科学的环境伦理观为指导，节用资源、保护环境、尊重自然的权利、对自然尽自己的道德义务。

第四节　ISO14001 体系

一、ISO14001 产生的背景

拥有全球影响的世界观察研究所在世界环境状况年度报告中指出：世界环境正在恶化，需要开展一场环境革命来拯救人类的命运。英国著名生态学家爱德华·戈德史密斯认为，全球的生态环境恶化可以比喻为第三次世界大战！由于这场大战，大自然在崩溃、在衰亡，其速度之快已经到了这种程度：如果让这种趋势继续发展，自然界将很快失去供养人类的能力。如人类日益受到大气污染、森林资源破坏、温室效应、水资源短缺、物种濒危等环境问题的威胁，诚如恩格斯所说："人类对自然征服的每一次胜利，反过来都会受到自然的惩罚。"当然，我们不可能为了仅仅保护环境而停滞不前，社会生产力必须获得发展，而且应该是健康的发展。这样，一个尖锐的、我们必须面对的矛盾就出现了：如何解决经济发展与环境保护的关系问题？其中至关重要的是作为社会细胞的各种组织将有何作为？

严峻的环境形势唤醒了人类，可持续发展成为全人类的共识。为了实现可持续发展战略，必须对社会的基本组织（企业）的环境行为进行约束与规范，ISO 适时地于 1992 年成立 TC207，借鉴 9000 标准的成功经验，负责制定环境管理标准，并于 1996 年 9 月推出 ISO14000系列标准，从而也产生了环境管理体系认证制度。

现在，各种类型的组织都越来越重视通过依照环境方针和目标控制其活动、产品或服务对环境的影响，以实现并证实良好的环境表现（行为）。这是由于有关的立法更趋严格，促进环境保护的经济政策和其他措施都在陆续出台，相关方对环境问题包括可持续发展的关注也在普遍增长。

许多组织已经推行了环境"评审"或"审核"，以评定自身的环境表现（行为）。但仅靠这种"评审"和"审核"本身，可能还不足以为一个组织提供保证，使之确信自己的环境表现（行为）不仅现在满足，并将持续满足法律与方针要求。要使评审或审核行之有效，须在一个结构化的管理体系内予以实施，并将其纳入全部管理活动的整体。

国际环境管理标准旨在为组织规定有效的环境管理体系要素，它们可与其他管理要求相结合，帮助组织实现环境目标与经济目标。如与其他国际标准一样，这些标准不是用来制造非关税贸易壁垒，也不增加或改变一个组织的法律责任。

二、ISO14001 的适用范围和特征

1. ISO14001 的适用范围

本标准规定了对环境管理体系的要求，该体系拟适用于任何类型与规模的组织，并适用

于各种地理、文化和社会条件。体系的成功实施有赖于各个层次与职能，特别是最高管理者的承诺。这样一个体系可供组织据以建立一套程序，用来设立环境方针和目标，实现对它们的符合，并向外界进行展示这种符合性，同时这一体系还可用来评定程序的有效性。本标准的总目的是支持环境保护和污染预防，协调它们与社会需求和经济需求的关系。应当指出的是，其中许多要求是可以同时或重复涉及的。

本规范提出了对组织的环境管理体系进行认证/注册和（或）自我声明的要求，它和用来为组织实施或改进环境管理体系提供一般性帮助的非认证性指南有重要差别。环境管理包容全方位的内涵，其中有些还具有战略性与竞争性含义。一个组织可以通过展示对本标准的成功实施，使相关方确信它已建立了妥善的环境管理体系。

关于环境管理支持技术指南见其他标准。

本标准仅包含那些用于认证、注册和（或）自我声明目的，可以进行客观审核的要求。需要得到对环境管理体系中诸多问题更加全面指导的组织，可参阅 GB/T 24001－2004（环境管理体系原则、体系和支持技术通用指南）。

应当说明的是，本标准除了要求在方针中对遵循有关法律、法规和进行持续改进作出承诺外，未提出对环境表现（行为）的绝对要求，因而两个从事类似活动但具有不同环境表现（行为）的组织，可能都是遵守本标准要求的。

系统地采用和实施一系列环境管理手段，有助于得到对所有相关方都是最优化的结果。然而，采用此标准本身，并不能保证取得最优化的环境结果。为了实现环境目标，环境管理体系应能促进组织在经济条件许可的情况下，根据需要考虑采用最佳可行技术。同时充分考虑到采用该技术的成本效益。

本标准不拟涉及职业安全卫生管理方面的因素，因而不包含与之有关的要求，但它并不刻意限制一个组织将这方面要素纳入整个管理体系，尽管它的认证/注册过程仅适用于环境管理体系方面的内容。

本标准与 GB/T 19000 系列质量体系标准遵循共同的管理体系原则，组织可选取一个与 GB/T 19000 系列相符的现行管理体系，作为其环境管理体系的基础。但应当看到，管理体系各要素的应用会因不同目的和不同相关方而异。质量管理体系针对的是顾客需要，而环境管理体系则针对众多相关方和社会对环境保护不断发展的需要。

本标准中规定的管理体系要求，不必独立于现行的管理体系要素。在一些情况下，可对现行管理体系要素加以修改，使之适合本标准的要求。

2. ISO14001 标准的特点

（1）强调法律法规的符合性：ISO14001 标准要求实施这一标准的组织的最高管理者必须承诺符合有关环境法律法规和其他要求；

（2）强调污染预防：污染预防是 ISO14001 标准的基本指导思想，即应首先从源头考虑如何预防和减少污染的产生，而不是末端治理；

（3）强调持续改进：ISO14001 没有规定绝对的行为标准，在符合法律法规的基础上，企业要自己和自己比，进行持续改进，即今天做得要比昨天做得好；

（4）强调系统化、程序化的管理和必要的文件支持；

（5）自愿性：ISO14001 标准不是强制性标准，企业可根据自身需要自主选择是否实施；

（6）可认证性：ISO14001 标准可作为第三方审核认证的依据，因此企业通过建立和实施 ISO14001 标准可获得第三方审核认证证书；

（7）广泛适用性：ISO14001 标准不仅适用于企业，同时也可适用于事业单位、商行、政府机构、民间机构等任何类型的组织。

当组织建立了环境管理体系之后，通过管理活动程序、建立规范化文件和记录等措施可以协调不同的职能部门之间的关系，并可以达到下列目的：

（1）建立一个良好的环境方针和环境管理基础；

（2）有利于找出并控制重大的环境因素和影响；

（3）有利于识别有关的环境法规要求与现行状况的差距；

（4）减少由于污染事故或违反法律法规所造成的环境影响；

（5）建立组织内污染防止优先序列，并为实现污染预防目标而努力；

（6）可以提高监测环境的能力和评价该体系的效率，包括促进体系的改进和调整，以适应新的和不断变化的情况的要求；

（7）由于改善环境从而带来许多重要的商业、环境机会。

环境管理体系将有助于组织系统化地处理环境问题，并将环境保护和企业经营结合起来，使之成为企业日常运行和经营策略的一个部分。

ISO14001 系列标准和认证制度的产生适应全球经济一体化的形式要求，获得 ISO14001 认证证书成为通向国内外市场的绿色通行证。ISO14001 的出现为这一矛盾的解决提供了切实可行的办法，也为组织的环境保护与污染预防等工作提供了可供操作的具体指导。

ISO14001 标准实施的目的是帮助组织实现环境目标与经济目标的统一，支持环境保护和污染预防，这是国际标准化组织起草和实施这一系列标准的根本出发点，也应成为区域实施标准、建立体系的最终目标。标准不仅是强调区域应该达到什么要求，更主要是为区域建立一个不断持续改进的管理体系。标准的实施同时有助于消除国际贸易中各国就环境问题而设置的非关税壁垒，这种贸易障碍已在近几年成为世界关注的焦点问题，并且正在成为最大的非关税壁垒，阻碍着发展中国家向发达国家产品的输出。这一国际标准的出台，将改变这一领域的各自为政的局面，形成以各国法律、法规为基础的环境管理标准，为发展中国家在体系的建立与认证方面提供了较大的空间，同时也为发展中国家的企业环境行为提出了较高的目标，创造了跟上国际环境管理发展形势的契机。

本章问题与讨论：

一、简答题

1. 环境伦理的基本原则是什么？
2. 可持续发展观包括哪些内涵？
3. 什么是清洁生产？
4. 实施 ISO14001 标准的目的是什么？

二、讨论题

1. “人与自然的和谐”，其伦理思想是什么？
2. 企业清洁生产反映了什么样的伦理思想？
3. 试理解中国正在实施的“绿色发展、循环发展与低碳发展”的方针政策所包含的伦理思想。

第十章　企业社会责任（上）

第一节　企业社会责任的提出和演进

一、企业社会责任的提出

“企业社会责任”（Corporate Social Responsibiliy，CSR）一词起源于美国。一般认为，英国学者欧利文·谢尔顿（Oliver Sheldon）在美国进行企业考察时，于1923年提出了企业社会责任的概念。谢尔顿把企业社会责任与公司经营者满足产业内外各种人类需要的责任联系起来，并认为企业社会责任有道德因素在内。霍华德·R. 鲍恩在20世纪50年代出版的《企业家的社会责任》一书中提出了现代企业社会责任观念，即企业追求自身权利的同时必须尽到责任和义务。

然而在20世纪70年代以前，诺贝尔经济学奖获得者弗里德曼对企业责任的说法居于统治地位：企业的责任就是使利润最大化。弗里德曼认为，企业的天职是获取利润，企业有一个而且只有一个责任，那就是“在公开、自由的竞争中，充分利用资源、能量去增加利润”。在弗里德曼理论的影响下，企业的社会责任在很长一段时期被当作所谓的仁慈的利他行为而被处理为“外部性”问题置于人们的视野之外。从70年代开始，“企业的社会责任就是使利润最大化”的观点失去了统治地位。企业应该保护社会大众的利益并在改善社会的活动中发挥积极作用成为一种伦理共识，在这一阶段出现了一系列的对企业社会责任的认识。最为广泛接受的和最常提及的CSR概念当属美国学者阿奇·卡罗尔（Archie Carroll）提出的，他把CSR看作是一个结构成分，关系到商业社会关系的四个不同层面。（Carroll，1979，1991）。[①]

1. 经济责任

每个公司的股东都要求他们的投资有合理的收益；每个公司的雇员都想要一份稳定且收入相当的工作；每个公司的客户都要求产品质量好，价格公道；等等。按照定义，这正是在社会中建立企业的原因，它们的第一责任是作为一个经济单位正常地发挥功能和正常地经营。随后的所有责任都是以CSR的第一层为基础。根据卡罗尔（Carroll）所说，经济责任的满意度是所有公司的必须履行的责任。

---

① 殷格非等主编：《企业社会责任行动指南》，企业管理出版社2006年版，第16页。

2. 法律责任

法律方面的企业责任要求企业遵守法律规定，“遵循游戏规则”。卡罗尔（Carroll）提出法律责任的满意度是所有企业寻求对社会负责的必须履行的责任。

3. 道德责任

该责任要求企业无论是否在法律制度的强制下，都要做正确的、公正合理的事情。因此，卡罗尔（Carroll）认为道德责任除了包含经济和法律期望外，还包括社会的普遍期望。

4. 慈善责任

CSR 的第四层面是企业慈善责任。CSR 的这一层面涉及了许多问题，包括诸如慈善捐助，为雇员及其家属建造娱乐设施，支持当地学校，支持举办文体活动等事情。根据卡罗尔（Carroll）所述，慈善责任也只是对企业的一种期望。

在 20 世纪 90 年代的企业伦理学中，企业社会责任已经明确为“超过法律和经济要求的、企业为谋求对社会有利的长远目标所承担的责任”。与此同时，还进一步明确了企业社会责任中的两个概念：社会义务、社会责任。进入 21 世纪以来，企业社会责任已成为对消费者、供应者、竞争者、所有者、员工、环境、社区以及对政府等利益相关者承担的责任。

二、企业社会责任的演进

通过以下时间序列表可以清楚地看出这一变化过程（见表 10－1）。

表 10－1　　企业社会责任的演进

学者或机构	年份	社会责任的定义
欧利文·谢尔顿（Oliver Sheldon）	1923	最早提出了企业社会责任的概念。把企业社会责任与公司经营者满足产业内外各种人类需要的责任联系起来，并认为企业社会责任有道德因素在内
米尔顿·弗里德曼（Milton Friedman）	1962	企业的社会责任就是增加利润。强调企业是纯粹的经济机构
约瑟夫 W·麦奎尔（Joesph W. MoGuire）	1963	社会责任的思想主张公司不仅有着经济和法律方面的义务，在这义务之外，还承担有其他社会责任
赛希（Sethi）	1975	社会责任是企业符合现行社会规范、价值和期望的行为
基思·戴维斯和罗伯特·希洛姆（Keith Devis &Robert L. Blomstorm）	1975	布洛姆斯特朗（Keilth Davis&Robert L. Blomstorm）社会责任是决策者的义务，决策者在追求自我利益时必须采取行动以保护和增进社会公益。其中“保护”指企业应避免对社会造成负面影响，而“增进”则是指企业需创造对社会的正面影响
雷蒙德·鲍尔（Raymond Bauer）	1976	企业社会责任是认真思考公司行为对社会的影响
阿奇·卡罗尔（Archic Carroll）	1979	CSR 意指某一特定时期社会对组织所寄托的经济、法律、伦理和自由决定（慈善）的期望。它包括经济责任、法律责任、伦理责任和慈善责任

续表

学者或机构	年份	社会责任的定义
爱德文·爱普斯坦（Edwin M. Epstein）	1987	企业社会责任主要与组织对特别问题的决策（有一定规范性的）结果有关，决策要达成的结果应对利益相关者是有益的而不是有害的。企业社会责任主要关注企业行为结果的规范性、正确性
伍德（Wood）	1991	社会是企业和社会互动的基本理念。其三项原则为：制度层次的合法性、组织层次的公共责任、与个人层次的管理自主等原则
社会责任商业联合会（BSR）	1992	企业的运营达到或超越社会对商业组织在道德、法律、商业和公众等方面的期望。其内容包括员工关系创造及维持就业机会、投资于社区活动、环境管理及经营业绩等方面
欧洲委员会	2001	公司在自愿的基础上，把社会和环境密切整合到它们的经营运作，以及与其利益相关者的互动中
世界银行	2003	企业与关键利益相关者的关系、价值观、遵纪守法以及尊重人，社区和环境有关的政策和实践的集合，是企业为改善利益相关者的生活质量而贡献于可持续发展的一种承诺。 英国的“企业公民会社”认为CSR有以下四点：企业是社会的一个主要部分；企业是国家的公民之一；企业有权利，也有责任；企业有责任为社会的一般发展做出贡献
世界经济论坛	2003	作为企业公民的社会责任包括四个方面：包括四个方面：一是好的公司治理和道德标准，主要包括遵守法律、现存规则以及国际标准，防范腐败贿赂，包括道德行为准则问题，以及商业原则问题。二是对人的责任，主要包括员工安全计划，就业机会均等、反对歧视、薪酬公平等。三是对环境的责任，主要包括维护环境质量，使用清洁能源，共同应对气候变化和保护生物多样性等。四是对社会发展的广义贡献，主要指广义的对社会和经济福利的贡献，比如传播国际标准、向贫困社区提供要素产品和服务，如水、能源、医药、教育和信息技术等，这些贡献在某些行业可能成为企业的核心战略的一部分，成为企业社会投资、慈善或者社区服务行动的一部分

资料来源：殷格非等主编：《企业社会责任行动指南》，企业管理出版社2006年版，第17－19页。

在上述诸定义中，基本分两大类：一类是包含传统教科书中企业经济责任的社会责任，如世界银行、世界经济论坛及卡罗尔等的定义；另一类是超越传统教科书经济责任之上的道德和慈善责任，如BSR、欧盟等的定义。

从企业社会责任的对象来看，企业社会责任除了传统的对企业股东负责外，还要承担对企业的利益相关者责任。企业得以可持续经营，仅仅考虑经济因素对股东负责是远远不够的，必须同时考虑到环境和社会因素，并同时承担起相应的环境责任和社会责任。从企业社会责任的性质来看，可分为社会义务和社会责任两个层次，第一层次是企业必须要履行的，第二层次是社会期望或企业自愿履行的。从企业社会责任的具体内容来看，第一层次包括经济责任和法律责任，第二层次包括道德责任和慈善责任。

第二节　国内外企业社会责任的特点

世界各国企业社会责任的状况各有不同，除了受国家经济发展不同阶段的特殊状况影响之外，特定国家的文化、历史传统对企业社会责任观念也有着深刻的影响。以下仅以美国和中国为例作一简述。

一、美国企业社会责任

美国是世界最早提出企业社会责任的国家，它的企业社会责任状况一直被当作样板，引起了世界各国的普遍关注。有关企业社会责任的问题，在20世纪初就有学者在论著中提及，但是，企业社会责任正式提出并引起全社会的关注，是在20世纪60年代。1968年，美国的天主教大学原校长沃尔顿在自己的著作《公司的社会责任》中提出："公司间的竞争要以道德为本"，这可以说是美国社会责任问题的正式提出。

美国企业社会责任的状况随着经济的发展不断变化，在不同的时期侧重不同的问题，有不同的特点：[①]

（1）从第二次世界大战到20世纪70年代，是美国企业社会责任的初创和确立阶段。这一阶段关注的问题首先是慈善捐助，随后扩展到消费者权益维护、反对垄断、环境保护等。

第二次世界大战胜利后，国家的最大问题是战后修复和经济的发展。在这段时间里，企业不仅要担负经济恢复和经济发展的重任，还要承担政府的部分职能，企业的社会责任主要表现为资助广播电台恢复工作，资助社团、教学和社会福利组织，援助私立大学，修建艺术博物馆，组建交响乐团，向寒门学子提供助学金等。在企业内部，公司的社会责任表现为制订雇员福利计划、就业培训、招收残疾人等。进入60～70年代，随着经济的发展和工业化进程的加快，企业对社会的影响越来越大，企业发展所带来的负面问题越来越多，最突出的问题是环境污染和对消费者权益的侵害。有代表性的事件是发生在俄亥俄州的联合碳化物公司的环境污染案和柯尔瓦汽车案。案件经过社区民众、消费者、新闻媒体几年的不懈努力，最终取得了圆满的结果，败诉的企业得了惩罚，受害的社区民众和消费者得到了企业的赔偿。通过这些案件，给企业敲响了警钟，使它们逐步认识到企业在发展自身、追求利润的过程中不能拿消费者和社区民众的生命当儿戏，企业要担当一定的社会责任。在60～70年代，企业侵犯消费者权益、环境污染、行贿受贿、价格垄断、欺诈交易、非法政治捐款等事件层出不穷，社会反对的呼声一浪高过一浪，政府不得不出面干涉，最后通过立法使企业社会责任问题得以平息。

（2）20世纪80年代，是美国企业社会责任大发展阶段，企业社会责任逐步走向立法和

① 曹凤月著：《企业道德责任论》，社会科学文献出版社2006年版，第40页。

完善。在这一段阶，企业社会责任问题的中心发生了转移，开始注意公司治理结构、利益相关者等问题。

（3）进入21世纪，美国的企业社会责任运动再次掀起高潮，引起了世人的关注。这一轮企业社会责任运动的核心问题集中在诚信方面。一些世界上知名的大公司发生了一连串的公司丑闻，震惊全美社会。

二、中国的企业社会责任

近年来国内出现的农民工讨薪、矿难事故、环境污染等问题，其实质就是企业社会责任的缺失。也正因为企业社会责任的淡薄，我们的社会已经为之付出了很大的代价。随着社会的发展，企业怎样处理好自身与社会的关系，怎样肩负起更多的社会责任，既是社会对企业的要求，也是企业自己无法回避的话题。

随着越来越多的跨国公司在订单中加入社会责任条款，供应商必须通过社会责任审核才能获得订单。社会责任标准已成为企业通往国际市场特别是进入跨国公司全球采购体系的通行证。自1997年起，我国沿海地区有超过8000家企业接受了审核。我国商务部跨国企业研究中心2005年对部分跨国公司的调研发现，沃尔玛在2004年在中国采购了180亿美元的商品，直接管理的供应商有6000家。但是从2002年以来的3年中，它淘汰了40%左右的供应商，主要原因是：这些供应商的社会责任标准没有达到它的要求。①

在全社会的共同关注下，中国社会工作协会企业公民工作委员会第一次大会2005年在北京召开，发布了我国第一部《中国企业公民宣言》，显示中国企业正在进入社会责任时代。2006年10月15日中国企业社会责任同盟成立。中国平安、IBM、诺基亚、惠普、招商银行、万科等13家具备良好社会责任感的中外知名企业郑重承诺：以企业的合力共同推进中国的企业社会责任建设，推动中国社会的可持续发展。国务院批准由商务部牵头联合7个部委，开始制定中国企业的社会责任标准。

① 2005年11月9日《报刊文摘》。

第三节 企业社会责任的本质和原理

一、企业社会责任的本质

世界银行认为，企业社会责任（CSR）是企业与关键利益相关者的关系、价值观、遵纪守法以及尊重人、社区和环境有关的政策和实践的集合。它是企业为改善利益相关者的生活质量而贡献于可持续发展的一种承诺。

该定义存在两个方面的含义：其一是企业处理与利益相关者关系的价值观；其二是企业选择政策并付诸于实践的行为导向。这是在处理与利益相关者的关系时，需要具备尊重人、尊重环境的愿望并且将这些理念变为行为的依据；企业以经营行为出发点，应该能改善利益相关者的生活质量，并有利于社会的可持续发展。所有与上述原则一致的企业行为，就是能履行社会责任的具体表现。

欧盟则把社会责任定义为“公司在资源的基础上把社会和环境关切整合到它们的经营运作以及它们与其利益相关者的互动中”。

欧盟的定义强调的是企业的经营行为需要考虑社会的关切与需要，企业需要在与利益相关者的关系中随时考虑到上述关切与需要。也就是说，企业的经营行为要以社会需要为基础，企业是为社会可持续发展贡献力量的一个成员。

Business for Social Responsibility 是美国权威的帮助会员公司实施社会责任战略进而实现商业成功的组织。它这样界定企业社会责任：通过尊崇伦理价值以及对人、社区和自然环境的尊重，实现商业的成功。该定义的核心是，通过选择尊重利益相关者，企业可以取得成功。社会责任的核心是尊重利益相关者。

学术界一般认为，公司社会责任（corporate social responsibillty）的提法起源于美国。始于 1929 年的经济危机，其所带来的灾难性后果使人们开始认识到，仅把盈利作为公司的唯一目的是不可取的，公司还应该对社会其他利益相关者负责。并由此引发了 20 世纪 30 年代著名的伯尔（Berle）和多德（Dodd）论战。哈佛大学法学院的多德教授认为“公司经营者的应有态度是树立自己对职工、消费者和社会公众的社会责任感”。而哥伦比亚法学院的伯尔教授则认为“商事公司存在的唯一目的是为其股东赚钱”。此后，公司社会责任理论不断被各国的学者接受，并逐步发展为全球性公司的社会责任运动。

公司社会责任被提出后，各国学者从各个方面对社会责任进行了界定。企业社会责任论早期开拓者（如米尔顿·弗里德曼）的观点认为：企业投资者设立企业的唯一目的在于追求利润最大化，因此他们赋予企业的社会责任就是企业在遵守职业规则的条件下对利润最大化的追求。随着企业所处环境的不断变化，企业的社会责任由最初的一元向多元转换。Davis 和 Blomstrom（1971）提出的同心圆理论是第一个在公司社会责任中包含一系列经济和非经济因素的理论。Carroll（1979）认为企业社会责任包括经济责任、法律责任、道德责任和自由决定责任。Donaldson（1995）也认为企业对于社会负有包括经济责任、法律责任、道德责任和慈善责任在内的多项社会责任。国内学者赵雯（1995）从企业是生产组织并且是生产的载体出发，认为企业运营应满足各不相同的利益集团的要求和期望。刘俊海（1999）将企业社会责任定义为：公司不能仅仅以最大限度地为股东们盈利或赚钱作为自己唯一存在的目的，而应当最大限度地增进股东外的其他所有社会利益。卢代富（2002）与刘俊海的观点相似，认为“所谓企业社会责任，乃指企业在谋求股东利润最大化之外所负有的维护和增进社会利益的义务”。①

目前，对于社会责任还没有一个统一而明确的界定，但是，研究者预先设定企业社会责任的含义是廓清问题的必要条件。企业作为一个商业组织，其社会责任是企业对股东这一利益群体以外的与公司发生各种联系的其他利益相关群体承担的相应责任，它的承担与企业行为所造成的后果有直接因果关系，是一个多元化的社会责任。

综上所述，企业的社会责任就是在尊重利益相关者与社会的需要和关切的价值观的基础上，选择经营行为，并取得企业的成功。显然，尊重社会关切点，并不要求企业放弃自己的利益，盲目地选择一些可能不利于企业发展的经营行为。或者说并不要求企业放弃对企业健康发展的追求，以及放弃企业对资源运用的统筹考量。

二、企业社会责任的原理

企业社会责任的许多要求和内容早已存在于商业经营过程和社会环境中。只是在不同的竞争阶段，竞争的内容和标准不一样。或者说，随着生产力发展水平的提高，市场竞争激烈程度的增加，社会文明程度的提高，市场竞争的内容也越来越丰富。社会对企业的要求也越来越具体，越来越全面，要求也越来越高。人类的一些基本的价值观念，如尊重人权、爱护环境等，由原来只是一些公约、宣言如《人权宣言》《里约环境宣言》等，开始转化为公司的一些基本职责如《跨国公司及其商业企业关于人权的基准职责》，及融入公司的基本管理体系，如环境管理体系ISO14000，并且根据有关的标准在公司之间形成比较，如全球报告倡议、SA8000认证等。

根据LEIPZIGER的研究，从人类的一些基本的价值观发展成为具体的企业社会责任的行为守则及标准是一个连续发展过程。

（1）价值观：“把所期望的目标和品质作为自身的目的或手段，如企业责任价值观包含多样性和诚信。

（2）原则：“作为推理或行动基础的基本真理或基本规律，个人行为准则”。

（3）行为守则：“一套规则”或是一个企业的价值观和业务惯例的正式说明。守则可以是简短的任务说明或是复杂的书面材料，该材料符合明确的标准，并有复杂的执行机制。

（4）规范：“模型或模式”。在国际上倾向于取得统一的规范。

（5）标准：通过与其他事物（如某公司的企业责任）在品质、优点、正确性等方面进

① 吕春晓编：《企业伦理》，西安交通大学出版社2008年版，第174页。

行比较，可以确定的一种权威模型或手段，一种指导模式，或是由第三方在采用该标准取得了确定的效果后建立的一套原则、行为守则或过程体系。

企业责任的进化过程如图 10－1 所示。

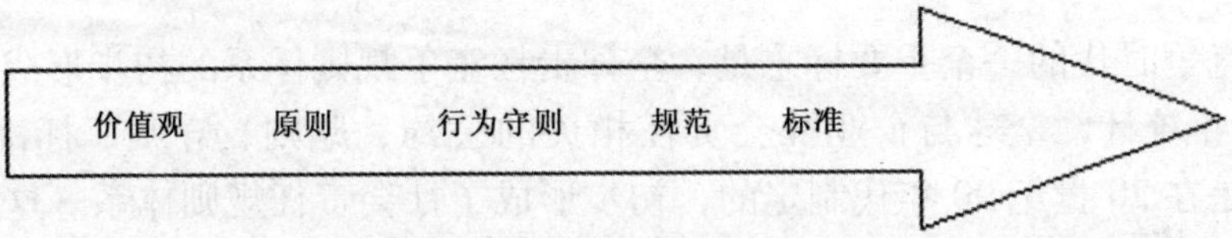

图 10－1　企业责任连续过程

行为守则和标准对于企业的影响则是具体的，也是有差别的。行为守则和标准在很多方面是不同的。行为守则可具体到一个公司或一个企业，而标准可跨越多个领域和多个地理区域应用。在遵守行为守则的公司和执行标准的公司中，在监管、审查和报告上的要求程度差异是行为守则和标准的另一主要区别。行为守则仅局限于公司内部的监督审查，而执行标准的公司则要对更广泛的机构群体负责。行为守则和标准的比较如表 10－2 所示。

表 10－2　　　　行为守则和标准的比较

行为守则	标准
应用于内部或具体的公司	应用地更广泛，可跨区域、跨部门
承担有限的责任	就报告和审查而言，承担更大的责任
要求内部的一致意见，有可能存在某种外部协商	要求利益相关者之间某种程度的一致意见，因此，更具有责任性

第四节　企业社会责任规则体系

全面责任竞争时代的一个重要标志是，全球责任竞争规则体系的初步形成。据经合组织（OECD）2000 年统计，全球与企业社会责任相关的公约、原则、守则、标准等达 246 个，他们绝大多数是在 20 世纪 90 年代制定的，初步形成了社会责任规则体系。这里面包括跨国公司生产守则（118 个）和工业和贸易协会以及多边机构制定（92 个）。从行业、利益相关者等方面对中国企业的出口产生直接影响。如其中涉及纺织和成衣业（CCC、wRAPP 等 37 个涉及）、玩具业（CITI 等）、零售业（欧洲外贸协会的 BSCI 采购规则）、体育用品、化工皮革、海洋渔业等。涉及利益相关者如道德贸易基本守则（ETI）、公平劳工协会（FLA）、环保标签等。

一、行为守则和标准的种类

行为守则和标准可按如下分类区别：

• 按它们的侧重点或目的（即它们是侧重于过程还是侧重于绩效）；

• 按它们发展的方式（即单边发展，双边发展还是多边发展）；

• 按它们的范围（即它们是否涉及人权、劳动和环境）；

• 按它们的中心利益相关者（即它们的中心是在雇员、投资者、消费者等利益相关者上，还是在多方利益相关者工具上）。

（一）按侧重点分类

企业责任的行为守则和标准可分为两大类，一类是以绩效（或成果）为侧重点，另一类是以过程（或方法）为侧重点。

（1）绩效行为守则明确了构成社会责任行为的最低标准。例如，企业应该禁用童工和消除歧视。主要的绩效工具有《跨国公司的经济合作与发展组织（OECD）指导方针》和《全球契约》。这些工具与企业责任的侧重点和企业正努力争取的成果有关。

（2）过程标准和指导方针明确了企业应遵循的程序，如社会报告、利益相关者协商。在以过程为导向的范例中，主要工具有《全球性报告倡议组织》、责任标准 IOOO 系列和 ISO14000。这些工具与企业社会责任的“方法”有关。

（二）按发展方法分类

行为守则、标准和指导方针可以按照它们产生的方式进行分类：

（1）单边行为守则由一个公司发展而来。通常，与主要的利益相关者对话，但是公司最终对该守则负责。这些“名牌”守则包括《耐克（Nike）公司行为守则》和《壳牌（Shell）公司经营原则》。

（2）双边行为守则是在两方之间签署。典型的范例就是工会与公司之间的框架协议，如（（宜家（IKea）框架协议》和（（瑞典国家石油公司（Statoll）框架协议》。

（3）多边或多方利益相关者守则是由若干组织通过广泛磋商发展而来的，如《社会责任标准 8000））（SA8000）和《道德贸易基本守则》。

（三）按范围分类

企业责任包括非常广泛的问题，然而，多数企业责任倡议只谈及了其中的一部分。下面列出了企业责任中的一些主要问题和谈及这些问题时所涉及的一些工具范例。

1. 公司治理

- 《经济合作与发展组织（OECD）公司治理原则》

2. 反行贿

- 《经济合作与发展组织（OECD）反行贿公约》
- 《反行贿经商原则》

3. 环境

- 《对环境负责任经济体联盟原则》
- 《自然步骤》

4. 劳动

- 《国际劳工组织（ILO）关于跨国企业和社会政策的三方原则宣言》
- 《社会责任标准 80009（SA8000）

5. 人权

- 《世界人权宣言））

（四）按利益相关者的侧重点分类

不同标准和不同行为守则的目标是针对不同的利益相关者群体。本书中所谈及的多数倡议都侧重于雇员和供应商。企业可以选择只在一个利益相关者群体中应用守则或规范。例如，某一公司可在它的供应链中实施行为守则，但不应用于自身的机构。

二、企业社会责任规则体系

根据企业社会责任运动的类型，将有关企业社会责任的原则、倡仪、行为守则、标准及工具等分为四类，[1] 如表 10－3 所示。

① 殷格非等主编：《企业社会责任行动指南》，企业管理出版社 2006 年版，第 75 页。

表 10－3　　企业社会责任运动的类型

1	内部生产守则——自行负责制定、解释、实施并监测其效果
2	行业生产守则——行业协会、商贸协会制定以发展共同的标准和报告机制
3	外部生产守则——多利益相关者的守则，第二方监督和第三方监督
4	多边生产守则——国际机构以直接的或间接的政府参与的方式来制定的

（一）公约、原则与倡议

公约、原则与倡议如表 10－4 所示。

表 10－4

国际机构以直接的或间接的政府参与的方式来制定的	关注对象
人权宣言	人权
国际劳工组织：关于社会政策的三方协议原则	劳工
经济合作发展组织跨国企业治理指导方针	公司治理原则
社会职责全球 Sullivan 原则	环保
在环境和发展方面的 Rio 宣言 www. un. org	环保
环境责任经济联盟（CERES）	环保
制止贿赂行为的商业原则	经营行为
联合国全球契约	全面关注 CSR
……	

（二）行业生产守则和标准

行业生产守则与标准如表 10－5 所示。

表 10－5　　行业生产守则和标准

行业协会、商贸协会制定以发展共同的标准和报告机制	适用对象
欧洲外贸协会 BSCI 倡议（审核）	销售企业
公平劳动协会：工作场所行为守则（审核）	生产企业

续表

行业协会、商贸协会制定以发展共同的标准和报告机制	适用对象
清洁成衣运动：基本准则	成衣业
责任关怀原则	化学工业与渔业
道德贸易倡议：基本准则	标准
ICTI 玩具商协会（认证）	玩具业
……	三

（三）多利益相关者守则和工具

多利益相关者守则和工具如表 10－6 所示。

表 10－6　多利益相关者守则和工具

多利益相关者守则或工具	具体内容
社会责任国际 SA8000	劳动标准认证，劳工管理体系工具
全球报告倡议	企业社会责任报告指南
ISO14000	环境认证，环境管理体系工具
SIGMA 指导方针	可持续发展指导工作
……	

（四）企业行为守则

这一类主要是指跨国公司自己制定的行为守则。它主要在企业内部或其供应链中执行，如《耐克公司行为守则》《国家电网公司企业社会责任》。

全球范围的企业社会责任潮流，初步形成的社会责任竞争规则体系，已经成为影响中国产品出口的一道壁垒，也是中国加入 WTO 后中国出口企业所面临的一项新规则的长期挑战。这些规则的制定都有如下特点：第一，来自 100 多个国际公约和一些原则和协议，许多都是中国政府参与和批准的，如《人权公约》、ILO 的七项核心内容、《经济、社会与文化权利国际公约》、《男女同工同酬公约》、《儿童权利公约》、RIO 环境宣言等。第二，所有这些规则的制订中国相关行业几乎都未参与。第三，所有的规则或标准的审核和认证都由国外机构办理。

近年来，随着全球范围的企业社会责任公约、标准、守则的推出以及其影响力的逐步扩大，发达国家对企业社会责任的要求通过跨国公司的商品供应链以及供应链之间的竞争传导到了许多中国企业。据不完全统计，自 1998 年以来，至少有 2 万家以上的中国出口企业进行过企业社会责任的审查和认证，并且只要是持续出口，都是周期性的进行。绝大多数企业都是处于被动对付阶段。而学术界的研究也是处于起步阶段，甚至还处于忽略和争论的阶段，对企业的应对基本没有多少帮助。众多出口企业由于企业社会责任上的缺失和缺乏对策，影响到产品出口。

第五节　企业履行社会责任的意义

企业一般是通过响应有关的企业社会责任倡议，采用一定的标准，进而通过转化为企业的行为守则和指导方针，在企业的日常经营和管理中得以贯彻执行。企业社会责任的政策制定及实践有助于公司多方面的发展。对内它可以提高企业责任的认识，增强凝聚力，协助企业实施与控制价值观，提升企业运作效率，降低成本，提升生产力；对外则可提高企业的品牌形象，吸引资金和人才，长远地为企业带来竞争优势。

一、提高对企业责任的认识，增强企业凝聚力

在一个公司内，明确的社会责任政策如行为守则可以提高对企业责任的认识，对于员工、投资者和消费者都有重要的指示作用。行为守则可引起组织的关注，引发组织的思考，许多企业利用它们的网站，交流它们的价值观、原则和守则。在全球化的世界中，原则和价值观有益于一个公司的品牌和公司文化。例如，诺基亚（Nokia）公司认为：融入“诺基亚之道”的原则和价值观正是我们有特色的企业文化的核心，他们把我们遍布于世界各地的公司团结在一起（www. nokia. com）。诺基亚的价值观包括消费者满意度、尊重个体、进取和不断学习。

二、协助企业实施与控制价值观，帮助企业避免风险

守则只有在执行良好的情况下，才会降低公司卷入丑闻的风险。徒有空名的守则只会增加风险。曾就职于壳牌公司和国际特赦组织商业集团的 Geoffrey Chandler 说，真正的守则，只有在真正地执行过后，才可以减少公司在当今严峻世界中的风险。如果守则只是公关的幌子，它只会增加风险，因为它的欺诈行为将会随时暴露。只有他们的行为经得起审查，才会在信誉上大有收获。

三、吸引责任消费，取得更好财务表现

随着经济的发展和社会的进步，消费者的素质也得到了很大的提升。因此，在其选购商品时，除了考虑产品质量和价格外，更加关注生产该商品的企业在运营过程中是否重视环保、善待员工等一系列企业社会责任情况。Environics 国际企业社会责任监察调查在 2001 年的调查结果：“五成的受访公众购买商品时会考虑企业社会责任履行情况，甚至高于产品质量（40%）及业务基础（32%）”，说明消费者越来越留意具备良好社会责任企业的产品。履行企业社会责任的企业会在广大消费者中树立良好的品牌形象，从而获得较佳的财务表现：更高的利润、更佳股东回报率、更高的增长率。

四、吸引责任投资，赢得更大发展机遇

最早的责任投资始于西欧，当时的教会规定，获得的善款不得用于投资或资助军火、烟酒等危害世界和平与人民健康的产业。现今，随着责任消费的兴起，投资者为了获得更高的资本回报，更加重视责任投资，那些履行企业社会责任的企业能得到更多的资金注入，从而赢得更大的发展机遇，在竞争中取得领先。2001～2003 年，欧洲注重社会责任、环保、道德经营的基金的增幅高达 12%，达到 313 个，占欧洲各类型基金总数的 63%。这类顾及道德及社会责任的公司之所以增长超速，原因就是它们能吸引更多的责任投资者。负责任的企业也因此获得更多的发展机遇。

五、降低长期成本

企业履行善待员工的企业社会责任，提高员工待遇，改善工作环境，其实可以为公司节省开支，降低长期成本。因为这些措施可以减少工人的病假时间，使其工作有效率，继而提升生产力。而且公司员工的流失率会减少，从而减少招聘与培训支出，特别是还可吸引更多的优秀人才。

六、增强供应链竞争力

跨国公司由于长期和短期利益的要求，除了自身履行企业社会责任外，对其供应链上的供应商及制造商提出实践企业社会责任的要求，以增强整条供应链的竞争力。

它们与这些愿意实践社会责任的中型或小型公司建立商业联系，为后者带来无限商机。以中国纺织行业为例，重视履行企业社会责任的企业能在与同类别企业的竞争中占据优势，更容易进入跨国公司的供应链中。同时由于自身对于企业社会责任的重视，也将增强所在供应链相对于其他同领域供应链的竞争力，从而与所在供应链的其他企业一道取得更大的经济效益。

七、提高生产效率，提升产品质量

企业改善员工的工作条件，提升员工在企业内的地位，给予其参加决策和管理的权利，可以使员工增强对企业的归属感，提高其工作的积极性，激发其工作潜力。有工作热情的员工会使产品的质量提高，次品数量得到减少，从而提高了生产效率，提升了产品质量。

本章问题与讨论：

一、简答题

1. 企业社会责任提出的背景是什么？
2. 企业社会责任的本质是什么？
3. 如何理解企业社会责任的原理？
4. 企业社会责任的规则体系包括哪些方面？
5. 企业履行社会责任的意义是什么？

二、讨论题

1. 推动企业社会责任的实施对企业合规经营的作用。
2. 企业承担社会责任对经济社会的进步及其影响。

第十一章　企业社会责任（下）

第一节　企业社会责任运动

在西方，从20世纪60年代对企业社会责任的纷争到90年代众多企业对企业社会责任的认同和支持，经历了30多年。到90年代末期，“企业社会责任”才逐步走上制度化的发展轨道。这期间，人们对企业社会责任的认识也随着一系列的社会运动而逐步发展。这些运动包括保护劳工权利的劳工运动、维护消费者权利的消费者运动、保护生态环境的环境保护运动及可持续发展运动，并形成了三类企业社会责任运动：第一类是相关国际组织的CSR倡议和活动，主要是呼吁和敦促跨国公司带头履行企业社会责任；第二类是民间组织的倡议和活动，即改变利益跨国公司形成机制的企业社会责任组织及活动；第三类是跨国公司的CSR实践活动，包括跨国公司在发达国家和发展中国家的CSR实践，最终在全球发展的企业社会责任运动。①

一、推动跨国公司履行企业社会责任的运动

1. 联合国全球倡议运动

《全球契约》是联合国秘书长科菲·安南在1999年1月31号瑞士达沃斯的世界经济论坛年会上的讲话中率先提出的。《全球契约》是对全世界各个国家各种规模企业的号召，是为了帮助建立一个支持开放、自由市场可持续性的社会与环境体系，同时确保世界各地的人民都可以获得分享全球经济带来的利益的机会。它要求加入的企业自觉遵守涉及人权、劳工、环保、反腐败等领域的十项原则。《全球契约》行动计划已经有包括我国在内的80多个国家的代表共2500多家著名大公司参与。联合国全球契约倡议运动如表11－1所示。

表11－1　联合国全球契约倡议运动

发起时间	1999年1月	发起主体	联合国秘书长安南
目的	通过集体行动的力量，推动企业负责任的公民意识，从而使企业界参与应对全球化的各项挑战。在这方面，私营部门与其他社会行动者合作，可以帮助实现秘书长的理想：建立更加可持续、更多人参与的全球经济		
对象	跨国企业、私营企业		

① 殷格非等主编：《企业社会责任行动指南》，企业管理出版社2006年版，第23页。

续表

发起时间	1999 年 1 月	发起主体	联合国秘书长安南
内容	要求各企业在各自的影响范围内遵守、支持以及实施一套在人权、劳工标准及环境方面的十项基本原则。这些基本原则来自《世界人权宣言》、国际劳工组织的《关于工作中的基本原则和权利宣言》以及关于环境和发展的《里约环境宣言》等。涉及四个方面，分别是： 第一，人权方面：（1）企业应该尊重和维护国际公认的各项人权；（2）绝不参与任何漠视与践踏人权的行为； 第二，劳工标准方面：（3）企业应该维护结社自由，承认劳资集体谈判的权利；（4）彻底消除各种形式的强制性劳动；（5）消除童工；（6）杜绝任何在用工与行业方面的歧视行为； 第三，环境方面：（7）企业应对环境挑战未雨绸缪；（8）主动增加对环保所承担的责任；（9）鼓励无害环境技术的发展与推广； 第四，反腐败：（10）应尽全力反对腐败行为，包括敲诈和贿赂（2004 年 6 月，全球契约加入了第 10 条）		
主要活动主式	一年一度的全球契约理事会、三年一度的领袖峰会和一年一度的网络论坛		

资料来源：殷格非等主编：《企业社会责任行动指南》，企业管理出版社 2006 年版，第 24 页。

2. OECD 跨国公司治理原则

1998 年 4 月 27 日至 28 日，经济合作与发展组织（Organization for Economic Co - operation & Development，OECD）召开部长级会议，呼吁 OECD 与各国政府、有关的国际组织及私人部门共同制定一套公司治理的标准和指导方针，为了实现这一目标，OECD 成立了公司治理专门筹划小组，于 1999 年出台了《OECD 公司治理原则》。该原则包括五个方面的内容（见表 11 - 2）。该《准则》主要是针对上市公司。

表 11 - 2　　OECD 跨国公司治理原则

发起时间	1998 年 4 月	发起主体	经济合作与发展组织（简称 OECD）
目的	除强调保护股东合法权益、强化董事的诚信与勤勉义务、发挥监事会的监督作用、建立健全绩效评价与激励约束机制，也对保障利益相关者的合法权利、强化信息披露和增加公司透明度等方面提出了要求		
对象	上市公司		
内容	包括五个部分： （1）公司治理框架应保护股东权利； （2）应平等对待所有股东，包括中小股东和外国股东。当权利受到侵害时，所有股东应有机会得到赔偿； （3）应确认公司利益相关者的合法权利，鼓励公司与他们开展积极的合作； （4）应确保及时、准确地披露所有与公司有关的实质性事项的信息，包括财务状况、经营状况、所有者结构以及公司治理状况； （5）董事会应确保对公司的战略指导，对管理层的有效控制，董事会应对公司和股东负责。		

资料来源：殷格非等主编：《企业社会责任行动指南》，企业管理出版社 2006 年版，第 25 页。

3. 国际劳工组织对国际劳动人权发展的促进

国际劳工组织极力推动世贸组织（WTO）宗旨与劳工保护的并存和结合。在1994年国际劳工大会上，国际劳工组织主张将基本劳工标准与国际贸易规则联系起来，对违反者或达不到者给予贸易制裁。对这一建议，与会国（地区）分成明显的两派意见。1998年国际劳工大会通过的《关于工作中基本原则和权利宣言》明确地规定在经济全球化的背景下，要保障劳动者四个方面的权利，即：结社自由并有效承认集体谈判权利；消除一切形式的强迫劳动；有效废除童工；消除就业歧视。在这些活动的基础上，如国际劳工组织所认为的“体面劳动”的提出，其意义在于它是一项反映了全体人民共同愿望的目标，同时它也提供了一个政策框架，它也是组织计划和活动的一种方法，并且它为外部对话和伙伴关系提供了一个讲坛。

20世纪90年代以来的国际劳动人权发展出现两个主要的方向：第一个是以国际自由工会联盟为主，结合其他国家的非政府组织，在世界贸易组织和国际劳工组织这些已经建立起来的国际体制中，透过既定的管道来推动实施核心劳动基准。它是通过多边经济组织（尤其是世界贸易组织）来试图将劳动人权与贸易规范结合；而第二个方向的目标也是要建立核心劳动基准，但是在做法上却以建立跨国劳动检查的机制为主，它是通过对跨国企业施压来建立跨国劳动检查的制度为主。

就前者而言，世界贸易组织成立于1995年，在制度设计上，由于它不仅具有一个解决争议的制度功能，再加上每两年召开一次的部长级会议，成为各方针对劳动议题表达不同意见的重要场合，进而创造了国际劳动人权新的发展空间。

首先，国际自由工联希望利用世界贸易组织的解决争议制度，将劳动议题和贸易议题联结，使违反劳动人权的国家也可以像违反自由贸易原则的国家一样受到贸易制裁。就国际自由工联的角度而言，通过这个管道对违反劳动人权的国家施压，可以弥补国际劳工组织的不足。虽然，国际劳工组织通过了许多的公约及建议书，而其中的7个公约被认为是所谓的核心劳动基准，但由于国际劳工组织对其会员缺乏制裁力，因此这也是为什么国际自由工联会对世界贸易组织的制裁功能抱以厚望。如果核心劳动基准能成为世界贸易组织中的社会条款，一个真正的全球性的、可执行的劳动规范才有可能出现。

其次，由于世界贸易组织对其会员的约束力增加，每两年召开一次的部长级会议，也就成为国际劳动人权及其他社会运动抵抗或批判全球化潮流的重要场域。

至于后者，虽然国际自由工联在世界贸易组织的努力还无法看到具体的成果，但是从另一个方向推动核心劳动基准的努力却正蓬勃地发展，即跨国劳动检查制度。自20世纪90年代初期以来，美国的劳工及人权团体针对成衣业及制鞋业所发动的反血汗工厂运动，逐渐引起美国媒体及朝野的重视，促使知名品牌企业在其供应链制定和实施统一的行为守则。国际劳工组织对国际劳动人权发展的活动如表11－3所示。

表 11－3　　国际劳工组织对国际劳动人权发展的活动

发起时间	1998 年	发起主体	国际劳工组织　国际自由工联
目的	在经济全球化的背景下，要保障劳动者的权利		
对象	所有公司		
内容	《关于工作中基本原则和权利宣言》明确地规定在经济全球化的背景下，要保障劳动者四个方面的权利，即：结社自由并有效承认集体谈判权利；消除一切形式的强迫劳动；有效废除童工；消除就业歧视		
主要活动方式	它是通过多边经济组织（尤其是世界贸易组织）来试图将劳动人权与贸易规范结合，如在每两年召开一次的部长级会议表达对劳动议题意见；跨国劳动检查		

资料来源：殷格非等主编：《企业社会责任行动指南》，企业管理出版社 2006 年版，第 26 页。

二、CSR 影响跨国公司的运动

1. CSR 民间组织的形式

自 20 世纪 90 年代以来，伴随着劳工运动、消费者运动、环境保护运动及可持续发展运动，在欧美国家成立了一批 CSR 组织，其中，一类是对生产守则制定和监察认证比较有影响的组织，包括有美国“公平劳工协会”（简称 FLA）、“国际社会责任组织”（简称 SAI，SA8000 的制定者）、荷兰的“洁净衣服运动”（简称 CCC）、英国的“道德贸易行动”（简称 ETI）以及“地毯标志基金会”等。

另一类是对公司实施 CSR 进行推广和咨询服务的专业化国际组织：（美国）社会责任商业联合会（BSR）、欧洲企业社会责任协会（CSR EUROPE）、社会和伦理责任协会（ISEA）、世界可持续发展商业理事会（WBCSD）、哥本哈根中心（TCC）等。CSR 民间组织的形成如表 11－4 所示。

表 11－4　　CSR 民间组织的形成

类型	主要组织
对生产守则制定和监察认证比较有影响的组织	包括有美国“公平劳工协会”（简称 FLA）、“国际社会责任组织”（简称 SAI，SA8000 的制定者）、荷兰的“洁净衣服运动”（简称 CCC）、英国的“道德贸易行动”（简称 ETI）以及“地毯标志基金会”等
对公司实施 CSR 进行推广和咨询服务的专业化国际组织	欧洲企业社会责任协会（CSR EUROPE）：一个旨在促进企业社会责任的非营利性组织，其宗旨是通过将企业社会责任纳入公司实践的主流这一方式来帮助公司获取利润、得到可持续性的发展以及推动人类进步。由前欧洲委员会主席 Jacques Delors 于 1996 年倡议建立。由 65 家会员公司 18 个成员国组织组成，欧洲企业社会责任协会也是在欧洲企业社会责任领域内真正的欧洲权威机构。 社会和伦理责任协会（ISEA）：以英国为基地的国际性专业组织，致力于加强商业集团和非盈利组织的社会责任感和道德行为。

续表

类型	主要组织
	世界可持续发展商业理事会（WB CSD）：由大约 150 个跨国公司本着共同承担可持续发展义务的原则建立起来的联盟组织。 哥本哈根中心（TCC）：是由丹麦政府创建的自治性的国际组织，主要关注社会凝聚力。TCC 相信政府与企业之间的自愿合作在创造社会凝聚力方面是很有效率的
主要活动方式	研究、论坛、会议、出版、培训、咨询等

资料来源：殷格非等主编：《企业社会责任行动指南》，企业管理出版社 2006 年版，第 27 页。

2. 对跨国公司利益形成机制产生影响的民间运动

（1）责任消费运动。

近些年来，西方的消费者越来越关心商品生产和营销的过程包括对服务产品的提供方式。责任消费是指消费者更倾向购买那些履行了企业社会责任的企业生产的产品和服务。

欧盟委员会雇佣及社会事务所总部支持的“欧洲企业社会责任协会”（CSREurope）进行的消费者态度调查表明，在 12162 名接受访问的消费者中，44% 的人回答他们愿意为社会责任和环保产品多付一些钱。瑞士一家有关纺织和皮革产品的公平贸易行动联盟 AMANA SA 表示，这一调查结果证实了他们的发现。在过去的 4 年中，AMANA SA 同一家瑞士邮购及百货公司 Spengler 合作，资助在印度实施一项社会计划。Spengler 公司因此提高了 3.5% 的离岸价（FOB），同时提高了 1% ~1.5% 的零售价。这些资金通过一个专用账户支付给那些远在印度工作的工人，主要用于保健、福利、教育和环保。该项目经理成立了员工委员会，每隔 3 ~4 个月访问他们，以核实这些资金的投资计划。①

随着西方消费者社会责任意识的增强，区分是否履行社会责任企业的产品的社会责任标签运动在西方兴起。这些标签包括社会责任、公平贸易和环境标签等。一个贴有这些标签的产品或服务是向消费者表明这些产品的生产和营销过程包括服务的提供过程是符合一定的社会责任、公平贸易或环境保护标准的。随着企业社会责任的共识日益升高和市场全面竞争，同样产品、类似价格和近似的品牌认同下，企业社会责任成为消费者最后抉择的关键。有这些标签的产品将更受到责任消费者的青睐。美欧等发达国家还主张在全球范围内推广“社会标签计划”，即在各国的产品上都加贴表明其生产和加工过程中是否符合劳工标准的“社会标签”，以让消费者选择、鉴别。

（2）社会责任投资运动。

不断高涨的社会责任运动同样影响了西方国家的投资者，他们发起了社会责任投资（social responsibility investment）运动，倡导“道德投资”。即责任投资者把他们对社会、环境和道德的关注融入投资对象的选择上。包括掌握现金流的大型退休金公司，开始把企业的

① 殷格非等主编：《企业社会责任行动指南》，企业管理出版社 2006 年版，第 28 页。

社会责任表现，纳入新的投资观察标准之一。

2004 年 12 月底，欧洲的主要退休金管理公司邀集欧洲大型投资银行和承销商，要求这些金融机构提供更多上市公司的企业治理、环保和社会责任政策的报告。美国的高盛和摩根士丹利证券公司，也将企业社会责任纳入评价企业标准。

例如，1999 年美国道德投资超过 2 万亿美元，英国伦敦股票交易所于 2000 年 7 月 31 日推出 8 种名为“FTSE4GOOD”的《金融时报》道德指数，旨在提倡和促进道德投资。全球最大的两个退休基金不约而同地对此大加赞扬，全球最大的退休基金荷兰的 ABP 紧接着作出 2 亿美元道德投资的决定，第二大退休基金美国加州公务员退休基金 Calpers 也表示，将 10 亿美元的新兴市场基金按照道德投资的方式管理。这些投资者道德组织直接向他们认为不遵守商业道德的公司施压。如 2001 年 2 月 1 日，全球最大的零售商沃尔玛因为没有足够的措施保证其国内及国外供应商遵守基本的劳工标准，而被剔除出多米尼社会指数（Domini400Social Index SM）。[①] 越来越多的跨国公司股东要求其管理层实施负责任的行为标准。

事实证明，这些对社会尽责任、更看重永续经营的企业，获利能力同样卓越，最有名的例子是，美国温斯陆绿色成长基金（Winslow Green Growth Fund）无论是一年、三年和五年的绩效表现都优于平均。这样亮丽的结果让投资者对于这类企业趋之若骛。对跨国公司利益形成机制产生重要影响的民间运动如表 11 -5 所示。

表 11 -5　对跨国公司利益形成机制产生重要影响的民间运动

名称	责任消费运动	社会责任投资运动
主体	消费者和消费者组织	投资者和投资者组织
对象	企业生产的产品和服务	企业
目的	通过消费者的购买选择促进企业实施企业社会责任	通过投资者的投资选择促进企业实施企业社会责任
内容	责任消费是指消费者更倾向购买那些履行了企业社会责任的企业生产的产品和服务或按一定道德标准的购买行为。 以食品业为例，当消费者面对同样产品，不同品牌的选择时，假如其中一家社会责任形象鲜明，另外一家则否，消费者等于是在自己“道德欲望”和“填饱肚子”当中选择。这时，多花一点钱，购买价格可能较高，但是社会责任形象良好企业的产品，等于自己在购物同时，也顺便尽了公民义务	责任投资者把他们对社会、环境和道德的关注融入到了他们对投资对象的选择的原则中。事实证明，这些对社会尽责任、更看重永续经营的企业，获利能力同样卓越，最有名的例子是，美国温斯陆绿色成长基金（Winslow Green Growth Fund）无论是一年、三年和五年的绩效表现都优于平均。这样亮丽的结果让投资者对于这类企业趋之若骛
主要活动方式	支持购买或反对购买	投资支持或不支持

资料来源：殷格非等主编：《企业社会责任行动指南》，企业管理出版社 2006 年版，第 30 页。

① 殷格非等主编：《企业社会责任行动指南》，企业管理出版社 2006 年版，第 29 页。

三、企业社会责任运动的一种方式：验厂和认证

1. 跨国公司为主体的生产守则运动

20 世纪 90 年代初，美国服装制造商 Levi - Strauss 在类似监狱一般的工作条件下使用年轻女工的事实被曝光。为了挽救其公众形象，该公司草拟了第一份公司社会责任守则（也称生产守则）。随后，耐克、沃尔玛、迪士尼等大型跨国公司纷纷制定了自己的生产守则。跨国公司的生产行为守则（code of conduct）是指跨国公司制订的具有自我约束性质的、针对生产经营过程的规范。此类规范通常通过经济影响力向跨国公司自身、子公司和分公司以及关联公司推行一定的劳动标准和环境标准。而在大多数生产行为守则中，劳动标准通常都居于重要的地位。跨国公司通常参考其国内法、行业规范和国际承认的核心劳动标准，制订其生产行为守则。

20 世纪 90 年代初的“生产守则运动”，是以世界驰名的国际品牌为线索而展开的。为了维护品牌形象和市场竞争的需要，西方发达国家的品牌制造商与零售商纷纷开始制订“公司生产守则”。这些生产守则通常以联合国《世界人权宣言》和国际劳工组织的“基本劳工”为蓝本，承诺担负社会责任、遵守投资所在国的相关法律、维护劳工权益、改善劳动条件，并要求其承包商与转包商遵循同样的产品行为规范。

世界经合组织的统计数据显示，到 2000 年，全球共有 246 个以生产安全、职业健康、保护环境和员工权益保障等为主要内容的企业社会责任生产守则，其中 118 个由跨国公司制定，这些跨国公司不仅制订并推行公司社会责任守则，而且要求供应商和合约工厂遵守劳工标准，安排公司职员或委托独立审核机构对其合约工厂定期进行现场评估。这也是我们许多出口企业所感受到的验厂活动。其中，家乐福（Carrefour）、耐克（Nike）、锐步（Reebok）、阿迪达斯（Adidas）、迪士尼（Disney）、美泰（Mattel）、雅芳（Avon）、通用电气（GE）、玩具反斗城（Toy R Us）等 50 多家跨国公司已经在我国开展社会责任审核，有些公司还在中国设立了劳工和社会责任事务部。目前，我国沿海地区有 8000 家企业接受过这类审核。许多跨国公司吸取某个行业的守则或一套国际经营守则，开始采用它们自己的关于社会责任问题的行为守则，率先承担起社会责任。如英荷壳牌石油公司的“一般经营原则”、丰田汽车公司的“丰田指导原则”、玛蒂尔有限公司的“全球生产原则”等，都对它们在全球投资和经营过程中履行社会责任方面进行了规定。

2. 跨国公司认可的企业社会责任标准推广运动

许多跨国公司已经制定了公司生产行为守则，各公司的守则由于侧重点各不相同，很难通过各种守则为消费者提供一个选择劳工人权保护状况比较好的公司的产品的机会。因此又逐渐发展出某个国家或地区或者某个产业的生产行为守则。除了跨国公司制定的社会责任守则以外，还有 92 个国际性的行业协会制定的守则，32 个由多边机构和非政府组织制定的守则。如国际玩具协会（International Council of Toy Industry，IC-

TI)、世界体育用品行业协会（WFSGI）、服装厂行为标准组织（WRAPP）、由英国政府支持的道德贸易联盟（Ethical Trading Initiative，ETI）、美国全球社会责任信息和咨询服务机构（Business for Social Responsibility，BSR）、全球工人与社区合作联盟（Global alliance for Workers and Communities，GAWC）、公平（体面）劳动产盟（the FairLabor Association，FLA）等。

但是，此类守则同样存在着侧重点不同、内容不同以及监督公司遵守守则方式的不同等问题，从而使之缺乏一致性和可信性。基于上述公司生产行为守则的局限性，社会责任标准（Social Accountability 8000，SA8000）脱颖而出，SA8000 是对此类公司生产行为守则的发展。最终在全球正在发展的企业社会责任运动：验厂和认证如表 11－6 所示。

表 11－6　　最终在全球正在发展的企业社会责任运动：验厂和认证

名称	跨国公司为主体的生产守则运动	跨国公司认可的非政府组织制定的企业社会责任标准及推广运动
主体	跨国公司	国际性的行为协会和由多边机构和非政府组织
对象	跨国公司供应链	跨国公司供应链
目的	维护品牌形象和市场竞争的需要	维护品牌形象和市场竞争的需要
形式	跨国公司的生产行为守则（codeof conduct）是指跨国公司制订的具有自我约束性质的、针对生产经营过程的规范。通过制定和检验“公司生产守则”，安排公司职员或委托独立审核机构对其合约工厂定期进行现场评估。这也是我们许多出口企业所感受到的验厂活动	跨国公司的守则由于侧重点各不相同，很难通过各种守则为消费者提供一个选择劳工人权保护状况比较好的公司的产品的机会。因此又逐渐发展出某个国家或地区或者某个产业或针对不同利益相关者的生产行为守则，并由第三方机构审核。如国际玩具协会（ICTI）、世界体育用品行业协会（WFSGI）、服装厂行为标准组织（WRAPP）、由英国政府支持的道德贸易联盟（ETI）、公平（体面）劳动联盟（the FairLaborAssociation，FLA）等
主要活动方式	在供应链进行劳动检查	第三方机构审核或认证

资料来源：殷格非等主编：《企业社会责任行动指南》，企业管理出版社 2006 年版，第 32 页。

第二节　跨国公司承担企业社会责任的主导因素

一方面，跨国公司的利益实现机制正在发生改变。跨国公司利益实现已从原来依靠单纯的市场竞争，转变为要加上考虑社会公众利益。甚至可以说，企业利益的实现要以社会公众利益的实现为前提，企业如果不顾社会公众利益，就会在市场竞争中处于劣势，甚至失去参与竞争的资格。另一方面，经济全球化的主要受益者如跨国公司在促进世界的经济、社会和环境全面协调发展方面要承担更多的责任，尤其是在发展中国家。基于主客观的因素，欧美公司特别是跨国公司从追求利益的本质出发，充分认识公司利益与公司环境，特别是公司的可持续发展能力与环境、与社会的关系不再是分离的、对立的，而是相互促进、相互协调的。企业承担社会责任对企业的可持续发展是有好处的，不承担社会责任就会付出很大代价。企业不仅要使其生产的产品拥有较高的知名度，而且还要树立良好的品牌形象和企业的社会形象，只有这样企业才能更多地赢得顾客的青睐和消费者的满意。

一、跨国公司利益实现机制的变化

1. 人们价值观和社会发展观的转变

第一，价值观念的改变。西方社会变得日益富裕，这使人们的价值观念发生了根本转变，从支持在物质匮乏的条件下为了生存而奋斗的传统价值观，转向了鼓励更多注重生活质量而不是物质因素的价值观。生活在贫困条件下，人们更看重物质繁荣及其带来的就业机会，失业率高的社区将欢迎在其周围修建新的工厂，至于烟囱里冒出污染环境的浓烟，锻造车间里发出的噪音，以及既危险又有害的工艺流程则处于次要的关心程度。与此同时，人权也要求得到更多的尊重。第二，社会发展观的变化。可持续发展是20世纪80年代随着人们对全球环境与发展问题的广泛讨论而提出的一个全新概念，是人们对传统发展模式进行长期深刻反思的结果。1992年在里约热内卢召开的联合国环境和发展大会（UNCED）把可持续发展作为人类迈向21世纪的共同发展战略，100多个国家的首脑共同签署了《里约环境宣言》，在人类历史上第一次将可持续发展战略由概念落实为全球的行动。

2. 对跨国公司的期望和监督

1999年，由韦尔斯王子企业领导者论坛和Conference Board这两家组织发起的企业社会责任民意调查显示，企业社会责任正成为一个全球性的期望，特别是希望大公司在21世纪做下列事情：

（1）通过行动表明他们是信奉社会价值观的，并愿在人文、环境和经济方面对社会作出贡献。

（2）力使社会不遭受公司的运营活动、产品及服务的消极影响。

（3）与包括股东在内的主要利益相关者共享由公司活动带来的利益。

（4）表明公司能通过做正确的事，去赚更多的钱。

2000年，Environics International组织了全球性的“新千年调查”，访问了23个发达国家和发展中国家的25000人，结果表明，越来越多的公众对跨国公司的社会责任期望值升高，其中79%的受访者认为跨国公司应该对劳工的安全和健康负完全责任，73%的受访者认为跨国公司应对环境保护承担完全责任，72%的受访者认为跨国公司应对环境保护承担完全责任。

信息技术革命特别是互联网的产生使跨国公司更容易受到监督。互联网为相关的社会组织和公众提供了有力的工具。互联网一天24小时内任何时间都可以接受和发出信息。因此公司已毫无秘密可言。互联网使各种社会组织如人权组织、消费者组织、工会组织、环境保护组织及社会公众更容易对跨国公司进行监督，且较容易组织起并调整反对运动。

3. 企业实现利益机制的改变

随着人们价值观念、消费观念的改变，对可持续发展观的认可，围绕着捍卫消费者利益、劳工利益、环境利益这三大公众利益，在西方社会掀起一系列的广泛深入持久的既相互衔接又相互组结的社会运动，包括消费者运动、劳工运动、环保运动、女权运动、社会责任投资运动、可持续发展运动等。其中消费者运动和社会责任投资运动在企业股东以外形成了消费者和投资者两个与企业命运生死攸关的巨大压力集团。在消费者方面，西方的消费者越来越关心他们所购买的商品的制作是否符合基本的人权标准和环保标准。他们把“拒绝购买”作为手段，迫使企业为了市场份额而不得不认真听取消费者的声音，特别是那些有品牌的跨国公司。在社会责任投资方面，主要是通过“道德投资”和“环境投资”来引导企业注重改善劳工状况和环境保护。通过这系列运动，捍卫这三大公众利益的许多新的价值观念和发展观念，形成新的社会共同价值观。与这种新的价值观相适应的是形成了新的社会力量，迫使企业按照其相应的道德要求调整经营行为。企业背离这种道德要求，就会被大众唾弃，或者在资本市场失去融资活力。总之，企业实现利益已从原来依靠单纯的市场竞争，改变为要加上考虑社会公众利益。甚至可以说，企业利益的实现要以社会公众利益的实现为前提，企业如果不顾社会公众利益，就会在市场竞争中处于劣势，甚至失去参与竞争的资格。

二、企业社会责任的主要载体

1. 经济全球化的主要承载者和受益人

经济全球化，使世界经济获得了巨大的发展。世界GDP由20世纪80年代初的108050亿美元（1982年），增长到1990年的216720亿美元，到21世纪初的322270亿美元（2002年）。[①] 但由少数西方发达国家推动的经济全球化，加剧了世界经济的不平衡，这些发达国家通过跨国公司的形式，成为经济全球化的主要受益者。但经济全球化的所带来的贫富差距、环境问题、可持续发展问题已经开始影响全球化本身。这种“蹂躏环境和使人类绝大多数人处于贫困的繁荣道路，很快将证明对所有人均是死路一条”，当然会影响到全球化的主要受益人。跨国公司是经济全球化的载体，自20世纪70年代的全球化过程，在信息革命

① 殷格非等主编：《企业社会责任行动指南》，企业管理出版社2006年版，第35页。

的推动下，其数量、规模、经济实力和科技开发能力都得到空前的发展。跨国公司的数量从70年代末的7000多家增长到1994年的母公司4万家，子公司25万家，1999年母公司增至6.3万家，子公司增至70万家。通过企业兼并，跨国公司的规模不断扩大，在世界经济活动中的作用不断增强。1999年跨国公司的产值已占世界总产值的40%，跨国公司内部和相互贸易已占世界贸易的60%，超过2/3的国际贸易额与跨国公司的活动有关，跨国公司控制了国际技术贸易的60%~70%，在全球的直接投资已占国际直接投资的90%以上。[①] 作为经济全球化的重要推动力量已成为经济全球化的主要受益者。由此，实力迅猛发展的跨国公司对全球经济、政治、社会生活的影响力也急剧膨胀。

（1）经济全球化的消极因素。

经济全球化加快了世界经济的发展，但并非所有国家都公平分享全球化的“红利”，相反，全球化加剧了世界经济发展的不平衡。一些跨国公司依靠自己的强大实力，获取别国的各种资源，资本积累膨胀。而一些跨国公司所在国则廉价出卖资源和劳动力，导致更加贫穷。特别是有些跨国公司对发展中国家在投资、技术转让、资金信贷上附加很多苛刻条件，造成这些国家债务包袱沉重。这就进一步扩大了一些国家间的贫富差距。拥有这些跨国公司的西方发达国家在资金、技术、人才、管理以及贸易、投资、金融等各个方面都占有优势，国际经济和金融组织也都控制在他们手中。他们利用这些优势，首先推动并主导经济全球化的发展，通过跨国公司的形式，从而也自然地成为全球化的最大受益者。迄今全球化的好处和机会仍然高度集中于这些少数国家，结果导致不同国家的贫富差距进一步扩大。

世界上最富有的“七国集团”所拥有的200家跨国公司占有的财产，1997年占世界生产总值的33%，如果把跨国公司扩大到500家，则“富国俱乐部”的这500家企业就占有世界生产总值的45%。在发达国家从全球化中得到经济、教育和文化上各种好处的同时，全球化给大多数发展中国家带来的是进一步的边缘化和贫困化，尤其是非洲撒哈拉以南地区和南亚的最不发达国家，其债务在全球化加快发展的20世纪90年代，从1990年的1212亿美元增加到1998年的1504亿美元。全球化还拉大了不同人群的贫富差距。即便是在最倡导经济全球化并在全球化浪潮中获利最多的美国，不同人群间的收入和财富的两极分化也在扩大。2000年的统计资料表明，美国20%最富家庭获得全国收入的将近一半和财富的80%，5%的“尖子”户则获得收入的1/4和财富的60%。而在底层的60%的家庭却只获得收入的25%，最底层20%家庭所拥有的财富不是零就是负数。而收入和财富的差异又影响了人们能够获得财富的技术手段。[②]

全球化带来的贫富差距拉大，并不仅仅表现在对经济财富的占有上，也表现在对信息的占有上。2000年的统计数字表明，整个非洲装置的电话不及纽约曼哈顿地区的拥有量；芬兰每千人移动电话的占有率是世界上最高的，为417部，其次是挪威为381部，第三是瑞典为358部，而在发展中国家中还有20亿的贫困人口未曾打过电话。欧盟，加上挪威、瑞士、日本、美国、加拿大、新西兰和澳大利亚，只占世界人口的17%，而他们的互联网用户却

① 殷格非等主编：《企业社会责任行动指南》，企业管理出版社2006年版，第36页。

② 殷格非等主编：《企业社会责任行动指南》，企业管理出版社2006年版，第37页。

占了世界总用户的82%，住在撒哈拉沙漠以南的非洲地区的使用者还不到1%，发达国家每6.8人中就有1名互联网用户，而发展中国家每440人中才有1名用户。[①] 互联网的使用水平与不同国家的经济发展水平惊人地相似，在互联网的屏幕上，实际上是再现了不同国家的经济发展，尽管造成这种差距的并不是信息社会或者说是互联网，但可以肯定，贫困国家因“信息贫困”而缺乏参与新的信息社会的能力和对新技术的使用能力，从而缺乏迅速发展的能力。

（2）环境和可持续发展问题。

当代世界人口激增，同时人类社会进入以商品经济和工业化大生产为主要经济活动的高发展阶段，环境问题由局部发展到全球。①转移生态环境污染。一些跨国公司为了母国利益，把一些破坏生态、浪费资源、污染环境的项目和技术转移到别国，特别是转移到一些发展中国家，导致这些国家环境污染和生态破坏严重。②全球生态环境恶化问题，三废污染、气候变暖、土地荒漠化、臭氧层破坏、资源短缺、生物多样性锐减等现象正不断威胁着人类的生存环境。③实施可持续发展战略，除各国政府的重视和干预外，还要求进行国际合作，因为任何一个国家的环境问题都会涉及其他国家，甚至涉及全球。而在国际合作治理污染问题上，发达国家和发展中国家所应负的责任是不同的，占世界人口1/4的发达国家消耗了世界资源的3/4，作为自然资源的主要消耗者，发达国家理应对全球环境保护承担起较大的责任。如不能在公平合理的基础上解决可持续发展问题，世界经济发展将陷入困境，正如联合国秘书长安南在2002年9月可持续发展问题世界首脑会议开幕式的发言中指出的那样，蹂躏环境和使人类绝大多数人处于贫困的繁荣道路，很快将证明对所有人均是死路一条。

2. 企业社会责任的主要责任人

1999年2月举行的达沃斯世界经济论坛第二十九届年会，选择“负责任的全球化”作为主题。联合国秘书长安南在会上指出，全球化已成为摆在人们面前的事实。市场扩展造成的影响远远超出社会及政治体系的调节能力。在这种情况下，发达国家和发展中国家应当共同推动国际经济秩序的调整和改革。而发达国家理应成为平衡好经济全球化的利益，担负起全球可持续发展的主要责任人。跨国公司则应是其主要承载者。

跨国公司应承担的社会责任主要有以下几个方面：

（1）跨国公司在人力资源开发上承担的社会责任。

发展中国家人才资源匮乏，目前是跨国公司投资发展的制约性因素，因此，跨国公司应当加大在发展中国家的人力资源开发的投资。这不仅符合跨国公司自身的发展目标，而且这种人力资源开发的溢出效应，可以促进东道国本地企业生产效率的提高。

（2）跨国公司对改善东道国的环境质量承担的社会责任（环境责任）。

跨国公司在东道国投资的很多是污染严重和危害性大的行业，对这些跨国公司，更应当要求他们有更多的治理环境投入，他们也有义务为弥补其所造成的环境污染而更多参与东道国的环境质量改善项目，即便对那些污染较少的跨国公司，更多地参与东道国的环境保护项目，无疑也是他们在东道国承担社会责任的一种非常有效的形式。发展中国家面临的环境问

① 殷格非等主编：《企业社会责任行动指南》，企业管理出版社2006年版，第37页。

题一直是比较棘手的，而跨国公司在环境保护领域能发挥其技术和资金的优势。在同一个“地球村”，他们理应以强烈的公共责任感，与当地政府和社团密切合作，加速制订公司保护环境和自然资源的规划，支持环境保护运动，保持发展中国家的可持续发展。例如，联合利华在我国支持水资源管理项目，推广可持续性发展的农业计划以及推出的“联合利华中国绿水青山行动”，仅在第一年，他们就已在中国严重缺水和沙漠化的地区，共涉及全国11个省市，植树近百万棵，并力图提高当地居民的环境保护意识。他们的行动得到了社会的广泛赞誉。

(3) 跨国公司在发展中国家社会公益项目和活动上承担的社会责任（慈善责任）。

发展中国家经济发展水平的落后决定了其社会公益事业要远比发达国家艰巨得多，承担这一角色的虽主要是发展中国家的政府，但发展中国家的企业（包括跨国公司）作为社会的“器官”，也应在社会公益活动中带头承担一定的社会责任，为整个社会这一生命机体服务，而这对跨国公司更具有特殊的意义，也符合它们自身的长远利益。

(4) 跨国公司应对发展中国家的经济安全与稳定负有特殊的社会责任（道德责任）。

发展中国家大多处于经济转轨时期，最易受到来自包括跨国公司在内的外部力量的冲击。当这种冲击危及社会经济稳定和国家安全时，东道国和跨国公司的利益都会受到影响。因此跨国公司在制定投资和经营政策时，应密切配合东道国政府的各项货币政策、产业政策等宏观政策，这也是跨国公司在东道国投资所承担的一种社会责任。这种社会责任虽较难度量，但对发展中国家而言甚为重要。只有在该方面切实履行社会责任的跨国公司，才是真正具有社会责任感的公司，才是成熟和值得信赖的跨国公司。亚洲金融危机期间，许多跨国公司撤离东道国，就是不尽社会责任的表现。安利投资中国，其原先的销售模式和经营理念在中国尚不完善的市场经济体制和法律体制下，却变得水土不服，甚至变相为一种危害。因此安利根据中国的国情对自己的经营方式做出调整，以避免以前造成的不良影响，这也是在中国继续发展所必须承担的社会责任。跨国公司的经营一旦使东道国社会受到损害，那么就可能面临巨大的经营风险，尤其是政策的变化所引起的风险与困境。

第三节　跨国公司企业社会责任实践

跨国公司的CSR实践在发达国家和发展中国家表现为阶段性的不同形式。在发展中国家，主要表现为受各种因素影响的推广CSR理念问题，以及主要实施的关注劳工权益问题。这也是我们近年来评述不一的企业社会责任的审核和认证问题。在发达国家，则主要表现为企业如何实现CSR理念的途径、方法、工具的探索问题，即如何将对社会和环境的关注融入其经营主流，即融入企业战略、组织结构、日常运营中，而取得经济、社会、环境三重效益。其目的是获得可持续的竞争优势，即负责任的持续竞争力。

一、跨国公司在发展中国家的CSR实践

1. 实施内部生产守则

实施内部生产守则主要是指跨国公司要求在整个商品供应链的所有合作伙伴共同遵守同意的生产守则。其核心内容主要包括国际公约中有关社会保障、劳动者待遇、劳工权利、劳动标准等。其内容可概括为四类，即国际社会通称的"核心劳工标准"：

（1）消除剥削性童工；

（2）废除强迫劳动；

（3）就业无歧视；

（4）自由结社和集体谈判。

这种生产守则通常是由跨国公司自行负责制定、解释、实施并监测其效果，即跨国公司实施着对生产守则的完全控制。

2. 推行责任认证

这类生产守则主要包括英国的"道德贸易基本守则"（Ethical Trading Initia - tive Base Code），欧洲的"洁净衣服运动"（CCC）发起的"成衣公平贸易约章"（the Fair Charter for Garments），美国"国际社会责任"组织（SAI）发起的"社会责任8000"（SA 8000），美国"公平劳动协会"（FLA）通过的"工作场所生产守则"（Workplace Code of Conduct）。这些守则具有如下特点：以联合国和国际劳工组织的"基础性条约"为蓝本，以国际自由工会联盟（ICFTU）于1997年12月通过的基本守则为基本框架；引入了独立认证的原则与机制，引入了工人以及第三方表达意见的机制，建立了改善违法守则规定公司状况的补救机制。

3. 能力培训

能力培训主要是在发展中国家开展工人发展能力培训项目及研究项目。如部分跨国公司在中国珠三角、长三角开展劳工能力培训；支持相关研究项目，如田野调查、综合发展援助研究项目等。

二、跨国公司在发达国家的 CSR 实践

20 世纪 90 年代，许多大公司联合起来组织或支持或与非政府组织成立一些组织探讨企业社会责任的理论与实践。

如英国航空管理局（BAA）作为实施企业社会责任战略实践“利益兼容法”的优秀公司是未来公司研究中心的创办成员。HP、SIMENS、VW 等 40 多家跨国公司是欧洲最大的企业社会责任组织 CSR Europe 支持成员。包括美国航空（AmericanAirlines）、可口可乐（Coca Cola）、通用汽车公司（General Motors）的 50 多家大公司通过签署“CERES 原则”——一个 10 点环境行为法规——来对环境的不断改善作出承诺。环境责任经济联盟（CERES ）是在美国主要由环境保护者投资者和倡导者组成的联盟，旨在创造一个可持续的未来。在实践上，总结出了“利益兼容法”和为中小企业实施企业社会责任的“中小企业钥匙”法则（SMEs Key）。

许多跨国公司将自己的专业领域的技能、技术创新能力、经营管理的优势作为社会资本的投入与社会或环境的问题解决结合起来，一方面直接地解决某一社会或环境问题，同时实现或提高企业声誉，或降低企业成本，或改善公司竞争环境，从而提高企业竞争能力。欧美的许多大公司都进行了许多方面的有效探索。如 CSR EUROPE 在总结其会员公司十年的实践经验基础上，为铸造可持续和全球竞争优势的欧洲企业，提出了包含目标和战略等十个方面的欧洲商业路径图：创新和创业、技能和能力建设、平等机会和多样性、健康和安全、环境保护、企业社会责任主流化、利益相关者参与、领导和治理、沟通和透明度、商业合作和联盟。在美国，捐赠慈善作为企业社会责任实现的重要组成部分，开始有纯粹的公益捐赠，即将捐赠资金通过基金会完全投入与公司没有丝毫联系的领域，包括教育、健康、人类服务和公共政策等，开始注重在企业履行企业社会责任解决社会或环境的许多问题时，使之既造福社会，又使企业达到改善竞争环境、提升竞争力的目的。

三、欧洲企业社会责任实践

欧洲企业社会责任协会作为欧洲企业社会责任领域内的权威机构，是由前欧洲委员会主席 Jacques Delorsf 于 1996 年建立。其宗旨是通过将企业社会责任纳入公司实践的主流这一方式来帮助公司获取利润、得到可持续性的发展以及推动人类进步。该协会由 65 家欧洲大公司会员组成。协会成员企业将致力于提升以下原则，并将此作为获得商业成功的一个部分。

（1）开展商业活动应对我们所生活的社区的经济健康及可持续发展有所贡献。

（2）提供给雇员健康、安全的工作条件，确保提供给他们公平的补偿金、有效的沟通以及平等的就业和发展机会。

（3）给客户提供优良的品质、安全的产品和服务、合理的价格以便即时准确地满足客户的需求，与我们的商业合作伙伴通力合作。

（4）将我们的活动给环境及其资源带来的负面影响减降至最低。在为客户提供产品和

服务的同时，力争将可持续发展加以考虑。

通过对话或其他透明的方式将我们的商业活动对经济、社会以及环境所带来的影响，向我们的主要的企业利益相关者加以说明。

运作一个有效的治理结构，提倡一个高标准的商业道德规范。

在遵守以上原则的同时，为我们的股东提供一个公平的回报。

经过十年的努力，将 CSR 融入企业战略、组织结构和日常运营之中，其成员企业在许多方面做了有效的探索。我们对在十周年年会上进行案例展的 54 家企业做了一个简单的分析。这 54 家企业 CSR 实践可分为九个方面：社区、环境、供应链、可持续的产品和服务、利益相关者参与、公平机会与多样性、工作场所、底层、管理系统等。在这 54 家企业中，14 家企业设立了 CSR 管理部，13 家企业设立可持续发展部来负责本公司的 CSR 和 SD 战略和项目，其他企业则由公共事务部、环境部门或人力资源部门来实施。也就是说，一半的企业成立了 CSR 或 SD 部门。

第四节　企业社会责任全球化与SA8000

一、企业社会责任全球化

企业社会责任是西方社会发展到一定历史阶段的产物。企业社会责任运动在西方社会兴起，伴随着经济全球化，逐步扩展到发展中国家，并开始对发展中国家对外贸易产生较大影响。

自20世纪70年代以来，随着全球经济一体化程度的加深，跨国公司在世界范围内开始进行生产转移。跨国公司通过向广大发展中国家进行直接投资，把大量的制造工厂转移到环境和劳动保护标准较低的国家，从而实现其生产成本的最小化。这种生产转移和直接投资促进了投资东道国经济的发展，但随之而来的是环境的恶化和东道国广大劳动者权益受到损害，并由此引发了许许多多的社会问题。这些问题被频繁揭发出来后，引起了人们对跨国生产中劳工状况的关注。而在发达国家，从80年代开始，在美国和欧洲的各项社会运动中，大量的舆论抨击开始指向众多跨国公司把劳动密集、污染环境以及危害健康的生产线转移到落后的发展中国家的现象。针对跨国公司转包体系中存在的“血汗工厂”问题，西方国家的消费者、非政府组织、工会组织、学生组织、跨国公司的竞争企业等发起了对跨国公司的批评，这一社会运动经常得到国际劳工运动、消费者运动、环保运动和女权运动的支持，要求跨国公司在全球扩张的市场竞争及谋求最大经济权益的同时，必须承担其包括劳工权益保护在内的社会责任。自此，“企业社会责任运动”从西方向全世界扩散和渗透，为消费者个人、工会和各种各样关心劳工权利的组织、环保组织参与监督跨国公司履行社会责任的状况提供了全球实现空间。

二、SA8000

SA8000即社会责任国际标准，是1997年公布的全球第一个有关企业道德规范的自愿性国际标准。内容包括环境保护、公益事业、健康安全、差别待遇、工作时间和劳动报酬等。

1. 社会责任国际SA8000产生的背景

迫于消费者日益增大的压力，面对日益激烈的市场竞争，很多欧美跨国公司都制定了各自社会责任守则，同时，很多行业性、地区性、全国性乃至全球性的行业组织和非政府组织也制定了各不相同的守则。据ILO统计，这样的守则已经超过400种。跨国公司一方面要推广本公司的社会责任守则；另一方面，它还要遵守行业性的、地区性的、全国性的乃至全球性的守则，以应对不同利益相关者团体的需要。同样，对于一家供应商和制造商，它不得不应对不同客户的可能各不相同的守则，不得不重复接受不同客户的工厂审核，有些工厂一年之内接受超过15次不同客户检查。例如，如果某家工厂同时生产DISNEY、MATTEL、

HARSBRO、MCD'S 等品牌的玩具，这些品牌公司都会派人到工厂检查。由于不同的守则内容可能各不相同，定义各不相同，缺少可比较性，也缺少经过专业训练的审核员，零售商、供应商和工厂不得不花费大量的物力、人力和财力用于守则的实施，公众和消费者对跨国公司这种缺乏透明度的内部监督制度也很不满意。公司和消费者都希望制定一个类似 ISO9000 标准的、全球通用的社会责任标准，同时建立一套独立的认证认可机制，提高社会责任审核的透明度和公信力，也避免浪费资源重复审核。

SA8000 标准的提出源于瑞士通用公证行国际认证部（SGS Yarsley ICS）执行董事 Reg Easy 和美体国际公司（Body Shop）社会审核部高级经理 David Wheeler 的一次谈话，他们当时制定一个可用于第三方认证的社会责任标准，SGS 积极支持并赞助制定这一标准。1996 年 6 月，SGS 的董事 Jim Keegan 主持了制定社会责任标准意义的首次会议，来自美国和欧洲一些公司和非政府组织参加了这次会议，会议一致同意制订一个可用于审核的社会责任国际标准。基地设在伦敦和纽约的英美非政府组织——经济优先领域理事会（CEP）积极参加了制订新标准的最初几次会议，并被指定为维护新标准的组织。随后 CEP 设立了标准和认可咨询委员会（CEPAA），任务是跟踪、监督、审查新标准制订的进展情况。美国等国家的很多公司对应用新标准反应非常积极，在纽约召开的第一次会议上产生了该标准的草案。

经济优先权委员会（Council on Economic Priorities，CEP）作为一家长期研究社会责任及环境保护的非政府组织，一直积极支持并参与制定社会责任标准的活动。1997 年年初，经济优先权委员会成立了经济优先权委员会认可委员会（Council on Eco - nomic Priorities A-gency，CEPAA），由 CEPAA 负责制订该标准，并根据 ISO 指南 62（质量体系评估和认证机构的基本要求）来评估认可认证机构。2001 年，经济优先权委员会认可委员会（CEPAA）更名为社会责任国际（Social Accountability Inter - national，SAI）。

SAI 咨询委员会负责起草社会责任国际标准，它由来自 11 个国家的 20 个大型商业机构、非政府组织、工会、人权及儿童组织、学术团体、会计师事务所及认证机构组成。SAI 在纽约召开的第一次会议上就提出了标准草案，最初名为 SA2000，最终定名为 SA8000 社会责任国际标准，并在 1997 年 10 月公开发布。2001 年 12 月 12 日，经过 18 个月的公开咨询和深入研究，SAI 发表了 SA8000 标准第一个修订版，即 SA8000：2001。

SA8000 标准主要源于国际劳工组织宪章（ILO 宪章）、国际劳工组织相关公约、联合国有关人权的公约——包括《世界人权宣言》和联合国《儿童权利公约》《联合国消除一切形式歧视妇女行为公约》等，旨在确保工人的基本权利，保护劳动环境和条件。许多其他类似的生产守则也都声称其内容一部分或全部来源于国际劳工组织的核心劳工标准。

2. 社会责任国际 SA8000 的适用范围和特征

SA8000 是一个管理体系，由总部设在美国的社会责任国际（SAI）制定。该管理体系的称呼是模仿了 ISO9000 质量管理体系和 ISO14000 环境管理体系的名称而得名的，全称是 Social Accountability 8000。SA8000 是一个全球性的、可供认证的、用以解决工作场所诸多问题的审核和保证的管理标准。1996 年社会责任国际成立，1997 年社会责任国际发起并联合欧美跨国公司和美国“经济优先领域监督代理委员会”等国际组织制定了社会责任 8000。

SA8000 标准是全球第一个可用于第三方认证的社会责任国际标准，旨在通过有道德的采购活动改善全球工人的工作条件，最终达到公平而体面的工作条件。SA8000 标准是根据国际劳工组织（ILO）公约、联合国儿童权利公约及世界人权宣言制定而成的，主要内容包括童工、强迫劳工、安全卫生、结社自由和集体谈判权、歧视、惩罚性措施、工作时间、工资报酬及管理体系等 9 个要素。SA8000 标准是一个通用的标准，不仅适用于发展中国家，也适用于发达国家；不仅适用于各类工商企业，也适合于公共机构。另外，SA8000 标准还可以代替公司或行业制定社会责任守则。主要特征如下：

（1）将劳工标准与订单挂钩。SA8000 标准要求企业在赚取利润的同时，要承担环保和劳工等方面的社会责任。

（2）对资本权力的制约。SA8000 标准是社会良知对资本权力进行的一种制约，SA8000 将会在很大程度上防范不合理工资、超强度劳动、不安全劳动环境、雇佣童工、体罚等侵犯劳工权益的事情。

（3）提倡仁义、道德旗号。现在许多大的跨国公司几乎都在对下游产业链进行劳工权益评估进行监督。它们认为不仅要对自己的员工负责也对所有产业链的员工负责，这种理念已经超越了法律范围成为一种道德的要求，并且这种道德的要求已经升华为一种隐形的市场力量，一种赚钱的游戏法则。SA8000 说到底不是标准而是一种规则。按照规则做事就能获得施舍的市场。从这个角度上看，落实 SA8000 标准不是降低了竞争力而是提升了竞争力。

3. SA8000 的全球认证情况

SA8000 颁布后，在国际社会尤其是西方发达国家很快获得了广泛支持。一些大的购销商都极力促使此标准的实施，国际知名的认证机构，如 SGS、BVQX、DNV、UL、ITS 等，已向 CEPAA 提出申请，正式开展 SA8000 认证业务。经过认证的公司会获得证书，并有权在公司介绍手册和公司信笺抬头处印上 SGS－ICS 认证标志和 CEPAA 标志。此外，它们还可得到 SA8000 证书的副本用于促销。

欧洲在推行 SA8000 上走在前列，美国紧随其后。欧美地区的采购商对该标准已相当熟悉。目前全球大的采购集团非常青睐有 SA8000 认证企业的产品，这迫使很多企业投入巨大人力、物力和财力去申请与维护这一认证体系，这无疑会大大增加参与认证公司的经营成本。特别是发展中国家，劳工成本虽然是其最大的比较优势，但国际认证的社会壁垒大大削弱了发展中国家在劳动力成本方面的比较优势。

截至 2006 年 6 月 16 日，全世界共有 52 个国家的 968 家组织获得了 SA8000 认证证书。这 968 家组织主要涉及服装、纺织、玩具、化妆品、家用器皿、化工、食品等行业。① 这些组织中既有生产型企业、专业的贸易公司，也有提供咨询服务的机构以及政府部门。从企业的经营范围看，包括设计、研发、生产、加工、销售、安装、服务等各个方面。

据 SA8000 官方网站最新的数据显示，截至 2006 年 6 月 16 日，中国有 127 家企业通过认证，占全球 968 家企业的 13.1%。②这些企业主要是员工较多、规模较大的生产型企业，主要分布在东南沿海贸易较发达的省份，其中广东最多；从获证企业的行业分布看，玩具行

① 殷格非等主编：《企业社会责任行动指南》，企业管理出版社 2006 年版，第 189 页。

② 殷格非等主编：《企业社会责任行动指南》，企业管理出版社 2006 年版，第 189 页。

业最多，其次是服装行业、珠宝、钟表行业、各种箱包、家用器皿、纺织品、房地产、电子、鞋类和包装行业。

4. SA8000对中国企业的影响

我国作为劳动密集型产品的出口大国，劳工问题一直是欧美发达国家关注的焦点。近年来，随着经济全球化进程的迅猛推进，特别是我国加入WTO后，我国企业在劳工问题上面临着前所未有的巨大压力，国际大买家不仅仅关注企业在质量控制、环境保护和职业安全卫生方面的表现，也开始对企业在社会责任和劳工标准方面提出了越来越高的要求。据专家估计，目前我国沿海地区已有超过800家企业接受过众多世界跨国公司在劳工和社会责任方面的审核，超过50000家企业被要求随时接受检查。一些出口型企业深有感触地说："如今，不搞劳工标准，简直无法和跨国公司做生意"。①

我国经济社会在当前转型中出现了许多新问题，例如，一些企业经营者缺乏人文精神和社会责任意识，往往置国家法律、法规和工人权益于不顾，逃避社会责任追求经济利益最大化，使许多原应由企业承担的责任转嫁到政府和社会，企业在降低生产成本时却增加了社会管理成本，导致阶层结构断裂和社会的不公。SA8000认证标准，就是通过市场的力量迫使企业确定全新的价值观，积聚伦理资本，切实尊重和保护人权，体现"以人为本"的发展目标。

SA8000标准既是市场发展的外在要求，也是社会文明进步的内在体现，在经济全球化的今天，我们不能再单纯依靠工人的低工资来降低成本，也不能再通过对工人权益有损害的行为。

① 殷格非等主编：《企业社会责任行动指南》，企业管理出版社2006年版，第189页。

第五节　企业社会责任信息披露

企业社会责任信息披露是在社会责任界定的基础上，企业把所从事的或计划从事的社会责任活动相关内容披露出来。国际组织和西方各国都不同程度地通过制度或建议的形式规定了企业社会责任信息披露的内容。经济优先权委员会（CEP）作为一家长期研究社会责任及环境保护的非政府组织，于 2001 年 12 月 12 日发表了 SA8000 标准第一个修订版，即 SAS000：2001，这是全球第一个可用于第三方认证的通用社会责任国际标准。主要内容包括禁止使用童工、强迫劳工和安全卫生、结社自由以及集体谈判权、歧视、惩罚性措施、工作时间、工资报酬及管理体系等九个要素。另外，西方各国对于社会责任信息也制定了一些评价的体系和认证制度，为企业社会责任信息的披露起到了极大的推动作用。

一、社会责任信息内容的比较

社会责任信息内容的比较如表 11－7 所示。

表 11－7　　社会责任信息内容的比较

相关机构	关于社会责任信息披露内容的规定
	美国
社会计量委员会	环境、非再生资源、人力资源、商品和劳务提供和消费等
经济发展委员会	经济的增长与效率、教育、职工修养、文化和艺术、医疗
全国会计师协会	社会参与、人力资源、自然资源、环境产品与服务
	法国
法国政府	雇员人数、工资、健康和安全保护，其他工作条例，职员培训、行业关系、雇员及家庭的生活条件等
	英国
会计准则委员会	公司增值、就业、公司前景、公司目标
英国政府	员工工资、职工雇用及培训、能源、生态环境、消费者保护、产品安全
	加拿大
管理会计协会	员工招聘、培训、调动、升职、环境保护等
	澳大利亚
证券与投资委员会	劳工标准、环境、社会或道德因素等

资料来源：吕春晓编：《企业伦理》，西安交通大学出版社 2008 年版，第 175 页。

在学术界，对企业社会责任信息所包括的具体内容有以下几种代表性观点：①

① 吕春晓编：《企业伦理》，西安交通大学出版社 2008 年版，第 175 页。

Ernst（1978）认为企业社会责任信息包括环境、能源、公平雇用、人力资源、社区参与、产品、其他等7大类共27小类。Trotman 和 Bradley（1981）使用了以下6大指标反映企业社会责任信息：环境信息、能源、人力资源、产品、社区参与、其他，这6大类指标共包括36个小类。Gray 和 Lavers（1995）回顾了诸多研究者对企业社会责任信息所做的分类之后，认为企业社会责任信息包括以下15个类别：环境问题类、消费者问题类、能源问题类、社区问题类、慈善和政治捐赠问题类、与雇员相关的数据类、养老金的数据类、向雇员咨询类、在南非的雇佣问题类、雇佣残疾人的问题类、增值表类、健康与安全类、雇佣持股计划类、其他的雇佣问题类、其他类。

Hamann（2003）认为企业社会责任要求企业不仅关注股东，而且还要从人权、员工福利和环境等方面来关注其他的利益相关者，包括员工、顾客、受影响的社区、公众等。而国内学者葛家澍、林志军（2001）认为，企业除了应提供正常经营活动报告之外，外界利益集团、政府机构和社会公众都需要会计人员提供有关企业社会责任的更多信息，诸如企业与环境保护、就业、雇员培训、反种族歧视、医疗劳保、与社区之间的联系或所作贡献的信息资料。阳林秋（2005）认为，我国企业社会责任信息披露的内容除了财政公布的经济效益评价指标中的社会积累率和社会贡献率外，还应该包括改善生态环境的贡献、对社会福利的贡献、人力资源方面的贡献、提供产品和维修服务方面的贡献、诚实信用的商业道德、企业收益方面的贡献。

由于人们对企业社会责任的认识不同，目前对于企业社会责任信息的披露内容还尚未形成规范的标准。有学者认为符合我国上市公司年度报告披露状况的社会责任信息应包括5大类共20小类：

（1）环境类（污染控制、环境保护及恢复、节约能源、废旧原料回收、有利于环保的产品、其他环境披露）；

（2）员工类（员工的健康与安全、员工培训、员工业绩考核、员工福利）；

（3）社会类（为社区提供服务、考虑弱势群体的利益、关注犯罪或公共安全或教育、公益或其他捐赠）；

（4）产品类（产品质量提高、自主创新技术进步、生产安全、产品售后服务、产品将来的管理方案、消费者满意度）；

（5）其他类（考虑其他利益相关者的利益）。

具体内容如表11－8所示。

表11－8　　社会责任信息披露指数

类别	披露内容	内容详解
环境类	污染控制	目前污染状况，采取哪些措施，污染控制现状、目标等是否进行环
	环境保护及恢复	境保护及恢复，环境保护及恢复采取的措施、取得的成绩、目标等
	节约能源	公司使用哪些能源，采取的措施、取得的成绩、目标等
	废旧料回收	是否回收废旧料，相应的政策措施，回收后利用途径等
	有利于环保的产品	是否开发设计或生产有利于环保的产品，产生的效益等

续表

类别	披露内容	内容详解
员工类	员工的健康与安全	是否关注员工健康与安全，采取的措施，取得的成绩、目标，员工的满意度等
	员工培训	是否进行员工培训，培训投入的资金，培训的方式、内容等，员工是否满意，是否有助于工作等
	员工业绩考核	是否进行业绩考核，考核的时间、方式、方法、适用程度，考核结果等
	员工福利	职工各种福利费用，失业员工安置，员工住宿、出行、假期等
社会类	为社区提供服务	为企业所在社区提供的各种服务等
	考虑弱势群体利益	考虑农民工、残疾人等弱势群体利益，采取哪些措施保障其利益等
	关注公共安全或教育	是否关注抗灾、防洪等公务安全或教育问题，并为其采取何种措施，取得的成绩等
	公益或其他捐赠	是否对外进行公益或其他方面的现金或产品捐赠等
产品及服务类	产品质量提高	产品质量是否提高，采取哪些措施、消费者是否满意、对企业的影响等
	自主创新技术进步	是否进行自主创新，投入的人力、物力、财力、取得的成绩，是否应用与生产，技术进步带来的效益等
	生产安全	是否关注生产安全，采取的措施，产品、设备、人员的安全情况等
	产品售后服务	为售出的产品提供的哪些售后服务，所耗费的人力、物力、财力，售后服务的质量和及时性等
	产品将来的管理方案	产品将来的管理方案如何，例如是否有新的产品进入市场、对原有产品在技术、质量、售后等方面将来的方案等
	消费者满意度	通过产品质量的提高，提供售后服务等措施，消费者是否对产品和企业满意，满意度高低，以及后续的措施等
其他类	考虑其他相关者利益	是否关注其他利益相关者的利益，采取的哪些措施，效果如何等

资料来源：吕春晓编：《企业伦理》，西安交通大学出版社 2008 年版，第 177 页。

本章问题与讨论：

一、简答题

1. 联合国《全球契约》的目的是什么？其内容有哪些？
2. OECD 跨国公司治理原则的目的是什么？其内容包括哪些方面？
3. 跨国公司社会责任的实践内容有哪些？
4. SA8000 有哪些主要特征？
5. 企业社会责任信息披露内容涉及哪些领域？

二、讨论题

1. 企业社会责任运动的影响。
2. 跨国公司承担社会责任的意义。
3. 试分析企业社会责任的发展趋势。

第十二章　企业伦理建设

第一节　企业伦理战略

企业的伦理建设可以采取两种不同的战略。这是因为，现实中的企业管理人员之所以讲企业伦理，有两个基本的理由。从否定的方面说，不讲道德的工商行为会败坏企业内部员工的精神，引起权益受到损害之人的对抗和社会舆论的谴责，乃至受到有关法律法规的严厉制裁，给企业造成极大的损害，所以要讲企业伦理。从肯定的方面说，讲道德的工商行为会改善企业内部员工的精神面貌，会有助于一切利益相关者的和谐与合作，最终给企业带来信誉，使企业长盛不衰，所以要讲企业伦理。

从不同的角度看问题，管理人员就会对企业伦理及其建设形成两种不同的态度，并导致采取两种不同的企业伦理战略。①

一、两种战略

1. “守法战略”

如果仅仅是因为从否定的方面看到了不道德行为所产生的恶果，所以提倡企业伦理，那么必然会将企业伦理仅仅看作一种制约或一系列行为界限，用来规定和防止会对企业造成严重后果的不道德行为。于是企业伦理就会成为一种单纯的底线道德或一组最低要求的行为准则，典型的企业伦理问题就成为不能为了牟利去侵害其他利益相关者的权益。这种态度必然会将企业伦理等同于守法：假如行为合法，那么它就合乎道德。由此就会导致所谓“以守法为导向的企业伦理战略”，简称为“守法战略”。这种战略强调的是避免不法的行为。因此，它的主要做法就是依靠某些相关的法律规范、严格的纪律和监控来维持行为的标准，而执行这种战略的最佳人选就往往是企业的法律主管。

这种态度和战略反映出，管理人员在企业伦理问题上还处于一种被迫和消极应付的阶段，它是工商活动方面新的法律不断出现、法治建设日益健全的直接后果。例如，在美国，自从《联邦组织判罚指导条例》（Federal Sentencing Guide - lines for Organizations）于1991年生效以来，许多企业便开始在内部实施“以守法为导向的企业伦理战略”，因为在美国，许多不道德的工商活动都要受到法律的严厉制裁，包括高额罚款和刑事上的追究，而这个条

---

① 徐大建著：《企业伦理学》（第二版），北京大学出版社2009年版，第264~268页。

例规定，企业如果在查处和防止违法行为方面作了足够的工作，那么其违法行为所受到的惩罚包括罚款就可以大大减轻。所谓“以守法为导向的企业伦理战略”的具体做法，正是上述条例对于查处和防止违法行为的工作所规定的七个“标志”：

（1）制定一系列遵纪守法的行为规范和操作程序；

（2）任命高级人事管理人员来监督执行；

（3）保证不将决策权授予任何易于违法的人；

（4）建立宣传上述行为规范和操作程序的机构或系统；

（5）建立监督、监察和报道犯罪行为的机构或系统；

（6）坚持不懈地通过纪律来强制执行上述行为规范；

（7）建立专门的档案来记录对违纪行为的适当反应，包括事先必需的预防措施。

2. “信誉战略”

如果更为全面地看待伦理道德，那就会将伦理看作一组全面指导行为的价值观念而不仅仅是制约不道德行为的规则和纪律。守法虽然也是指导行为的一个重要原则，但并不等同于企业伦理，典型的伦理问题并非为了防止不道德的行为给企业或自己带来损害，而是为了更好地指导企业或自己的行为，这就不仅仅涉及不侵害其他利益相关者的权益，更重要的是如何满足其他利益相关者的需要，并解决由此带来的各种价值观念或责任的竞争与冲突问题。

这样，企业伦理就并非一件纯外在强制的事情，而是一种在外部的约束条件下完善自我的自觉努力。这种态度导致了所谓“以信誉为导向的企业伦理战略”，简称“信誉战略”。它更加强调信誉。在这种战略中，查处和惩罚错误的行为并非企业伦理的目标，而至多是一种并不令人愉快的必要措施；执行企业的伦理战略不是依靠企业的法律主管，而要通过组织的核心管理系统，包括组织的最高领导、管理运作和决策过程。

这种态度和战略反映出，管理人员在企业伦理问题上已不仅仅局限于被迫和消极的应付，他们对伦理道德是企业的一项重要资产这个观点有了进一步的认识。他们认识到，只有负责任的工商活动和良好的企业信誉，才是企业长盛不衰的根本保证。因此，“以信誉为导向的企业伦理战略”首先强调的不是防止错误的行为，而是支持负责任的行为。它的主要任务是明确组织的身份，不仅包括对商业目标的明确，更重要的是对一系列组织理想和责任的明确，并基于这种确认来指导企业的全部行为。

世界上有许多著名的企业都奉行这种企业伦理战略，它们首先将某种消费者视为服务对象，将自己视为各种责任的承担者，从而成为业绩卓著的厂商。例如，通用电气公司、惠普公司、Merck 制药公司、强生公司等，无不奉行顾客至上、尊重人才、以投资者的利益为重的组织文化，从而取得了世人瞩目的业绩。又如国内正在崛起的海尔集团，它以产品质量优异和规模扩张迅速而为世界瞩目，近年来又提出了以“顾客的满意度最大化”作为企业的目的，把为顾客服务视为自己的责任。

3. 两种战略的比较

显然，“信誉战略”比“守法战略”更为全面和深刻。它们虽然具有某些共同的因素，如都含有法律方面的培训计划、查处错误言行的系统、为了保证守法进行的监控等，但前者在内容上大大超越了后者。

首先，“守法战略”把守法当作其唯一的伦理标准；而“信誉战略”则不仅仅包含守法，它更重要的伦理标准是涉及组织内决策和行为的其他重要责任和理想。

其次，“守法战略”维持其伦理标准的手段主要是纪律和控制，伦理标准的实施主要是企业法律部门的事情；而“信誉战略”则采取更为系统的手段，主要借助于引导等综合措施来维持其伦理标准，纪律和控制只是作为辅助的手段，伦理标准的实施是全体管理人员而不仅仅是企业法律部门的事情。

二、“守法战略”的局限性，奉行“信誉战略”

市场经济是一种法治经济，法律是维护经济秩序、使市场经济得以正常运行所不可缺少的基础，市场经济条件下的任何企业都对法律负有不可推卸的责任。在现代市场经济中，法治系统日益健全和完善，法律变得非常复杂，一个企业如果没有特定的守法机制，就很难有效地完成其法律责任。而不能有效地完成其法律责任就会给企业带来严重的后果，如法律问题引起的巨额罚金、信任危机和由此产生的市场份额的减少，甚至可以使企业从此一蹶不振。因此，今天的企业应当拥有一个特定的守法机制。

然而，一个企业如果要更进一步地履行自己的道德责任，由此树立自己的信誉，使自己成为一个优秀的企业，那么，单纯的守法机制和守法战略是远远不够的。

1. “守法战略”的局限性

“守法战略”有两个基本的缺陷。首先，就“守法战略”本身的目的而言，其效果是有限的。大多数企业奉行“守法战略”，其目的是通过法律教育和监督控制系统来防止违法行为。但是，法律作为对各种社会力量、政治力量和经济力量作出的反应，是随着时间和环境的变化而演进的，法律作为社会对以往不道德行为的反应，其包含的内容总是有限的，并不能对潜在的或新出现的不道德行为起作用。更重要的是，企业违法行为的根源往往潜藏于企业的价值体系和报酬系统之中，而“守法战略”的具体实施却很少涉及违法行为背后这些影响行为的基本因素和管理系统，因此，除非企业将守法作为其价值体系的一个有机组成部分，深挖违法行为的“根子”，否则单纯的“守法战略”和守法机制的效果是有限的。假如一个企业所奉行的价值体系和实施的报酬系统是不惜代价地追求利润，那么即便这个企业也有非常具体的守法和控制机制，胆子大的人也会试图绕过这样的守法机制去做违法的事情。

其次，对于追求卓越的企业来说，法律作为道德标准，其指导作用是极其有限的。其一，如前所述，法律总是滞后的，是为了适应已过去的环境和技术而产生的，从事高新技术产业的企业以及面向未来寻求最佳做法的企业，在现有的法律中是找不到什么指导的。其二，由于法律是一种必须适用于每一个人的底线道德，它只能规定一般企业普遍能做到的事情，追求卓越的企业也无法在现有的法律中得到什么指导。其三，在涉及员工的伦理关怀方面，其中所提出的大多数问题如公平对待、管理风格、责任的冲突等问题，也与法律没什么关系，因此企业也无法在这方面从法律中得到指导。其四，“守法战略”是不符合现代管理精神的。在当前这个变化迅速的知识经济时代，企业的生存和发展越来越依赖于各级员工的创新和应变能力，为了保持足够的竞争力，现代管理要求企业把较大的自主决策权授予各级员工，以便让员工能迅速地作出决策、对环境的变化和顾客的需求作出反应。但这样做要有一个必不可少的前提，那就是员工要具有高水准的责任感和负责任的行为，值得信任。然而，“守法战略”强调的是减少自主决策权、增加监督和对违规行为的处罚，这就会破坏信任，与现代管理的放权精神背道而驰。

2. 奉行“信誉战略”

由于前述种种理由，为了追求卓越，企业应当超越“守法战略”而奉行“信誉战略”。因此，本章以下的篇幅将用来讨论如何实施“信誉战略”。

组织的信誉表现不一，也有不同的层次，较为具体的层次有产品质量优异、服务态度良好、重视投资者的利益、重视人才等，较为抽象的层次则有诚实、讲信用、对顾客负责、对投资者负责、对社会负责等。但不论是什么样的信誉，它们都植根于社会规定的伦理道德原则之中，植根于与众不同的组织身份之中。

企业采纳“信誉战略”也可以遵循不同的途径，这要取决于企业的行业属性、企业的历史传统和企业的领导，既可以偏重于造就出信誉的一般伦理价值和守法，也可以偏重于实践自己特定的目的与价值。但不论采取何种途径，其基础都在于企业的理想和责任以及在其指导之下的日常行为。信誉度高的组织通常都具有如下的共同特征：组织依靠各种自我控制机制来尽到其对各利益相关者的责任；组织成员有强烈的集体认同感，献身于组织的目的和理想；组织成员不推卸责任、尽责、守约、公平、值得信赖。

因此，在实施“信誉战略”时，我们至少要做以下几项工作：首先，要依据社会规定的伦理道德原则，根据企业的具体情况，明确企业的伦理价值体系，包括企业的目的和理想、工具性价值以及对利益相关者的责任，以此明确企业的特定身份，使企业能依靠自我控制的机制来尽到其对利益相关者的责任。其次，要依据一般的管理原则，根据企业的现实状况，采取各种措施，包括建立和协调管理控制系统、宣传和培训、进行有效的领导等，以使组织成员形成强烈的集体认同感，献身于企业的目的和理想，促使组织领导所倡导的原则和价值观念转化为企业的日常活动，促使组织成员不推卸责任、尽责、守约、公平、值得信赖。

第二节　企业伦理建设的方法①

一、完善组织结构，为企业伦理建设提供制度保障

正如施泰因曼所言，组织结构是导致企业伦理问题的根源之一。所以加强企业伦理建设应当首先从组织结构设计和完善入手。合理的组织结构设计不仅仅要有利于组织效率的提高，还要有利于减少组织成员之间、组织与环境之间的伦理冲突和摩擦，有利于促进管理者和普通员工道德行为的形成。“组织设计主要包含两个方面的工作：一是在新的伦理体系下，协调各个管理部门之间工作；二是设立专门的伦理机构和伦理主管。”美国是较早设立伦理机构和伦理主管的国家。一些著名的大企业设有专门的专业的伦理机构，负责有关企业伦理工作，并且聘请伦理主管，训练员工遵守正确的行为准则，并处理员工对可能发生不正当经营行为提供的质疑。合理完善的组织结构，为企业伦理建设提供了强有力的制度保障。

二、提高管理者的道德素质

管理者道德素质的提高对于企业伦理建设具有举足轻重的意义。管理者是企业中的影响力的阶层，其行为不仅对员工有影响，而且对各种利益相关者也会产生重要影响。在某种意义上，人们是通过管理者来认识和判断企业行为的。所以管理者道德水平和素质就成为关系到企业形象的重要因素。那么，管理者如何提高自身道德素质呢？1995 年哈佛大学教授戴维尔为企业管理者设计了伦理型形象目标。管理者道德素质的提高关键在于要加强道德修养，做一个道德高尚、严于律己的管理者，并将这种精神贯穿到管理实践活动中。

三、实施伦理化决策模式

赫伯·西蒙认为“管理就是决策”。企业的经营管理活动就是由大大小小的决策活动构成的。在企业决策活动中的伦理因素，已成为企业伦理建设的有效途径。一般的决策过程大致分为三个阶段：发现问题、提出对策、选择方案。或者如西蒙所言分成为情报活动、设计活动、抉择活动和实施活动。实施伦理化决策模式就是要求决策过程的各个阶段要考虑伦理因素，进行伦理分析。

在问题识别阶段，要收集利益相关者的信息。“从伦理的角度看，由于伦理方面的考虑主要各种利益相关者的权益，由此，为决策所必须收集的信息一定要包括受到决策影响的各种利益相关者的情况，以及每一种选择会对每一个利益相关者造成的正反两方面的后果。”

---

① 刘红叶著：《企业伦理概论》，经济管理出版社 2007 年版，第 333 ~ 338 页。

“为了避免不道德的对策，在决策有可能对利益相关者造成重大的损害时，就需要仔细收集更多的信息，而不能过多地考虑信息的成本，更不能为了赶时间而置人民群众的利益于不顾。”

在方案评估和选择阶段，除考虑经济、技术标准外，还要考虑社会标准和伦理标准。例如，公司裁员的决策，可以使企业降低成本，提高经营效率，但裁员又使一部分人面临失业与经济困境。这就要求企业从长远的利益来进行权衡。又如，一项能提高产量的高辐射技术能增加企业利润，但却严重影响到员工的健康与安全，采用这种技术是不合伦理的。总之，伦理化决策模式要求企业在决策活动中，综合分析各种备选方案，选出合乎伦理、实践效果好的方案。

四、构建学习型组织

学习型组织的修炼包括自我超越、改善心智模式、建立共同愿景、团体学习、系统思考。根据彼得·圣吉的看法，学习型组织具有很强的自我更新能力和环境适应能力，它能摈弃自身的偏见和陈旧观念，面向未来吐故纳新。因此，构筑学习型组织是企业伦理建设的重要途径。

五、提高员工素质

提高员工素质是企业伦理建设的重要方面。高素质的员工队伍可以改善管理绩效、树立良好的企业信誉。首先，提高员工素质可以从甄选入手，选拔高素质员工进入企业。其次，加强对员工的知识技能培训和道德教育，让员工树立正确的道德观念和培养高尚的道德情操。

六、塑造优秀企业文化

企业文化是企业在长期发展过程中形成的价值观念、行为准则、道德准则、工作作风的总和。企业文化具有导向功能、凝聚功能、约束功能、激励功能和辐射功能。优秀的企业文化可以增强企业的向心力和凝聚力。所以企业文化塑造与企业伦理建设具有一致性和同步性。如著名的松下七精神：产业报国、光明正大、和亲一致、积极向上、礼节谦让、顺应同化、感谢报恩。其内容渗透了浓厚的伦理道德精神。

总之，加强企业伦理建设除企业自身努力外，还需要良好的外部机制作保障。良好的外部机制是企业伦理建设的必要前提。从客观方面讲，政府建立完善的法律制度和政策保障，可以为企业伦理建设提供良好的外部机制。具体包括：提供有效的完善的法律服务；改革政府行政方式和提供相对稳定的政策环境；强化产权保护；政府要对进入市场的企业责任能力进行严格的资格认证；政府要在伦理建设中做出榜样。

第三节 企业伦理建设规范

——《考克斯圆桌商务原则》及其内容

考克斯圆桌会议是由来自日本、欧洲和美国的商业领导者组成的国际组织，每年在瑞士的考克斯召开会议。该组织相信，全工商业群体应在改善经济和社会条件中发挥重要作用，努力建立一个能为公司行为提供依据的世界性标准。该组织制定并向世界公布了《考克斯圆桌商务原则》。

一、序言

就业与资本的流动性使经济活动及其影响不断地全球化。在这种背景下，法律和市场的制约很必要，但是还不能有效地指导商业行为。

公司的基本职责是对公司行为和政策负责，并尊重相关利益者的尊严与利益。而共同的准则（包括对共同繁荣的承诺）对小规模人群和全球人群同样重要。由于上述原因，同时由于商业可以有力地带动积极的社会变化，我们提出以下原则作为商业领导者的讨论基础和履行公司责任中的行为基础。我们也肯定道德准则在经济决策中的合法性和中立性。没有道德准则，就没有稳定的经济关系和全球的可持续发展。

二、原则

共有 7 项基本原则。

原则 1 公司责任：从股东变为相关利益者。公司的作用是创造财富和提供就业，并以合理价格及与价格相应的质量向消费者提供适合销售的产品和服务。为发挥该作用，公司必须保持其经济健康和活力，但公司生存并不是公司的唯一目标。公司的另一个作用是与公司顾客、雇员和相关利益者分享创造的财富，提高他们的生活水平。供应商和竞争商应该本着诚实公正的精神履行义务，相信这样才会带来更多的商机。公司是地方性、全国性、地区性和全球性社区（人群）中勇于负责任的成员，影响着所在社区的未来。

原则 2 公司对经济和社会的影响：面向革新、公正与全球性社区。建立在海外的发展、生产或销售公司通过创造就业机会、提高当地人们的购买力为所在国家的社会进步做出贡献，同时应关注所在国家的人权、教育、福利，激发社区生命力等。此外，公司应通过革新，有效使用自然资源，自由公平的竞争，为所在国家和全球的经济、社会进步做出贡献。这种贡献是广义的，包括新技术、生产、产品、经销和通信等。

原则 3 公司行为：从遵守法律条文发展为信任精神。除合法的商业秘密外，公司应认识到，真诚、公正、真实、守信与透明不仅有利于经济活动的信誉和稳定，而且有利于提高商业交易（尤其是国际商务）的效率和顺利性。

原则 4 遵守规则：从贸易摩擦发展为贸易合作。为避免贸易摩擦，促进更为自上的贸易、保证商业机会均等、各方得到公平相同的待遇，公司应遵守国际国内规则。此外，公司还应认识到，有些行为尽管合法，但仍可能带来不利后果。

原则 5 支持多边贸易：从孤立迈向世界。公司应支持关贸总协定、世界贸易组织的多边贸易系统和其他类似的国际合约。公司应积极配合，提高贸易的合理自由度，放宽国内政策，减少这些政策对全球经济的不合理障碍。

原则 6 关注环境：从保护环境发展到改善环境。公司应保护，并在可能的情况下改善环境，促进可持续发展，防止自然资源的浪费。

原则 7 防止非法运作：从利润发展到和平。公司既不可参与或包庇贿赂、洗钱等腐败活动，也不可从事武器交易和用于恐怖活动、贩毒或其他有组织犯罪的物品交易。

三、相关利益者

具体包括顾客、雇员、物主或投资者、供应商、竞争商、社区和社会。

顾客。我们相信应充分尊重顾客的尊严。顾客不仅指那些直接购买产品或服务的人群，也包括从正当渠道获得产品与服务的人群。对于那些不直接从我们公司购买但使用我们的产品与服务的顾客，我们将尽最大的努力选择那些接受并遵循本文件规定的商业经营标准的销售、安装/生产渠道。我们有以下义务：

- 向顾客提供质量最好的、符合他们要求的产品与服务；
- 在商业的各方面公正对待顾客，其中包括高水平的服务和顾客不满意时的补救措施；
- 尽一切努力保证顾客的健康与安全（包括环境质量）在消费了我们提供的产品与服务后得以保持或改善；
- 在提供的产品、销售和广告中避免侵犯人的尊严；
- 尊重顾客的文化完整性。

雇员。我们相信每位员工的天赋尊严，因此我们有以下责任：

- 提供工作机会和薪水，改善提高他们的生活状况；
- 所提供的工作条件应尊重雇员的健康与尊严；
- 与雇员坦诚沟通，了解他们的思想、不满和要求；
- 避免歧视行为，确保公平对待、机会均告示，不受性别、年龄、种族和宗教的影响；
- 在公司内部鼓励雇用残疾人，将他们安排到能发挥作用的岗位；
- 保护雇员在工作场所的安全和健康；
- 对往往由商业决策引起的严重失业问题保持敏感，并与政府和其他机构共同解决相关事宜。

物主/投资者。我们应尊重投资者对我们的信任，因此我们有以下责任：

- 专业、勤勉地管理公司，以确保投资者得到他们应得的而且具有竞争力的回报；
- 向物主/投资者披露相关消息（只受法律与竞争情况限制）；

• 保存并保护物主/投资者的资产；

• 尊重物主/投资者的要求、建议、不满和他们的正式决定。

供应商。我们相信公司与供应商、分包商的合作关系以相互尊重为基础，因此我们有以下责任：

• 在定价报价、许可、售卖权等所有业务中追求公正性；

• 确保我们的商业行为不带任何强制性、不涉及任何不必要的诉令，并以此促进公平竞争；

• 与高价值、高质量、可靠性高的供应商建立长期、稳定的关系；

• 与供应商分享信息，并将供应商纳入公司的计划过程，达成稳定的关系；

• 按时、按照贸易条款支付供应商；

• 寻找、鼓励并优先选择在实际工作中尊重雇员尊严的供应商和分包商。

竞争商。我们相信公平的经济竞争是增加国家财富的基本要求之一，它能使公平分配物品与服务最终成为可能。因此我们有以下责任：

• 培养开放的贸易与投资市场；

• 改良竞争行为，使其利于社会和环境，与竞争商之间互尊重；

• 戒除公司为保证竞争优势而意图或切实给予他方可疑付予的好处；

• 尊重物产所有权和知识产权；

• 拒绝采用不诚实或不遵守职业道德的手段获取商业情操（如工业间谍）。

社区/共同体（community）。我们相信，公司作为一名集体成员，其力量即使不大，也能为所在社区加入改革力量改善当地的人权状况。因此，公司对公司所在地的社区负有以下责任：

• 尊重人权与民主制度，并尽可能改善人权与民主状况；

• 承认国家对整个社会的合法义务，支持、执行通过商业与社会的其他行业部分之间和谐关系促进人类发展的公共政策；

• 在经济发展困难的国家和地区，一些力量致力于提高健康、教育、工作场所安全等标准，公司应与它们合作；

• 促进可持续发展；

• 在物理环境保持和地球环境保护中起领导作用；

• 支持地方社区的社会秩序、治安防卫和多样性；

• 尊重地方文化的完整性；

• 支持所在社区，做优秀的社区成员。具体的方式有：慈善捐款、捐助文教、雇员参与民事与社区事务等行动和活动。①

---

① 资料来源：①曹凤月著：《企业道德责任论》，社会科学文献出版社 2006 年版，第 274 ~ 280 页。②刘红叶著：《企业伦理概论》，经济管理出版社 2007 年版，第 339 ~ 343 页。

本章问题与讨论：

一、简答题

1. 什么是“守法战略”？
2. 什么是“信誉战略”？
3. 试比较和评价“守法战略”与“信誉战略”。

二、讨论题

1. 企业伦理建设有哪些有效方法？
2. 企业伦理建设的基础是什么？
3. 试比较中外企业伦理建设的途径。

附 录

案例1 乳业大地震

这是中国乳业有史以来“涉案企业”最多的一次事件，也是引发国务院、卫生部、质检总局、农业部、公安部等各大相关机构关注度最高的一次食品安全事故。

三鹿奶粉的“三聚氰胺”事件最终引发了一场行业大地震。2008 年 9 月 16 日晚，国家质检总局公布，有 22 家乳品企业 69 批次产品中检出三聚氰胺，包括伊利、蒙牛等龙头企业。9 月 18 日，液态奶检查结果公布，蒙牛、伊利、光明均检出三聚氰胺。

乳品企业备受煎熬。记者追问对此事件的看法时，蒙牛乳业董事长牛根生连说“你为难我”。光明乳业总裁郭本恒则说“这个问题我不能回答你”后迅速挂断电话。

事件背后是我国乳品上游产业链缺失，“公司 + 农户”模式异常脆弱，中国乳品产业的缺陷赤裸裸地暴露在阳光下，怎一个“乱”字了得。

毒奶之祸

9 月 17 日，李利（化名）办公室的电话一直响个不停，他是蒙牛华南区的一个大经销商。16 日晚，蒙牛产品被曝出含有三聚氰胺，17 日蒙牛发表声明召回产品并承担相应责任，“客户都打电话来要退货，现在市场上流通的产品也都要召回检测”。

同一天，伊利、圣元、雅士利等曝光企业都声明召回产品、整顿相应生产线。乳品行业出现了一场大地震。

“现在各种乳品都缺货，因为已经流通到市场上的产品都要召回检测，而厂家的产品也出不来。”上述蒙牛经销商李利告诉记者，市场很容易被外资取代。

石家庄当地一家乳品企业老总告诉记者，鲜奶被掺假在行业已经不是秘密，出事是必然的。

据他介绍，奶农、奶站掺假由来已久。“以前是掺牛尿，后来是乳清粉、蛋白质，到现在的三聚氰胺，掺假的技术也在不断进步。现在奶站有一道特别的工序就是调奶（掺假），也有专门的调奶员，而可用的添加剂有几十、上百种。”

实际上，我国乳品行业早就在探讨如何检测掺假，但是一直没有找到好的对策。上述石家庄当地乳品企业老总反映，一开始是奶农掺段，企业就让奶农牵着牛去奶站挤奶，但现在奶站掺假更厉害。“他们实力比单个奶农强，有的找专门技术员来调奶，甚至买通工厂内部的人，了解企业哪些成分还检测不出来，然后就添加那些成分，进行高技术作假。”

一对矛盾

在奶源安全问题的背后是我国乳业上游产业链缺失，而现有的“公司 + 农户”模式很脆弱。

目前我国乳品加工厂一般都没有自己的奶源，而是靠向分散的奶农收奶。据记者了解，工厂的奶源主要有三种：一是自有牧场；二是养殖基地，由第三方投资，加工厂主要投入一些设备、技术，双方签订相对固定的买卖合同；三是市场性收奶，通过收奶站、收奶车，以价格、付款方式以及标准做调节，吸引周围的奶农、奶贩提供鲜奶。

三鹿也没有自己的奶源。那些挂了三鹿牌子的奶站，实际上与三鹿只是一纸协议关系，三鹿对它们没有控制权。

工厂与奶户也是一对矛盾。奶户希望收奶的价格越高越好，而工厂则要不断地压价。

“在鲜奶多的时候，工厂压价，有时还把鲜奶退回去，奶农只能倒奶、杀牛。去年奶农的收益好了一些，但是还是有限。”上述石家庄当地乳品企业老总表示。

他进一步分析，奶农与加工厂收益分配的不平等让他们心理不太平衡，再加上一个几百头牛的养殖场投入就是上千万元，投资收不回来奶农着急，就出现了掺假等现象。

在国外，奶农与工厂的利益是一致的。据北京中乳精华经济研究所所长陈渝介绍，很多国外奶农一般会以股东、合作社等方式与乳品工厂成为利益联盟，一荣俱荣、一损俱损。

管理漏洞

这次“三聚氰胺”事件还凸现了我国乳品企业在扩张中的管理问题。

据记者了解，不少地方小厂无法生存，都成为大企业的贴牌工厂。在河北省 11 个地区，每个地区都有三鹿的挂牌小工厂，在石家庄就有好几家。三鹿采取的方式是，以品牌作为交换，收取 51% 的利润。在经营管理上，三鹿有派驻人员，但由于三鹿不掌控工厂，所起的作用不大。

实际上，光明、三鹿等企业都有做品牌输出，目的是扩大规模。而我国乳品行业也存在拼规模的不好风气，如前些年搞了很多单品规模排行榜。

与此同时，从 2007 年下半年开始，由于奶源紧缺、加工厂扩张，各地抢奶事件出现加剧了奶源的混乱。“各个乳品企业都雇了一些人去抢奶、哄抬奶价、降低收奶标准等，几乎能使的招都用上了。”

在奶源紧缺的情况下，有些专门收购坏奶的中间商，他们的技术比普通奶农高，与企业关系又比较硬，所以把坏奶处理后卖给工厂。

面临重创

“事件对乳品行业的冲击是显然的，主要是对消费者心理伤害，消费信心下降。”黑龙江奶业协会秘书长吴和平表示。

最直接受到重创的是我国国产奶粉市场。而高端婴幼儿奶粉被认为是下一个利润增长点。

这次事件会导致外资品牌在中国高端婴幼儿奶粉市场的占有率越来越高，而内资的三鹿、伊利、蒙牛等企业之前做的努力都化为泡影。事实上，外资高端婴幼儿奶粉已经占据 80% 左右的绝对份额。

此前，我国与新西兰签订了自由贸易协定，互享零关税，这对国内奶粉的冲击也很大。

而产业更深的伤害可能还没有体现。业内人士分析，随着三鹿停产整顿以及其他企业生产线调整，大量鲜奶无法消化可能让奶农遭受损失，但每天还是要给奶牛喂饲料、挤奶，所以会不会再次出现奶农倒奶、杀牛，使原本脆弱的产业链更受伤。

（资料来源：《中国经营报》，2008 年 9 月 22 日 A25 版。）

讨论题：请结合以上案例内容进行讨论。

案例2　东芝笔记本电脑事件

东芝因其笔记本电脑有“瑕疵”，它对中美消费者不同的解决方法在中国招致强烈反感和声讨。

惹祸的根源是东芝笔记本电脑里的软驱控制器（FDC）半导体微码。早在10年前，向东芝提供该部件的NEC即已发现瑕疵，在美国大做广告，而东芝没有反应。直到1999年3月，两名东芝的美国用户因该瑕疵“可能引起存盘错误而导致数据破坏”，向得克萨斯州联邦地方法院提起集团诉讼。该法院有多宗巨额赔偿案判例，负责打这场官司的律师也是有辉煌纪录的高手，况且东芝有“明知故犯”的嫌疑。判决结果有可能导致东芝破产。

就在此时，对此一无所知、赴美近10年的李亚平买了一台东芝笔记本电脑。刚买一个月，1999年10月，东芝便与550万美国用户达成和解协议。2000年3月，具体内容出台，申请方式十分简单，作为和解集团的一员，李亚平能得到433美元，另外还有购物券；和解金总额达10.5亿美元。不久，李亚平回国到一家新成立的网站“千龙新闻网”工作，发现国内很多朋友也在用东芝笔记本，却没人知道此事。李认为东芝是故意隐瞒。5月8日，千龙网开通首日，他在千龙网贴出文章《TOSHIBA还要蒙中国消费者多久》，马上引起轩然大波。

在媒体地毯式轰炸报道的同时，东芝及其中国大陆地区总代理联想公司没有动静。两周后，5月22日，东芝副总裁古贺正一赴北京扑火，反而成了火上浇油，媒体普遍评价东芝缺乏诚意。古贺正一为东芝辩解的要点有三，实质上不认为它对中国的用户需要承担任何赔偿责任：

（1）“虽然不能否认在极度高负荷的极限操作环境下FDC发生存盘错误的极微的可能性，但是在过去15年敝公司销往世界各地的1500万台笔记本电脑中，没有出现过任何1件以FDC为起因而发生类似现象的投诉。”

（2）“从美国法律角度来看，即使没有实际发生损害，只根据其可能性就可能认为损害赔偿……一旦败诉，存在被判高达100亿美元规模的巨额赔偿的风险……（东芝）万般无奈才做出如此苦涩的‘和解’选择。”

（3）“东芝于去年10月达成和解协议后，立即向联想做了说明，并……对前来咨询的用户说明解决方法。”自1999年底开始，东芝中国公司的网页上提供了“补丁软件”给用户下载。至于网页上的相关说明何以长达7个月只有英文，直到新闻发布会前一天才改成中文，东芝未作解释。

5月25日，中国消费者协会邀请法律专家及有关部门负责人，就东芝事件进行座谈。对于东芝是否应当向中国消费者赔偿，多数专家持肯定看法。国家工商局消保司商品处负责人表示，国家工商局支持中国消费者的诉讼。

5月30日，东芝电脑中国用户律师团成员、丰联律师事务所杨开明律师说，“我们对胜诉有100%的把握。”杨开明认为，东芝的做法属于隐瞒产品缺陷的欺诈行为，按《消费者权益保护法》第49条应“退一赔一”。他说，本案的两个关键问题是：东芝笔记本电脑是否有缺陷；东芝有无欺诈行为。东芝在记者说明会上称：“不能否认在极度高负荷的极限操作环境下FDC发生存盘错误的极微的可能性。”按《产品质量法》，这属于缺陷，即东芝自己承认存在缺陷。东芝对此10年前就知道，至今才告诉中国消费者，因此构成欺诈。

考虑到日本东芝副总裁5月22日在北京发表的正式声明，国内很多人包括一些法学专家认为，我们的法律对消费者保护不够，结果让东芝钻了空子，估计中国用户的索赔会很困难。

中国社会科学院民法室主任梁慧星教授认为，东芝的上述说法没有根据，中美法律并无实质性差异，用户都可以追究东芝的瑕疵担保责任，据此可以要求退货或者修理、更换；此外，如果要求赔偿，也都必须证明有实际损害发生。

作为《合同法》的起草人之一，梁慧星说，我国的《消费者权益保护法》《产品质量法》《合同法》完全可以适用到对东芝的诉讼，这3个法律在世界上都是先进的。其中，《合同法》中关于“瑕疵担保”（质量不符合约定的）的规定，与美国《统一商法典》第2篇315条关于“特定目的的担保”完全一致——“瑕疵担保”不以造成损害为前提，其违约责任可以是退货、减价、更换、修理；另外如造成其他损失的，还应赔偿损失。

他认为，东芝明显的过错表现为，它违反了我国《合同法》第62条关于“按照合同目的的特定标准履行其合同义务”的规定。

谈到东芝只赔了美国人，而在其他国家包括日本都未赔偿一事，梁慧星说，按照日本的法律，东芝同样应当承担上述责任。

梁慧星着重提到，东芝对其笔记本电脑FDC的瑕疵已隐瞒多年，对于这类行为，如按美国的判例法规定，可处予几倍乃至几十倍于实际损失的惩罚性赔偿。我国《消费者权益保护法》第49条关于“退一赔一”的规定，也属于惩罚性赔偿，不同之处是将赔偿限制为2倍。

北京大学法学院副教授陈瑞华说，司法改革的目的是建立完善的司法体系，至少能够给弱者、消费者提供充分的权利救济和保障。而真正能够推动司法体制改革的是两大利益集团：企业家、广大消费者（包括律师）。他认为，随着WTO逼近，跨国集团将蜂拥而至，集团诉讼的案例也将越来越多，如果没有有效、公正的司法保障，人们会丧失信心。

东芝事件引起的广泛愤怒，很快波及东芝笔记本电脑在中国的总代理——联想科技发展有限公司。5月26日，联想首次向用户发表公开信，其基调与东芝类同，由此在网上又惹来更多骂声。5月30日晚，当记者采访时问，去年11月，东芝已告知联想其笔记本电脑的FDC问题，联想为什么没有通知所有中国用户？联想的回答是：“国内IT媒体和网站都报道过了，去年11月就有了。这种问题从理论上来说是一种可能性，用户在使用中没有发现这个问题，不会造成对他的伤害。我们认为，通过新闻、通过我们的网站、通过我们的解释，应该已经避免了用户实际应用上的伤害。”

联想认为，关于FDC的问题，从高科技产品来说，这种BUG（小毛病）应该是很正常的，像软件开发中也会存在这个问题。“风波之前，我们没有接到一例用户投诉”，至今也没有接到因为这个退货的。“销售一开始受了一些影响，后来慢慢地就比较正常”。

有人分析，如果是其他国家的产品出了问题，中国消费者的反应会平静得多，但点燃导火索的李亚平表示，这场风波仅仅是一个跨国大企业与消费者之间因产品质量问题发生的纠纷，与企业是哪国的无关。关于“不能因赔美而要求赔中”的观点，李亚平说：“大的跨国公司无论说得多好听，一旦有机会将商业利润放在消费者利益之上而不受惩罚时，往往会这么做，这是一种资本的力量在推动。假如没有监督、没有法律约束，那还了得？”

北京大学光华管理学院项兵教授认为，“国际大企业经常遇到消费者提出的产品质量问题，如果出了问题，它就要 Product Recall（PR），即提供免费修理，跨国公司很少有不用PR的。在美国发现产品有问题，而中国存在类似问题的话，那它早就应该向用户发个通知，说我们产品发现这问题，希望你送过来，我们帮你免费修理——这是东芝至少应该做到的，是必需的。同样的产品问题，对各地消费者采取的措施应该一样。”

也有人提出，很多国内企业做得远不如跨国大企业，对东芝的声讨过于苛刻，项兵说：“那是另一回事。如果是中国企业有这种问题，消费者照样有权起诉你，照样罚，这与歧视无关。”他认为，国内假冒伪劣产品比较多，一个核心原因是我们的企业太小，只有做大才能解决这问题，美国跑马圈地的时代也一样，一般来说，做大以后，企业自律会加强：我投500亿美元，不会为了骗你20元钱，把我的生意毁掉。反过来说，中国企业需要这种规范，否则长不大。

东芝笔记本电脑事件引发的讨论中，为数不多的一些论者转而审视我们自己的产品：一旦东芝在美国的遭遇落到中国企业身上，我们赔得起吗？一个多次被提起的事例再次被网友贴到网上：中国的爆竹“二踢脚”出口到美国加州，因为该响没响，不该响时响了，将一位小男孩右眼炸瞎，最后赔了500万美元。其中，中国企业只拿出9万美元，另外491万美元则由在美的华人团体和个人捐助。这500万美元还只是没有告到法院时的索赔数额。有关人士认为，倘若一个东芝事件可以大大促进中国产品质量的提升（至少是关注吧），则幸莫大焉。

（资料来源：徐大建著：《企业伦理学》（第二版），北京大学出版社2009年版，第148－151页。另参见：《东芝事件——余波难了》，载《南方周末》2000年6月2日）

讨论题：

1. 就案例中的东芝笔记本电脑来说，东芝公司在产品的安全达标方面是否尽到了社会责任？东芝公司提出的法律方面的辩护理由是否成立？

2. 东芝公司对案例中的笔记本电脑的瑕疵是否负有赔偿责任？为什么？

案例3 烟草广告及促销

在环保人士看来，北京2008年奥运会是实施“无烟运动”的一个重要契机。2004年4月，国务院总理温家宝曾公开承诺，将把“无烟奥运”纳入“绿色奥运”之中。

2007年7月，世界卫生组织《烟草控制框架公约》第二次缔约方会议在泰国曼谷举行。作为世界上第一个有关烟草控制的条约，其大多数条款都是为了限制烟草产量和消费量。此次会议上，烟草广告和包装成为重点讨论对象。

与此同时，烟草广告正绞尽脑汁，准备上演一场72变的好戏。

一、曲折控烟之路

作为烟草生产销售大国，中国烟草业在广告上投入巨大。有关部门的数据表明：2006年，烟草广告经营额达到16亿元，占总体广告额度的1%。

巨大的广告额背后隐藏着烟草行业的高额利润。有一种观点认为，烟草行业也为社会创造财富。但北京大学中国经济中心发布的一份《中国吸烟成本估算》说，2005年烟草税税利不过2400亿元，我国烟民由于吸烟生病等原因，烧掉的倒有2500亿元左右。

中国疾病预防控制中心控烟办公室研究员杨焱提供的一份数据显示：在现阶段，归因于烟草的死亡率为12%，也就是有485.9亿元由于烟草所致的疾病而被耗费掉。到2025年，中国归因于烟草的疾病和死亡率将达到33%，仅医疗费用就会超出烟草行业为国家创造的利润。

对此，中国在积极谋求出路。2005年10月11日，中国在纽约签署了《烟草控制框架公约》（以下简称《公约》）批准书，90天后《公约》在中国生效。按照规定，生效3年后，所有卷烟制品包装都要印上不少于面积的30%，并且可轮换的健康警语；5年后，要杜绝所有的烟草广告。

根据有关部门统计，2006年我国共查处烟草违法广告231件，罚款123万元。这个数字对烟草业是九牛一毛。

与此相对，控烟形势却愈发严峻。杨焱表示，目前中国15岁以上男性人群中吸烟率达到66%。国际11亿烟民，有3.5亿在中国。

2007年6月30日至7月6日，《公约》第二次缔约方会议在泰国曼谷举行，这是中国政府在控烟问题上的再次重要尝试。这一次，烟草广告及包装被列为最优先安排的几个事项之一。

首先，《公约》对烟草广义性广告进行限制，是否直接或间接鼓励他人吸烟将成为主要判断标准。这是对国内烟草企业最直接的影响。其次，《公约》规定，烟盒包装上必须印有不少于包装面积1/3的吸烟警告，以抑制消费者的购买欲望。

一位烟草业内人士撰文分析：“这无疑给烟草企业戴上了紧箍咒。”

二、变相烟草广告

在巨大利润的驱使下，烟草广告在寻求突围。现在的烟草厂商常进行“多元化经营”，建立同名文化公司，突破限制，变相宣传。

2004 年，一位著名运动员雅典奥运会夺冠后，接拍的第一个广告就是“鹤舞白沙，我心飞翔”。伴随着他的大热，这家文化公司的名号响遍了大江南北。但一些老烟民对此心知肚明：“还是那支烟嘛。”

在中国市场上流传着一句话：“当你看见电视上那些气势磅礴，但又不知所云的广告，八九不离十就是香烟广告。”

国外的大型烟草公司手笔更大，菲利普莫里斯公司为“万宝路”香烟品牌开发了“Marlboro Classics”男性服饰系列，英美烟草公司则为“登喜路”开发了“Alfred Dunhill”高级服饰系列。

由于财力等各方面限制，国内烟草品牌多发展文化公司。但好景不长，按照规定，只要广告词中含烟草企业名称、标志和烟草制品名称等内容，广告依然违法。

2005 年 2 月，在电视台播放的 15 秒时段广告中，四川娇子文化传播公司形象广告也被叫停。同时被责令停播的还有江西“月兔春”、贵州“黄果树”、重庆“美登”、江苏“一品梅”等国内烟草企业投放的形象广告。

北京市广告检测中心给出的理由是：“境由心生自在娇子”，是“娇子”香烟广告宣传语，“月兔春”广告画面为“月兔春”烟草制品商标，“一品梅”广告画面则突出了烟草注册商标“一品梅”字样等。根据国家《烟草广告管理暂行办法》（以下简称《办法》）的规定，变相烟草广告开始遭禁。

三、文字游戏

按《办法》，禁止烟草经营者利用广播、电影、电视、报纸、期刊等媒体发布含有烟草企业名称、标志，以及烟草制品名称、商标、包装、装潢等内容的广告。但《办法》限制的四类场馆对内不对外。

网友“小人物”称，江苏省南京市机场高速公路边一块烟草广告牌，上面赫然写着“至尊南京—厅局级的享受”。“至尊南京”是一种卷烟，每包售价 100 元人民币。类似“珠三角高速公路烟草立柱户外广告招商”的信息在网上也比比皆是。

而且，有分析认为，《办法》的限制倒激发了烟草企业的“创造力”。目前国内烟厂大多实施“品牌传播”，借助专业行销公司来摸索品牌特有的“传播语言”，有限规避相关法律。

业内人士撰文分析，“红塔山”的“山高人为峰”当算翘楚，能够比较真实地反映出红塔集团的实力，又有“山”字暗含其中。“大红鹰”的“胜利之鹰”也是“杰作”，提炼后的广告词贴近品牌定位又不犯禁。

但有些广告为规避却躲得太远。像“红金龙”的“思想有多远，我们就能走多远”，虽然有效规避了相关规定，可听起来完全和烟草不搭边。那位著名运动员的广告，本来被当成一张王牌打出，但“白沙”遭禁，仅剩“我心飞翔”，与服装品牌雅戈尔听起来挺像。

除此之外，还有些烟却因其独特的文化性和公益性，在发布广告上获得了意想不到的空间。

如上海卷烟厂的“中华”烟，厂商将传播主题定为“爱我中华”，“中华”与国家历史文明高度和谐，天安门图案也是尚方宝剑，作为中华民族的标志之一，“中华”品牌传播自此成功借力。哪个机构敢阻止发布“爱我中华”这样有公益性主题的形象广告呢？

四、包装玄机重重

《公约》第11条中明确了对烟草制品包装和标签的规定：首先，不得使用产生虚假印象的任何词语、描述、商标图形或其他标志，如“低焦油”“淡味”“柔和”等词语。

其次，烟盒包装上必须印有不少于包装面积1/3的吸烟警告。

在国内，烟草品牌靠低焦油标识促销的情况很普遍。如有的新品种，在醒目位置标出焦油含量，下面还写着“采用中草药添加技术，采用活性炭过滤技术，采用自由基清除技术”。

事实上，美国的一项最新研究表明，吸低焦油含量香烟的烟民与吸中焦油含量香烟的烟民得肺癌的危险性一样大。

至于后一条，所有中国烟草包装都没能做到。目前国内的烟盒上至多印上“吸烟有害健康”字样，还是在侧面等不显眼处，远远达不到包装面积的1/3。

越南为履行《公约》第11条，一些烟盒上的健康标语都配图片，内容为残缺歪裂的黄牙、病变的肺部切面、消瘦的喉咙插着管道等。下面标明“吸烟导致肺癌”等字样。

海外市场中的“万宝路”卷烟已经开始按《公约》要求包装，马来西亚市场中的“万宝路”品牌卷烟正反面都有一半面积的烟草警告图案。在中国烟草销售人士看来，这将大幅抑制消费者的购买欲望，“弱化卷烟品牌的形象张力”。

但对策随之而来。一位专业营销烟草的人士表示：“其实方法很简单。”“万宝路”可向每个消费者赠送传播牛仔精神的便携包装盒（袋），无论买一包还是一整条都能得到这样的赠品。消费者只需将购买后的卷烟拆散，重新放入便携包装盒即可。

到2008年，中国即将全面履行《公约》。“有中国特色”的问题随之而来——比如“中南海”。因为与国家最高权力机关的代名词重名，北京卷烟厂旗下重头产品——“中南海”包装上印上一幅病变肺部切面图，合适吗？

五、赞助无孔不入

烟草商们捧着钱，寻找一切可能途径。

最常见的莫过于赞助电视剧。作为各电视台收视率王牌，“××剧场”的冠名权吸引着大批烟草商。不过，按规定，冠名或出现在角标等处的字样不能是烟草标志。如大红鹰剧场可成为上海文广集团的主要赞助商，但出现在电视上的“大红鹰”字体必须和烟草标志性字体有所区别。

最热闹的莫过于赞助 F1 赛事。长期以来，Fl“燃科”的主要来源之一就是烟草广告。但当欧盟 2006 年实行禁烟令的消息传出后，F1 大老板当即表示：F1 未来十年将扎根中国和亚洲。好景不长，最近一次的上海 F1 赛事，赞助商已换成中石化。

赞助社交活动也是时尚手段。现在烟草厂商多采用专业公关公司，找来一些时尚女孩，传达活力、享受等主题。不少饭店门口也设有专卖店，让烟草变得易得。信息时代，烟草商不忘赞助网络。但国家工商行政管理总局广告监管司有关负责人表示，目前正在制定网络广告管理办法，经营性网络不准发布烟草广告。

烟草厂家还大力投资参与各种公益广告。但与此相对，国家发布的禁烟主题公益广告却制作粗糙，远达不到应有的传播效果。中国的烟草商还喜欢花钱说这么一句话“×××给全国人民拜年啦！同时，烟草厂家并不放过平面出版物，如直邮杂志。一些外国烟草公司会给青少年邮递“吸烟有害健康”的 CD 或海报，在这些宣传品中，不吸烟的是学校循规蹈矩的乖孩子，吸烟的“坏孩子”却显得又酷又受人欢迎，有强烈的误导作用。

（资料来源：陈炳富、周祖城编著：《企业伦理学概论》（第二版），南开大学出版社 2008 年版，第 83－87 页。另参见：白雪：《烟草广告躲向何方》，《中国青年报》，2007 年 8 月 28 日。）

讨论题：请结合以上案例内容进行讨论。

案例4　GE的诚信管理

一、诚信的重要性

在一些人看来，讲诚信会削弱企业的竞争力，但是，GE前CEO杰克·韦尔奇（Jack Welch）并不这样认为。1992年7月，他在一个议会委员会上作证时说：“在世界各地，公司全体员工每天都面对着最强的对手，付出100%甚至更多的努力，为了竞争，为了成功，为了发展壮大——而同时本能地、不屈不挠地遵守我们在一切工作中有关绝对正直诚实的承诺。在他们的眼里，所有这一切之间，并没有什么矛盾。”

也有人认为要求企业及员工讲诚信是件非常困难的事情。杰克·韦尔奇却说：“不，我根本不这样认为。我发现它非常清楚。这不是一件难事。我们将成为世界上最具竞争力——同时也是最有道德的公司。假如我们不是，我们将查明为什么，谁做到了，为什么他们做到了，并采取行动。”

GE不仅不把诚信看作取得成功的障碍，而且视诚信为“无价的资产”“取得成功的唯一方式”。杰克·韦尔奇2000年签署的GE诚信宣言的第一句话便是：“一百多年来，GE员工创造了一份无价的资产，这就是GE公司享誉全球的诚信作风和高标准的业务准则。”该宣言进一步指出：“今天的GE远远比以往任何时候都更加充满活力、放眼全球，更加遵循客户至上的宗旨。尽管如此，诚信作风依然是我们取得业务成功的基石，它使我们的产品和服务胜人一筹，使我们与客户和供应商能够坦诚相待，并在业务上保持长胜记录。”

韦尔奇的继任者杰夫·伊梅尔特（Jeffrey R. Immelt）认为，长期以来我们发现诚信不仅仅对于公司的信誉非常重要，而且最终会有助于使业务做得更加成功。任何一个国家或者公司，他们都想与可以信赖的人、有透明度的公司打交道。这样最终能够使业务成功。他进一步指出，取得成功的方式可能有很多，但是我觉得对GE来说，讲诚信是取得成功的唯一方式。

二、诚信宣言

以下是伊梅尔特于2005年6月签署的诚信宣言。

125年来，GE始终毫不动摇地恪守诚信为本的承诺。与此同时，公司不断拓展到新的业务和地区，并创造了优异的持续增长记录。守法与合于道德的行为使我们在世界范围享有盛誉。

公司声誉之隆前所未有。在对多位CEO的调查中，GE被认为是世界上最受尊敬和最受推崇的公司之一。诚信和管理使我们名列榜首。

但是，假如我们的每位员工没有作出正确的决定，没有采取正确的行动，那么这些就都毫无意义了。在很多人变得比任何时候都对商业玩世不恭时，GE 必须时刻督促每位员工，以赢得高度的信任。

这就是我要求 GE 团队中的每位同仁作出遵守本公司行为准则的个人承诺的原因。这一整套关于主要诚信问题的 GE 员工行为准则指导我们坚守道德承诺。所有 GE 员工不仅仅是遵守政策条文，更重要的是体现其精神。

如果您对自己或他人关于“什么是正确的行为”有问题或疑虑，那么务必向您的经理、GE 诚信疑虑受理人或通过公司提供的其他很多渠道之一迅速提出。不要让任何事情，“凑数”、竞争本能或上司的直接命令，折中了您的诚信承诺。

GE 的领导们不仅要对自己的行为负责，同时也要负责营造一种以遵守 GE 员工行为准则和适当法规为特定商业活动中心的文化。领导者必须充满关心和尊重地对员工关于正确行为的疑虑迅速给予答复。

优异的财务表现与高水准的管理和遵纪守法并不冲突。实际上，它们是互相增强的。在致力于成为 21 世纪的卓越企业时，我们必须认识到只有一种表现能维持我们的声誉，增加客户对我们以及我们的产品和服务的信任，使我们能够持续增长，这就是诚信地做事。

三、诚信政策的内容

GE 诚信政策对什么是可接受的行为、什么是不可接受的行为作出了具体规定。GE 的诚信政策包含 14 个具体方面：（1）不当支付；（2）与供应商的关系；（3）国际贸易管制；（4）防范洗钱；（5）隐私权；（6）与政府部门的交往；（7）遵守竞争法律；（8）公平雇用机会；（9）环保、健康与安全；（10）安全与危机管理；（11）知识产；（12）财务控制；（13）利益冲突；（14）内幕交易与泄露股票内幕信息。每个方面都包含“如何去做”及“注意事项”等内容。

四、员工及领导层的责任

通过制定“处处、时时、人人”的普遍原则，GE 员工行为准则清楚地阐明了恪守诚信的精神。

GE 员工行为准则包括：（1）遵守一切适用的、指导我们公司全球业务经营活动的法律和法规。（2）处理所有 GE 业务活动和业务关系时，要诚实、公正和可靠，避免任何公私利益冲突。（3）培育公司内部人人机会平等的氛围。（4）致力于保障工作安全，保护环境。（5）通过各级领导的努力，建立并维护一个人人认同、推崇正直行为并身体力行的公司文化。

必须遵循 GE 诚信政策的人包括：

• GE 的董事、主管和员工。

• 下属公司或其他控股关联公司，指 GE 拥有 50% 以上表决权，或者有控制资产权的公司，要求遵守 GE 的诚信政策。

• 非控股关联公司，GE 鼓励并建议这些公司采纳 GE 的诚信政策。

• 代表 GE 的第三方。GE 员工在与咨询公司、代理、销售代表、分销商、独立合同人等第三方合作时，必须：（1）同意遵循 GE 公司诚信政策中的相关条款；（2）向第三方提供有关公司政策要求的培训和信息；（3）在得知第三方违反 GE 的诚信政策后采取措施，必要时包括终止合同。

员工的责任：

GE 的所有员工通过正确理解公司政策，遵守公司对于诚信的承诺并严格奉行，都可以为 GE 的诚信文化作出贡献，并避免发生违规行为。

员工有两个方面的责任：一是理解 GE 政策，包括：对于本手册中总结的政策要求有一个基本理解；对于跟自己工作相关的政策有细致深入的了解；关于公司完整的最新政策请访问 integrity. ge. com；有关公司政策法规的任何问题请咨询上司、公司法律顾问或通过其他渠道提出。二是提出疑虑，规定：如果有任何有可能危及违反 GE 政策的疑虑，请立即提出；了解提出有关诚信疑虑的不同渠道：诚信疑虑受理人、经理、GE 法律顾问、GE 审计员或其他诚信专员；如果提出的疑虑没有得到解决，可继续向上述其他联系人提出疑虑；配合与诚信疑虑相关的 GE 调查。

领导层的责任：

领导必须建立一种遵守规范的文化，在这种文化中，员工都理解他们的责任并且能够没有顾虑地提出自己的疑虑而不用担心被报复；通过个人遵守准则的努力；鼓励遵守道德准则及遵纪守法的行为；在评估奖励员工时，考虑他们遵守诚信政策的情况；确保员工理解道德行为和遵守 GE 政策永远比商业业绩重要。

领导还必须采取以下措施以建立一种基础机制来预防、发现诚信问题，并对其作出相应反应：

• 预防违法违纪问题。确定商业违法违纪行为的风险；确保针对特定危机领域的流程能够得到传达和执行，对员工、董事会成员（如有必要）及第三方提供有关 GE 政策及相关法律的培训；为您所在的业务集团的合规项目提供充足的资源。

• 发现违法违纪问题。建立管理机制，如“仪表板”“计分卡”以便及时发现违纪风险和/或违纪行为；推行一个行之有效的诚信疑虑受理人系统；确保在公司业务领导和/或公司审计人员的帮助下，举行定期检查审核。

• 对违法违纪问题的反应。发现遵循情况不好要及时采取补救措施；采取正确并有约束性的措施；咨询 GE 的法律顾问，如实向法规制定者及执法机关揭发事实真相。

五、疑虑受理及违纪处罚

GE 意识到如果有疑虑而不提出来，有可能对员工本人、同事、整个公司、客户和社区的健康、安全和幸福造成巨大危害，因此十分重视提出并处理疑虑。

公司把提出可能违反 GE 政策或法律的疑虑视为每个 GE 员工最重要的责任之一，强调提出疑虑重在“畅所欲言，提出问题，找到答案，公开疑虑，使问题得以尽快解决，以免产生更严重的危害"，因此疑虑受理机制的关键是及早发现问题和解决问题。

在遇到有关诚信问题的疑虑时，有明确的部门和人员可以寻求解答。这些部门和人员包括上司、诚信/审计专业人员、公司法律顾问、上一级管理者、所在业务部门的诚信热线。可以以口头或书面形式，还可以以匿名方式提出疑虑。

违反 GE 政策的精神与条文，员工和领导将受到纪律处分，严重时包括终止雇用合同。可能导致纪律处分的过错行为包括：

（1）违反 GE 政策。

（2）要求他人违反 GE 政策。

（3）了解或怀疑有违反 GE 政策的行为却没有及时反映情况。

（4）在 GE 调查违规行为的过程中不合作。

（5）对他人汇报违规行为后打击报复。

（6）未能在确保遵守 GE 政策及适用法律方面起领导带头作用或尽心尽力。

GE 在全球有 300 多名诚信问题受理人，涵盖每个国家、每个事业部，确保每个人，不论是员工还是顾客、供应商和股东都可以提出诚信疑虑。所有诚信疑虑受理人说当地语言，熟悉当地文化和经营环境。

2004 年，GE 在全球范围内提出了 1338 件诚信案例，368 人受到查处，其中，125 人被解雇，198 人受警告，16 人调换工作，29 人受到经济处罚。

杰夫·伊梅尔特这样说：我们在评估经理人时，当他们业绩好，诚信也好的时候，就非常容易评估，这些人会得到提升。如果有些人业绩不好，但诚信很好，我们会给他们第二次机会。如果有些人业绩不好，诚信不好，很容易，让他马上卷铺盖走人。那些业绩不错，但诚信不好的员工，如果是通过欺骗他人、违反规则的方式来取得业绩的，还是应该清除出去。尽管他们短期的业绩不错，但是他们会腐蚀整个机制，会破坏整个合作的环境，公司会因他们受损，他们得到的业绩是短的。

（资料来源：陈炳富、周祖城编著：《企业伦理学概论》（第二版），南开大学出版社 2008 年版，第 280－284 页。）

讨论题

1. GE 是如何理解诚信的内涵及其重要性的？
2. GE 的诚信管理机制有何特点？

案例5　王石“捐款门”事件

2008年5月12日四川汶川大地震发生后，万科集团总部捐款200万元，万科员工捐款合计20万元左右。但这220万元的捐款，却让万科及王石成为被质疑的对象。

不少网友认为这与年销售额1000亿元的万科形象不相称，一些帖子还举出捐款超1000万元的企业名单，呼吁万科多捐点。有网友质疑，2007年万科销售额排名内地第一，超过523亿元，净利润超过48亿元，此次捐赠的善款仅占净利润的万分之四。而万科2007年年报显示，万科职员合计16464人，根据其报表中的管理费用超过17.63亿元进行平摊，每人年均收入超过10万元。而若以此次万科员工捐款进行分摊，平均每个约12元。

面对网友的指责，王石5月15日在博客中回应说：“对捐出的款项超过1000万元的企业，我当然表示敬佩。但作为董事长，我认为万科捐出的200万元是合适的。这不仅是董事会授权的最大单项捐款数额，即使授权大过这个金额，我仍认为200万元是个适当的数额。中国是个灾害频发的国家，赈灾慈善活动是个常态，企业的捐赠活动应该可持续，而不成为负担。万科对集团内部慈善的募捐活动中，有条提示：每次募捐，普通员工的捐款以10元为限。其意就是不要慈善成为负担。”

王石还表示，他主要关注地震波及严重的成都万科小区的住宅耐震情况，还会协助有关部门对成都的建筑进行安全鉴定。“从职业上，作为提供住宅产品的万科，无论发生什么事情，第一要考虑的是保障居住万科提供住宅的客户生命安全。第二，尽社会责任，做支援灾区的慈善活动，包括资金、个人影响力、号召力，尽自己所能。”

王石的强硬表态和“10元之说”，很快在网上掀起声讨浪潮，网民的质疑、不满、嘲讽、谩骂遍布各大网络论坛。网友juiy表示，如果超过200万元对万科就是负担了，那万科内部高管们的工资也压得万科够呛了。网友“如果我是王石”表示，相对台湾企业家而言我们本土Boss是小气，还要不断提高品质，建议至少向郭台铭看齐。网友“又听又胡”认为，王石作为一个行业领袖和公众人物，说这番话是欠考虑和不恰当的，有实力者多作出点贡献是应该的也是必要的。很多网友认为万科“没有负担起企业责任”“万科在我们心中一落千丈”。而在资本市场，万科股份从5月15日至20日也跌了8.66%。

也有少量网友对此表示理解，网友“小林子”说，抗震救灾不是某个企业、某个人的责任，应该是全社会的责任，政府的责任，作为万科，一个负责任的企业，能做的已经做到了，没有道理再苛求太多。

面对不断的质疑声，5月18日王石称，“通过绵竹政府认可，万科把遵道作为赈灾、灾后重建的第一个镇”。据王石描述，万科介入重建的遵道镇，85%以上的房屋倒塌，不过他并没有透露该项目是属于公益项目或是受政府委托进行的微利项目，也没有确定任何具体方案。此举让王石再被指责为“比起捐款更关注项目”。

5月21日，万科发布公告宣布，公司董事会决定出资1亿元参与震区的临时安置、灾后恢复与重建工作，目前已选定四川绵竹市遵道镇为重点。公司强调，该工作为纯公益性质，不涉及任何商业性（包括微利项目）的开发，费用将在未来3~5年内，根据实际需要逐年支出。尽管如此，仍有不少网友把万科的做法解读为不敌压力为自己“正名”，认为万科“想拯救的不是灾区，而是社会对自己的信任危机”，并呼吁大家不要买万科的房子和股票。

5月22日，王石就“捐款门”事件公开表示道歉。5月23日，潘石屹发表博客为王石“辩护”，引发新一轮讨论。

6月5日，万科股东大会高票通过捐赠1亿元预案，王石再次无条件道歉，但部分网民对王石的补救行为仍不“买账”，网友要求王石“引咎辞职”的呼声又起。“捐款门”事件对王石个人以及万科的负面影响暂时难以预料。

（资料来源：徐大建著：《企业伦理学》（第二版），北京大学出版社2009年版，第90-92页。）

讨论题：请结合以上案例内容进行讨论。

案例6 ST春都骗取社会投资

证券市场周刊在2005年1月17日刊登的文章《亏损企业包装上市圈钱4亿，ST春都IPO“原罪”》，比较贴切地说明了一些公司运用国家政策骗取社会财富的现象。

亏损的集团，将部分资产包装后上市圈了4亿多元，之后再将其刚刚投入的一半多净资产转回。这就是ST春都的IPO。

1998年12月2日首次公开上市，1999年3月19日才告挂牌交易的ST春都（000885），在仅6年的上市之旅中，就已闹出了不少的问题。在经营业绩方面，6年中就有3年亏损。而公司上市第一年和2003年为了“摘星保壳”也仅是成就了“非经常性”的盈利。

必须指出的是，ST春都这一切丑闻的发生，都与其IPO有着千丝万缕的联系。

1. ST春都的IPO过程

ST春都当年的IPO招股书称，公司是“由洛阳春都集团有限责任公司独家发起，将集团公司生产西式低温肉制品、中西式清真制品、传统高温肉制品和PVDC薄膜及其再制品的肉类分公司、大同分公司、周口清真分公司、汕头分公司四家分公司的经评估确认后的全部经营性净资产折资入投，采用社会募集方式设立的股份有限公司”。而这些“经评估确认后的全部经营性净资产”，价值13987.72万元，“折为国有法人股10000万股。由洛阳春都集团有限责任公司持有”。这里需要特别注意的是“社会募集方式设立”这句话。

采用“募集设立”方式进行IPO而成为上市公司，其特点有二：一是IPO时的发行主体是“某某股份有限公司（筹）”，二是公司成立的时间一定是在IPO之后。

ST春都完全满足了这两个条件。公司IPO招股书披露的发行人名称是“洛阳春都食品股份有限公司（筹）”，而公司的上市公告则披露，“本公司于1998年12月26日召开创立大会，1998年12月31日在河南省工商行政管理局完成注册登记后成立”。

可别小看了这个“募集设立”，从历史上看，问题往往相伴而生。

2. ST春都的“资本运作”

2000年6月27日，ST春都发布了一则对1999年年报的“补充公告”。人家的年报“补丁”少则百余，多不过千字，ST春都则有6000余字、一个整版的年报“补丁”，着实让人眼睛一亮。

这份“补丁”披露了多项ST春都与控股股东春都集团和其他关联企业之间的资产转让受让事项。其主要内容如下：

（1）将公司属下的“大同分公司”出让予集团，原因是“由于该公分司为异地分公司，距离遥远，管理不便”；

（2）将公司属下的“汕头分公司”出让予集团，原因同上；

（3）将公司属下的“周口邦杰食品有限公司”股权等相关资产出让予集团，原因是“将利于公司资产重组，整体运作”等。

我们发现，在这份“补丁”中，被出让予集团的“大同分公司”“汕头分公司”和

“周口邦杰食品有限公司”，恰是IPO招股书中所记载的集团公司折股资产之一。

3. ST春都“资本运作”过程浅析

根据ST春都的1999年报“补丁”，转让给集团的“大同分公司”和“汕头分公司”的转让价格，均是以其净资产“1998年12月31日的账面价值为准”，金额分别为3759.69万元和3375.79万元，共计7135.48万元；转让给集团的“周口邦杰食品有限公司”50%股权，作价500万元，恰是周口邦杰公司注册资本1000万元的一半。以上三公司资产的转让总价为7635.48万元。

虽然招股书没有对三家公司的资产负债进行披露，但我们还是相信，鉴于转让作价的基准日为“1998年12月31日”，而其时ST春都刚刚完成IPO，那么，与这7635.48万元的净资产对等的股权转让价，应与ST春都IPO时集团公司此等“折股资产”的价值所差无几。

更为重要的是，转让协议的签署日是1999年4月14日和7月15日，其时距ST春都上市日的1999年3月19日，不足1个月和4个月。而这些资产的转让，竟出自于实施时已仙逝西去的原公司董事长高某，于“1999年3月25日的建议，并经全体董事会签字同意”。而此时此刻，ST春都才挂牌交易了4个交易日。

我们必须指出，仅此三项资产的转让价格7635.48万元，就已占IPO时集团“折股资产”13987.72万元的55%，这就是说，在集团将这三家原属集团的分公司投入ST春都后，兜了一个圈子又立刻回到了集团。

4. ST春都是IPO的实质问题

让我们来看看春都集团。ST春都的那份年报“补丁”说，“截至1999年12月31日，公司（即集团）账面净资产为71426万元，净利润为-5171万元”。原来是这样！一个亏损的集团，将其属下分公司“经评估确认后的净资产”折股投入，粉饰包装一番后“募集设立”IPO圈到了4亿多元，之后再将其刚刚投入的一半多净资产转回。这就是ST春都当年的“改制”和“IPO故事”，难怪集团是以“筹委会”名义招股，更难怪年报的“补丁”要有洋洋六千余字。

从出生就带有变异的基因，ST春都这样的公司，以后再发生什么样怪事都不会使人感到奇怪了。而让人不安的是，这样的公司并不算少。

（资料来源：吕春晓编：《企业伦理》，西安交通大学出版社2008年版，第9-11页。）

讨论题：请结合以上案例内容进行讨论。

案例7　GE中国不当解聘案

2002年9月19日，徐某一纸状书将著名跨国公司通用电气（中国）有限公司（简称GE中国）告上了法庭。在一份提交给上海静安区人民法院的起诉书中，作为前员工，徐某要求GE中国撤销解除劳动合同通知书，并提出了相当敏感的申明，涉及法律尊严、公民基本权利、维护中国客户商业机密、抵制不正当商业竞争等等。据悉，法院已受理此案。

徐某说，他于2000年从上海交通大学获得MBA学位，1999年加入GE中国，担任有机硅材料的商务专员。在1999～2002年的3年工作时间里，他为GE中国创造了巨大的价值，累计完成个人销售额1亿多元。

徐某认为，2002年2月发生的有机硅配方争论，是导致其遭解聘的导火线。

徐某提供的材料中称，为了向日本客户销售某化工原料，公司管理层要求徐将中国客户的配方告诉日本公司。徐认为，这一做法违反了1993年颁布的《中华人民共和国反不正当商业竞争法》，并严重损害了中国客户利益，因此提出拒绝。

其间因受到管理层的压力，徐向GE中国区副总裁发送电子邮件，反映这一事件，并认为该做法严重背离了GE中国的价值观——“坚持诚信，注重业绩，渴望变革”。

2月22日，徐收到来自GE中国高层的通知，内容包括担心徐的健康，请立即赴医院接受治疗，准予休假，无需赴公司办公，立即归还公司电脑及财务，不得使用GE中国任何专有材料及不得联系人力资源部主管以外的员工及客户，如徐拒绝遵从忠告，将会受到纪律处分等。

在上海市劳动争议仲裁委员会的裁决书中可以看到这份通知。GE中国方面也给予了确认。恰恰是这份通知，被徐认为是对中国员工的歧视，“像这样的邮件，GE敢发给一个美国本土员工吗？如果一些公司员工和客户与我是朋友关系，凭什么禁止我们联系？”

徐称，在2月至6月“准予休假”期间，公司曾多次找其谈话，并表示，如果徐同意离职，公司可以给予15万元的补偿金。但他都拒绝了。

6月13日，GE中国解除了与徐的劳动合同。在徐提交的材料中，还有一份据称是原所在部门经理就徐问题发给GE集团包括现任总裁的电子邮件。据该邮件所述，GE中国一些高层对徐采取了一些“不公平的报复行动”，并涉及有关人员的“种族主义观点和评论”。

不管结果如何，徐表示会将官司进行到底，“这已不是我个人利益的问题，它已涉及外国大公司如何尊重、正确对待中国员工的问题。可以比比看，为什么外企中国员工的流动率那么大，而外籍员工的流动率那么低？我是想告诉他们，中国员工是有诚信的，有尊严的”。

针对徐的材料，负责这一事情的GE中国人力资源部经理表示，此事已由上海劳动争议仲裁委员会做出公正裁决，相关事务也全权委托律师事务所处理，因此她不发表任何意见。

从裁决书中可以看到，GE中国解聘徐的原因有两个：

一是徐在求职时提交了虚假个人工作经历，这一点GE中国方面表示有确凿的证据。而这是解聘徐的主要原因。

二是徐以恶意邮件持续骚扰公司。GE 中国摆出证据称，在 2002 年 1 月 7 日至 2 月 19 日期间，徐以汇报有关诚信问题后受高层和纪律监察员报复为由，利用公司电子邮箱向员工及管理层发送邮件 26 封；2 月 25 日至 6 月 10 日间，徐又利用私人邮箱陆续向其他员工和管理层发送邮件 39 封，邮件涉及威胁及恶心内容。根据《员工手册》，GE 中国做出了解聘决定。

根据相关材料和证据，上海劳动仲裁委员会裁定，不对徐要求 GE 中国撤销解除劳动合同通知书的申诉请求予以支持。9 月 19 日，不满此项裁决的徐向法院起诉。

（二）案例分析

1. 价值观问题

原告认为公司的行为与公司提倡的价值观不一致，存在歧视华人员工的故意，并存在不诚实的经营行为。而公司方面则认为原告存在编造虚假工作经历，存在非诚信行为。从案例的描述中，可以明确看出，原告按照对被告的行为规范的理解，认为自己的行为无可厚非，而被告则认为原告存在不诚实行为在先，没有必要讨论原告与公司之间的是非问题，仅仅根据原告不诚实的虚假工作经历描述，就可以解决问题。

2. 认识问题

原告认为员工具备向公司提出建议与问题的权利，而公司认为原告的行为是骚扰公司正常经营活动的举动；从这个案例能够明显看出，公司的利益是公司选择行为的重要依据，公司为了减少麻烦，可以不去正面回答原告的问题，可以通过自己认为有效的方法处理问题并保证公司利益不受损害。而原告则坚持自己的是非观念，认为自己在行使公司赋予每个公司员工的权力，公司的行为涉及歧视等嫌疑。实际上，原告与被告不具备同样的力量对等关系，何况原告自身具备行为瑕疵，因此，原告在力量较量过程中失利是正常的结果。

3. 简单评述

事情的原委是原告不满公司的经营行为，认为公司的行为伤害了相关企业的权益。而公司可能认为原告的行为会对公司的经营造成了一定的损害。

显然，原告是按照公司的经营价值观判断自己行为的合理性，而被告则以公司利益为事物对错的判断标准。因此，两者考虑问题的出发点不一致，出现矛盾是必然的。

这个案例可以说明一个简单问题，当两个主体的利益或者价值观出现矛盾时，必然出现行为选择上的分歧，当某种选择有利于交往双方的利益时，双方的观念就是一致的。进一步讲，如果彼此之间出现矛盾，则力量强大者的观念能容易得到社会的认可，而不必然是以某种标准作为判断依据。

（三）问题探讨

（1）作为局外人，您对这件事情如何看待？

（2）原告的非真实性工作经历，公司之前就知道还是后来才知道的，如果公司事前知道而不揭穿，其目的是什么？这种行为符合其所明示的“坚持诚信，注重业绩，渴望变革”

价值观吗？

（3）原告提出的建议和辩护说法，为什么会失败？原告编造虚假工作经历的行为是可以理解的吗？这种行为应该怎样理解？

（4）公司的行为与您理解的企业伦理之间存在哪些矛盾的地方？

（资料来源：吕春晓编：《企业伦理》，西安交通大学出版社 2008 年版，第 44－47 页。）

讨论题：请结合以上案例内容进行讨论。

案例8 企业劳资状况

设在美国纽约的中国劳工观察在2005年6月发表了《珠海美星鞋厂调查报告》该报告包括以下内容：工厂简介、工作时间、工资、住宿条件、伙食情况、工作强度和劳动价格、罚款与扣除、假日和福利、招工政策、工伤和职业病、监督和检查。

1. 工厂简介

信星集团是一家台资企业，主要生产婴儿鞋、时装鞋、休闲鞋等。该集团在中国和越南共有35条生产线，约有2万名工人。该集团2003年的总投资超过6000万美元。其主要客户包括国际知名鞋业公司如Skechers，CLARKS，Stride Rite和Wolverine。

本报告调查的对象是信星集团在中国广东珠海市的美星鞋厂。美星鞋厂位于广东省珠海市香洲翠珠工业区，共有员工14000人。此次主要调查的是该厂的一分厂，约有员工7000人。美星鞋厂主要为Skechers（司凯捷），Clarks（克拉克）生产鞋制品。本报告旨在记录该厂侵犯工人合法权利的一些事实，并号召该厂采取措施来改善工厂的劳动条件。

2. 工作时间

美星鞋厂的工作时间为早上7点半至晚上9点，其中上午11点40至12点40为午饭时间，下午4点40至6点为晚饭时间。但是该厂下班时间为错开三个轮次，中午分别为11点40、12点和12点20，所有工人都在12点40回车间上班；下午下班时间分别为4点40、5点和5点20，所有的工人都在6点回车间上班。

这样不同的车间总的工作时间就不同。工厂规定每天加班时间不能超过3小时，其余上班时间就只算白天8个小时的正常工作时间，也就是说除此之外的工作时间工人都是拿不到工资的。但有时订单多时，工人会被要求加班至凌晨1点甚至2点。在这种情况下，工人一天的工作时间可以高达18.5个小时。

除了上班的时间外，工厂还要求工人每天早上7点至7点半到车间开会或者打扫卫生，这半个小时的时间是没有工资的。另外，星期六加班的时候工厂要求工人不打卡，以应付检查，虽然厂方会支付工人的工资。该厂只有星期天是休息时间。但是订单不多时工人星期六也休息。工厂规定工人中午休息时不能离开工厂，工人只能在厂里休息。

3. 工资

该厂实行计时和计件工资。仓库、样品室等部门实行计时工资，生产部门实行计件工资。计时标准工资为8小时27元，即每小时3.375元。然而，加班工资为每小时2.5元，比正常工资还要低。另外，该厂不管是正常上班还是加班，不管平时还是节假日，工资标准都是一样的。这明显违反了《劳动法》中关于加班工资的规定，即平时加班应按不低于正常工资的1.5倍支付，休息日应按不低于正常工资的2倍支付，法定节假日不低于正常工资的3倍支付。由于计时工资收入比较稳定，工人更喜欢计时工资，但是生产部门里只有与部门主管关系好的工人才能拿计时工资。

工人反映他们的工资越来越低。2004年4月在一些管理人员的组织下，该厂工人进行了三天的罢工，但结果只是管理人员的工资提高了。今年 5 月 2 日裁断部门的工人因工资低而罢工，但是厂方的态度是如果对工资不满意，工人可以到别的工厂去。

工人的工资在每月月底发放。根据工厂的规定，当月工资要到下个月的月底才能拿到，也就是说他们的工资被拖欠一个月。如果工人要辞工，必须提前 15 天通知厂方并且要经过班长、组长、科长、主任、厂长的全部同意才行，只要一个没答应，工人就辞不了工。因此，该厂很多工人放弃最后一个月的工资而离厂。

通过对同一名工人五个月工资情况的分析我们可以看到，美星鞋厂工人的工资变化幅度非常大。下面是该工人在五个月里的工资情况：2004 年 11 月：1152 元，2004 年 12 月：900 元，2005 年 1 月：754 元，2005 年 2 月：278 元，2005 年 3 月：853 元。

从该名工人 2004 年 11 月和 12 月的工资单上我们可以看到，该名工人本薪为 510 元，实发工资为 900 元。工资单中间一栏显示该工人 12 月的实发件薪为 975 元，计件津贴 515 元，其他补贴和津贴分别为 30 元和 20 元。工资单的右边一栏显示总的扣除金额为 125 元，其中包括伙食费 80 元，清洁费 1 元，养老保险 44 元。

从工资单上我们可以看出，这名工人 11 月的实发工资为 1152 元，12 月为 900 元，虽然两个月的本薪都为 510 元，但是件薪不同，说明这名工人在 11 月的计件总量比 12 月高。

这名工人的工资总数为本薪加计件，说明他的工资计件工资而不是计时工资。也就是说，不管这名工人工作多长时间，他的工资都是按他实际生产的产品件数来计算的（与此相反的是，计时工资的工人是按他们工作的小时数计算，不管他生产多少件产品）。正如上面所提到的，在通常实行计件工资的部门里，如果工人与部门主管关系好，也可以按照计时工资算。

4. 住宿条件

该厂有两栋宿舍楼。每栋楼 7 层，每层有 20 多个房间。每个房间有 5 张床，10 个铺位，两台风扇，每个人还配有一个衣柜。每层楼只有两个公共卫生间和浴室，即 200 多名工人共同使用。每名工人每月要交 70 元住宿费（以前是 46 元）。宿舍管理非常严格，如果工人的被子、鞋子或者衣服放置不整齐就会被扔到垃圾箱里。工人反映宿舍里不安全，他们的个人用品经常被偷。因此，很多工人选择在厂外住，但是由于他们租不起条件好的房子，他们的住宿情况也不尽人意。

5. 伙食情况

工厂的食堂在工人宿舍一楼。以前工厂每个月向工人收取 80 元伙食费，从今年 5 月起，每个月要收 180 元，而且不管工人在不在厂里食堂吃都得扣这笔钱。工厂提供的伙食为三菜一汤，工人说菜里的油还可以，但是味道不好，而且发生过在饭菜里吃出死老鼠的事。因此，很多工人选择在外面吃或者自己做。如果加班超过晚上 12 点，工厂会提供夜宵，但是都是白天剩下的饭菜。以前荤菜里只见肉皮，肉都供应给管理人员。但是从伙食费提高后，这种情况有所改善。由于饭菜质量不好，量也不多，工人反映他们根本吃不饱。

6. 工作强度和劳动价格

该厂目前主要生产克拉克的 11319、11313 等型号。不同部门的计件单价不同。裁断车间一个工人 8 小时能做 13000 多双，每双 0.0025 元，成型车间一条线能生产 2000 多双，每双为1.2元至1.8元，针车部一双鞋能拿2元左右。这样生产一双在国外市场上能卖几十甚至上百美元的鞋子，这三道工序的工人的工资加起来只有5.2～5.8元。生产线上有很多孕妇，但是工厂对她们没有采取任何保护措施，她们和其他工人工作同样的时间。另外，工厂管理人员经常辱骂员工，骂她们是猪或骂她们的父母，有时甚至打工人。

7. 罚款与扣除

“小过”罚款30元，“大过”罚款90元，主管可以任意决定。旷工一天扣除三天工资。丢失厂牌扣30元。工人必须自己购买厂服：冬装28元一件，夏装15元一件。非法搜身：如果厂里鞋子数量少了，保安就会对工人进行搜身，如果没找到他们也不道歉。

8. 假日和福利

“五一”和“十一”放假没有工资，没有带薪产假、婚假和丧假，每月有30元全勤奖，前提是不迟到、不请假、不旷工，工作1～3年的工人有100元的年终奖，3～5年的150元，5年以上的200元，自从工厂给工人购买养老保险后，原来的住房补贴、伙食补贴和医疗补贴都被取消。

9. 招工政策

该厂工人大多来自湖南、四川、江西，其中女工最少占有90%。男工如果想进厂，必须交1000元介绍费。工厂会统一组织新入厂的工人去体检，每人交体检费50元和5元车费，但实际上如果工人自己去体检的话，总共只需35元。工厂对新员工不提供任何培训。工厂每年9月左右跟员工签订一次合同，合同期限为一年。合同只有一份，由厂方保管。工人反映合同的内容与现实存在很大区别，并且签订合同时工人只需签名就可以，对于内容没有商量的余地。

10. 工伤和职业病

该厂经常发生工伤。但是发生工伤后，除了保险公司的赔偿外，厂方不提供任何医疗补助。成型车间里使用一种腐蚀性有毒化学药品。由于气味难闻，工人戴着口罩也经常会晕倒。

11. 监督和检查

工人说该厂没有工会组织。厂里设有意见箱，但是工人很少使用，因为他们知道对于他们投诉的问题，厂方根本不会进行处理。如果有客户到工厂考察，厂方会教给工人怎么跟客户讲话。工厂还威胁工人如果他们乱说话，客户一走他们也要走人。

问题讨论

（1）谁是美星鞋厂的利益相关者？这些利益相关者受到了什么影响？

（2）美星鞋厂的经营行为与社会责任的矛盾有哪些？

（3）可以选择什么样的办法改善美星鞋厂的经营行为？谁有能力影响美星鞋厂的行为方式？

（4）你如何看待美星鞋厂的健康状况，如何预期该厂的持续发展前景？

（资料来源：吕春晓编：《企业伦理》，西安交通大学出版社2008年版，第190－194页。）

讨论题：请结合以上案例内容进行讨论。

案例9 中石油的安全生产事故

2003 年 12 月 23 日重庆开县，中石油川东北气田罗家寨 16 号井发生井喷事故，井下剧毒硫化氢气体泄漏，夺走了 243 条人命，4000 多人中毒就医，10 万人连夜疏散，直接经济损失达 6432.31 万元。中石油总裁马富才在此事故后引咎辞职。

开县位于重庆市东北部 337 公里，地处大巴山南麓，地势北高南低，长江三峡水库小江支流回水末端。开县东与巫溪县、云阳县接壤，西接开江县、宣汉县，南与万县市毗邻，北与城口县相连。县境东西最大距离 50 公里，南昆最大距离 120 公里。总面积 3959 平方公里。耕地面积 74713 公顷。行政区划全县辖 27 个乡，28 个镇，开县自然资源丰富，已探明的矿藏有 24 种，开发利用 14 种，煤藏量 1.2 亿吨，天然气已探明储量 1100 亿立方米，属国家大型气田之一，已开采利用 15 口高产气井。然而就是这丰富的天然气资源开县人民也带来了难以抹去的痛苦记忆。发生井喷事故的高桥镇位于开县西北，距离县政府所在地约 70 公里，但基本是坑坑洼洼的土路，交通非常不便，从县政府到高桥镇一般要坐车 3～4 个小时，是个处于大山深处的小镇。

天然气系古生物遗骸长期沉积地下，经慢慢转化及变质裂解而产生之气态碳氢化合物，具可燃性，多在油田开采原油时伴随而出。天然气蕴藏在地下多孔隙岩层中，主要成分为甲烷，比重 0.65，比空气轻，具有无色、无味、无毒之特性。在天然气田中往往会有其他一些伴生气体，我国西南气田由于地质原因，多伴生硫化氢气体。硫化氢为有毒、恶臭的无色气体，相对密度 1.19，熔点 -82.9 摄氏度，沸点 -61.8 摄氏度，易溶于水，易溶于甲醇类、石油溶剂和原油中。可燃上限为 45.5%，下限为 4.3%。燃点 292 摄氏度。硫化氢经黏膜吸收快，皮肤吸收甚慢。当空气中含有 0.1% 硫化氢时，就会引起人们头疼、晕眩，出现呼吸道及眼刺激症状。当吸入大量硫化氢时，数秒钟后很快出现急性中毒，呼吸加快后呼吸麻痹而死亡。硫化氢对黏膜的局部刺激作用系由接触湿润黏膜后分解形成的硫化钠以及本身的酸性所引起。对机体的全身作用为阻断细胞内呼吸导致全身性缺氧。由于中枢神经对缺氧最敏感，因而首先受到损害。

罗家 16 号井井址位于重庆开县西北方向 80 公里处高桥镇晓阳村，12 月 23 日 21 时 55 分，16 号井发生井喷。井喷发生后 40 分钟，即当晚 10 点 35 分左右，总部位于重庆大石坝的川东钻探公司才接到正式的矿难报告。直到晚上 11 点多，高桥镇长才接到开县政府而不是钻井队打来的紧急电话。通知镇里井喷有毒气泄漏，立刻组织群众转移。高桥镇有 24 个行政村，人口 3.2 万人。井喷后 10 分钟，高桥镇镇政府所在地就闻到了硫化氢刺鼻的臭鸡蛋味。老百姓几乎都是从寒夜的热被窝中被喊醒的，他们意识到了事态紧急，由于时间紧张，很多人只穿着睡觉时的棉毛裤、光着脚就离开了家门。23 日晚上至 24 日凌晨，以高桥镇罗家井喷口为中心，灾民沿着大路分别朝东线正坝镇方向和西线天和乡方向逃离。到 24 日早上 7 点钟，两地大约聚集了转移的群众约 28000 人。毒气继续扩散，距离事故现场 7 公里的地方也弥漫着臭鸡蛋的气味。在井场周围 1 平方公里的山坡上散落着高旺村和晓阳村的

2400多名群众。在中毒死去的人中，大部分都属于这两个村。

事后国务院事故调查专家组的专家鉴定报告表明：2003年12月21日下钻的钻具组合中，有关人员去掉回压阀，是导致井喷失控的直接原因。然而造成如此之巨大的伤害，是安全紧急措施不力，使高压有毒气体喷射达数十小时之久，没有采取任何有效控制措施。硫化氢是可燃性气体，如果在发生井喷的第一时间点燃井口气体，就可以将灾害减至最低，不会出现大面积的中毒现象，也不会有如此严重的人畜伤亡。由于企业安全生产隐患导致的居民和环境灾难，在处理方法不当的情况下，使受灾程度更为严重。钻井公司的人知道，如果井喷后早点火，后续的压井难度会加大，甚至不得不用水泥而非泥浆压井，而使整个井无法重新开发。像16号井这样一口深度在4000米以上的矿井，钻探成本一般都在3000万~4000万元以上。16号井使用的电动钻井设备，属于比较先进的设备，整个设备总价超过数千万元，点火意味着这些设备将全部毁掉。而井场的基层工作人员无法决定是否点火，而是需要更高层的领导决定的问题，因为这是涉及企业生产的重大问题。

井喷现场的钻井工人，除两名试图返回矿井的工作人员处，均安全脱险。但对于并不知道井喷危险的沉睡中的居民，这是灭顶之灾。比硫化氢的迅速推进更可怕的是，居民不仅毫无逃避硫化氢袭击的常识，而且居住地非常分散，在没有应急救援方案的情况下难以组织应对。村民中没有一个人此前被明确告知过气矿开发的危险性，以及发生井喷后该如何寻求保护。

国家安全生产监督管理局新闻发言人在接受《财经》媒体采访时表示，此次事故反映相关预警机制的缺失。"企业应该有预警机制，应该把事故消灭在萌芽状态，这就需要企业建立应急预案，包括一些具体规定。但在这方面，目前我们还没有明确的可执行方案。《安全生产法》只是抽象地说明必须建立应急预防机制，对此缺乏具体的约束。"而事实上，在许多国家和地区，与公众协商已经成为国际能源巨头们不得不遵守的铁律。在皇家壳牌公司，大约63%的工厂制定了和当地社会进行正式协商的程序。1998年，加拿大阿尔伯达省一口高含硫井的开发计划曾遭到当地居民的反对。由于硫化氢气体仅需10分钟就可以扩散到4公里以外，居民认为应急救援方案覆盖面要在8公里以外。经协调，阿尔伯达能源及公用设施委员会认为石油公司的应急方案中有快速点火方案，最后批准了4公里的方案。

简要短评：安全生产警钟长鸣，但是否真正的长鸣，是否真正地起到了警示的作用？是不是已经对我们产生了疲劳的感觉？我们应该思考一下，警钟应该如何常鸣，在什么位置常鸣。对比国内外相同事件的处理结果，我们不难发现，除了技术之外，我们似乎还相差些什么。对于生命和环境的态度，决定我们做事的原则和方法。

（资料来源：徐金发等著：《企业伦理学》，科学出版社2008年版，第257－259页。另参见高湘一主编：《跨国公司经营与管理》，中国商务出版社2006年版，第277页）

讨论题：请结合以上案例内容进行讨论。

案例10 宝洁SK－Ⅱ风波

一、背景资料

氢氧化钠具有碱的通性，碱性很强，腐蚀性强，所以人们给它的俗称是烧碱、火碱、苛性钠。它很容易和大多数非金属氧化物及多种酸发生反应，生成盐和水；也很容易和许多盐溶液发生反应，生成难溶性的碱。它是一种重要的化工原料，广泛应用于肥皂、石油、造纸、纺织、印染等工业，主要用途是在工业上。

二、宣传资料

SK－Ⅱ全系列产品都以Pitera为主要成分，蜜丝佛陀运用尖端生化科技，将专利的天然活肤酵母精华Pitera，深入输送至皮肤深层组织中，达到滋养、修护、润泽、复活细胞的效果。

SK－Ⅱ紧肤抗皱精华乳融合三大抗皱科技及时有效对抗衰老成分POWER RETINOL A，为幼纹和皱纹等肌肤老化问题提出了"一站式"解决方案。目前，市场售价大约为840元人民币。

三、事情经过

说到宝洁SK－Ⅱ案还得从2005年年初说起。2005年1月，江西消费者吕萍购买了一支25克包装的SK－Ⅱ紧肤抗皱精华乳，但使用一个月后，她发现自己不但没有如广告宣传中所说的"股肤年轻12年，细纹减少47%"，反而出现过皮肤瘙痒和部分灼痛的情况。

于是，3月7日，吕萍将经销商江西凯美百货投资管理有限公司、广州浩霖贸易有限责任公司诉至法院，并向南昌市工商局进行了举报。后来，又追加了产品生产商宝洁公司为第三被告。

4月1日，南昌市工商局以SK－Ⅱ涉嫌虚假宣传行为违反了反不正当竞争法的规定，作出了处罚宝洁20万元的决定。

8月11日，这宗在业界引起轩然大波的化妆品在南昌市东湖区人民法院开庭。

法院称，因涉商业秘密，应被告方要求准予不公开审理。这使案件变得有些扑朔迷离。

吕萍认为，三家公司在经销产品的过程中，存在明显的欺诈行为。她正是接受了SK－Ⅱ的有关宣传后，才购买该产品的。由于使用后没有达到广告宣传的效果并出现了不良反应，吕萍对此产品产生了质疑。她请专人对产品上被故意用不干胶盖住的日文注明的产品成分进行了权威翻译，发现SK－Ⅱ中竟含有强腐蚀性化学成分氢氧化钠（俗称烧碱）且没有任何警示标志。

被告方却并不以为然。被告认为，既然 SK－Ⅱ紧肤抗皱精华乳从美国进口时就依法办理了各项手续并经过各级检验合格，产品质量问题就无从谈起；SK－Ⅱ产品外包装中文标签的内容及粘贴部位在使用前也都依法通过了国家质量监督检验检疫总局的审核批准，并不存在故意盖住日文说明的情况。再说，化学成分氢氧化钠是可以在化妆品中使用的。

在宣传上，宝洁公司方面认为，宣传册的内容是以 300 多名日本女性作为实验对象而得出的实验数据，有充分的技术依据支持，不是虚假广告，更不存在吕萍说的欺诈行为。

被告认为，吕萍既没有事实依据，也没有法律依据，于是向法院提出了驳回原告诉讼请求的申请。

吕萍还向法院提出申请，要求将刘嘉玲追加为被告。理由是：如果不是刘嘉玲为 SK－Ⅱ紧肤抗皱精华乳做代言，她就不会购买这一产品，从而导致皮肤瘙痒和部分灼痛。

但在 8 月 11 日的开庭时，追加刘嘉玲为被告的申请被当庭驳回。法院驳回的理由是没有合适的法律依据。

法庭上一番唇枪舌剑之后，南昌市东湖区人民法院宣布了一审判决结果：吕萍证据不足，诉讼请求被驳回。

据记者得到的判决书，法庭驳回起诉主要理由有三条：

一是吕萍据以索赔的损害事实是她自己所说的“未出现广告宣传所称的效果及感觉脸部瘙痒和灼痛”，没有经过任何权威部门的确认和确诊。二是在产品标签上已经标有“如有刺激，请停止使用，若产品不适合你的肌肤请停止使用”的警示说明。三是在吕萍提交证据原物时已将产品使用完毕。

此案并未了结。根据相关规定，如不服一审判决，以方还可以自判决书送达日起十五日内向南昌市中级人民法院提出上诉。

宝洁公司大中华区副总裁柯锐思表示，对判决结果很满意，判决“进一步肯定了 SK－Ⅱ产品的安全性和产品标注的合法性”。他透露，这与宝洁公司积极与政府、法院、媒体等多方积极沟通分不开，“我们向法院提供了很多有效的证据”。

不过，吕萍对此判决并不认同。吕萍的代理人唐伟表示：坚决不服！他向记者透露，如没有意外，将在本月 21 日向法院提出上诉。

“他们偷换了概念”，唐伟的语气似乎有些激动，“我们起诉的主要理由是欺诈，但法庭审理时，审理的核心内容变成了虚假广告。”

另外，对判决书上提到的“证据原物提交时产品已经使用完毕”这一说法，唐伟也不认同。他说，吕萍提交证据时上交的产品并没有用完，并表示，可以向记者出示提交证据拍摄的照片证明此事。“就算提交的证据真的用完了，也可以使用同一批次的产品进行化验”。

在整个采访的过程中，唐伟数次提到“坚决上诉”这四个字。看来，宝洁的这场官司还没有打完。

其实，不管是否上诉，此事件都并未因此而彻底了结。

因为，在一审判决书中还有这样一句话：“至于原告称的 SK－Ⅱ紧肤抗皱精华乳的宣传是否构成虚假广告，产品的质量和标识是否符合国家规定等事项，则不属于人民法院民事诉讼受案范围。”

围绕是否构成虚假广告，以及产品的质量和标识是否符合国家规定等事项的争论，可能还会继续下去。

度过品牌危机。从 2005 年 1 月开始，不断有媒体对原告的代理人唐伟提出质疑，说他“别有用心”。有人认为他是在进行“个人炒作”。也有声音在为宝洁公司叫冤，更有的说这次的诉讼是几个人的“预谋”。

个中缘由，外人并不能看得十分清楚。而宝洁的损失也恰恰在此。因为，无论如何宝洁的形象都已受到损害。宝洁公司大中华区美容护肤品总经理黄文丽女士承认，SK－Ⅱ风波的确给该产品的市场销售造成一些损失，至于具体数字，他们以公司有规定为由拒绝透露。

SK－Ⅱ事件后，宝洁在产品的销售以及广告宣传上更加谨慎。在 8 月 24 日的媒体沟通会上，宝洁公司大中华区副总裁柯锐思一再强调，SK－Ⅱ所有产品上市前都经过了公司内部严谨安全评估；在进入中国市场前，也都通过了卫生部和国家质检总局的严格检验和审批。

据悉，SK－Ⅱ原来的说明手册已经在 3 月停止使用。在宝洁公司内部，还进行了对法规、市场营销等知识的再培训，并加强了广告和宣传品的内部审核机制。

而 SK－Ⅱ新一轮的市场推广计划也已开始，黄文丽说：“我们在重振市场，原有的市场推广计划不变，比如 11 月开始的新品上市以及品牌推广计划将一如既往。”

从某种意义上说，SK－Ⅱ事件的起因背景几乎与肯德基的苏丹红事件如出一辙：同样的大型跨国公司，同样被检查出对人体健康有害的物质，然而其结果却是云泥之隔。肯德基依靠完美的危机公关化解了中国用户的抵触情绪，依旧顾客盈门。而宝洁公司却节节败退，不但基本丢掉了 SK－Ⅱ中国市场，而且在其他东亚国家也遭受抵制。两件事情同一个起因，却不同的结果，原因是什么呢？

简要短评：中国消费市场较为特殊，行政干预力度强大，消费者从众心理强。其实，跨国公司与东道国政府在产品问题上出现分歧司空见惯，不论公司方面在自己产品上的理解有多专业，但是面对行政部门的干涉，就必须妥协。这是没有任何条件可讲的。宝洁在 SK－Ⅱ被检查出金属含量超标后，不积极配合相关部门消除影响，反而一口咬定自己产品没有质量问题，这无疑是败笔。

其次，宝洁人为在退货问题上设置重重障碍也严重伤害的消费者的心理，完全把消费者放在了公司的对立面，处处设防、层层设卡，极大地刺伤了忠实用户的心，甚至使许多原本没有购买或使用产品的人群也开始加入声讨行列中。

企业危机公关是企业管理学的理念，同时也是现代企业的必要生存能力之一。它的存在如城市的消防、国家的军队一般，其作用在平时难以看出，然而当危机来临时，一旦缺少了这种能力，或者处理不当，就会给企业带来灾难性影响。

（资料来源：徐金发等著：《企业伦理学》，科学出版社 2008 年版，第 276－279 页。）

讨论题：

1. 简要论述跨国公司的伦理准则。
2. 简要论述跨国公司如何作出伦理决策。
3. 简要论述跨国企业的伦理关系整合。

案例11　职业经理人与企业

2004年4月，位于加拿大的电讯巨头北电网络，突然宣布解雇CEO弗兰克·邓恩（Frank Dunn）和另外两名高级管理人员——财务总监和审计官。公司发言人称，由于这3人造成北电的财务丑闻，导致美国和加拿大证监部门突击审计北电的财务报表。一时间北电财务丑闻的背后险象环生，扑朔迷离。

（一）名誉扫地的电讯巨子

北电网络是世界主要电信设备制造商之一，年产值曾高达200多亿美元，跻身于全球最大电讯公司之列。一个多世纪以来，它一直是世界通信业界的领跑者和创新家，始终位于通信网络领域全球重大发展的前沿，其客户遍及全球。在加拿大高新技术繁荣时期，它是一个最有价值的公司。

前几年，受全球IT业萎缩的大气候影响，电信市场需求萎缩，再加上内部管理不善等原因，北电网络也在劫难逃，出现严重亏损，并导致大量裁员。

随着2004年IT气候转暖，人们对北电网络重新看好，华尔街的分析家也向它投来青睐—经历了几年的低沉和磨难之后，它似乎终于否极泰来了。年初，北电网络发布的2003财年第四季报显示，公司业绩在销售收入、净利润上均大幅增长。由于北电的业绩大大超过市场预期，股价因此一路飘升至7.85美元，增幅达20%，比上年同期上涨了58%。从加拿大皇家银行手中夺回加拿大最大上市公司的桂冠。紧接着公布的未经审计的2003年报更加令投资者振奋。全年总收入为98.1亿美元，净收益为7.32亿美元，而2002年净损失32.7亿美元。种种正面消息令投资人争先恐后地将持有的北电股票放到退休账户中，然而就在所有人再次将它当成抢手货，财务丑闻如同晴天霹雳般打了下来。

丑闻一出，立即引起加拿大股市和外汇市场的连锁反应，公司在加拿大和美国市场的股价即时暴跌，一周内重挫37%，市值损失约99亿加元（约合76亿美元）。

为什么北电网络自曝家丑、一口气炒了3位高层鱿鱼？说来话长，2003年10月北电发布第三季财报之后，数月间竟然几次对其修正。公司财报岂是儿戏？北电的反复无常导致投资者信心严重受挫，终于引火烧身。目前，美国和加拿大证监会已经找上门来，对北电网络的财务状况进行调查。

至此，北电不得不率先采取行动、壮士断腕，把包括CEO在内的3名高管当成“替罪羊”。北电被迫承认，截至2003年12月31日的财年业绩将要被修改，估计净利润将要下降50%，上半财年可能会亏损。2003年各季度以及2001年和2002年的业绩也要重新发布。北电竟然还错过了3月30日的报告截止日期，所以恼羞成怒之下，它一口气炒了3个高管。北电如果不在6月30日前向SEC提交财务报告，第二次再错过报告日期，就可能被纳斯达克摘牌。

北电网络处于一片风雨飘摇之中，有人戏说，“北电网络现在就像一只暴风雨中的乒乓球”。财务丑闻使它在全球客户心目中的形象受到严重损害。说是声誉扫地也不为过。

（二）拖累北美股市下跌

北电网络是美国和加拿大股票交易市场的大户，它的一声喷嚏也会引起北美股市的感冒。

在北电宣布解雇 CEO 与 CFO 消息的当天，其股价下跌了 20% 以上：在多伦多股市每股下跌 2.18 ~ 5.4 加元，在纽约的股价每股下跌 1.59 ~ 4.05 美元。如此重挫甚至引起了滚雪球效应，北电股价的暴跌，连累了无辜的加元，就在这一天，加元应声叫跌，损失 1.3 亿美元，收盘 1 加元兑 72.75 美分。

标准普尔已将北电网路的评级降为“垃圾”级。受此消息拖累，美国股市主要股指全线下跌。充斥在世界各个角落的科技股投资者们，一片惊慌。本以为 2004 年可能是个好年头，谁知北电东窗事发，将那一点点希望的曙光也抹杀。道琼斯指数收盘跌 135.56 点，跌幅 1.29%，已低于 2004 年年初点位。纳斯达克指数跌 42.99 点，跌幅 2.12%，也已跌至年初水平之下，标准普尔 500 指数跌 15.70 点，跌幅 1.38%，较 2004 年年初仅高 10 点左右。北电的财务丑闻再次生动地向投费者们展示了股市泡沫是怎么挤干的——几天之间北电市值就迅速瘦身，缩水数十亿美元。怨气冲天的投资者们这次结结实实地上了宝贵的一课：对牛气十足、貌似绩优的这股那股切勿轻信、盲目追捧，以免被套进泡沫中而不能自拔，没有人会知道北电的行情随后怎么走。因为股市并没有一套现成的游戏规则，绝大多数投资者包括专家在内，不知道这股市的底线究竟在哪儿，更不知道北电股价是否已经见底，北电乃至北美股市还会否反弹？当时的投资者只能静观以待。

（资料来源：吕春晓编：《企业伦理》，西安交通大学出版社 2008 年版，第 214 - 215 页。）

讨论题：请结合以上案例内容进行讨论。

案例12　企业家与企业捐赠

李嘉诚，1928 年出生于广东潮州，1940 年为躲避日本侵略者的压迫，全家逃难到香港。1942 年，父亲病逝。为了养活母亲和三个弟妹，李嘉诚被迫辍学。

1950 年，李嘉诚创办了长江塑胶厂。1958 年，李嘉诚开始投资地产市场。他独到的眼光和精明的开发策略使“长江”很快成为香港的一大地产发展和投资实业公司。当“长江实业”于 1972 年上市时，其股票被超额认购 65 倍。

1979 年，“长江实业”购入老牌英资商行——“和记黄埔”，李嘉诚因而成为首位收购英资商行的华人。1984 年，“长江”又购入“香港电灯公司”的控制性股权。

李嘉诚现任“长江实业集团有限公司”董事局主席兼总经理及“和记黄埔有限公司”董事局主席。

从开办塑胶公司到投资房地产业，后又将视野投向信息产业，成为移动电话大王。在海外的主要投资包括加拿大的赫斯基石油业、英国菲力斯杜集装箱港、巴拿马运河港等。重点投资项目包括地产、港口、通讯、酒店、零售、基建、能源七大项，业务遍布全球 54 个国家，约有 22 万名员工。长和系在港共有 9 家上市公司，总市值约为 7280 亿港元，其中“和黄”更是《财富》全球“500 强”企业之一。2006 年年初，《福布斯》估计李嘉诚身家超过 1536 亿港元。

然而对于李嘉诚来说，金钱并不是人生中最重要的因素。他常常说的话是：“富贵”这两个字必须分开而看，“富”者不一定“贵”，真正值得珍贵的，还在于你为社会做了什么，在于所做之事能否令世人得益，“只有你做些让世人得益的事，这才是真财富，任何人都拿不走”。因此，他眼中真正的“富贵”，是必须懂得用金钱去回馈社会，如不能做到这样，即使拥有了金钱，也只不过是“富而不贵”。

基于回馈社会的信念及缔造美好世界的祝愿，李嘉诚于 1980 年成立“李嘉诚基金会”，用于资助医疗、教育、文化和社区福利等项目，主要针对香港和中国内地。根据基金会网站公布的数字，二十多年来，基金会已捐出及承诺之款项约 77 亿港元，其中 64% 用于内地的助教兴学、医疗扶贫、文化体育事业。

2005 年，李嘉诚捐赠 10 亿港元予香港大学医学院，以协助提升港大的发展能力。这笔捐款的数目为亚洲历年来单一捐款纪录之冠，引起社会轰动。

他二十多年来累计捐资逾 23 亿港元，独力支持在家乡潮汕地区建立汕头大学，以推动这个发展基础薄弱的地方的文化及经济发展，令众“同乡子弟”能够得到“知识的力量。”

李嘉诚 2006 年 8 月 24 日宣布，未来将把 1/3 的个人财产捐作公益慈善之用，有关资产会放入其名下的李嘉诚基金会。

比尔·盖茨（William H Bill. Gates），1955 年 10 月出生在美国西雅图，1973 年进入哈佛大学法律系，1975 年退学，与同伴创办电脑公司，后改名微软公司，自任董事长、总裁兼首席执行官。微软公司在个人计算和商业计算软件、服务和互联网技术方面都是全球范围内的领导者。在2002年6月截止的上个财年，微软公司的收入达283.7亿美元，在78个国家和地区开展业务，全球的员工总数超过50000人。1988年1月，他将总裁一职让给史蒂夫·鲍尔默。2006年6月，他宣布从2008年7月开始，将不再打理微软公司的日常运营事务，全力投入他与妻子共同创建的基金会，从事慈善事业。

2000年，盖茨夫妇共同创建了比尔与梅琳达·盖茨基金会，这成为夫妇两人共同的事业。对比尔和梅琳达而言，减少全球医疗和教育的不平等已经成为人生目标。截至2005年年底，盖茨夫妇已经为其基金会捐赠290亿美元，成为历史上最大的慈善家之一。比尔与梅琳达·盖茨基金会由盖茨教育基金会和威廉·盖茨基金会合并而成。从1994年基金会的前身算起，截至2007年3月底，基金会全部捐款数额已经达到100多亿美元，其中一半用于全球卫生事业，1/4强用于教育事业。

2003年，在非洲慈善之旅中，梅琳达表述了之所以将如此大比例的财富捐献出来的原因："是的，比尔工作确实非常努力，而且他在某些事情上的智慧让人难以置信，但是，同时他也是非常非常幸运的。因此我们都感到有巨大的责任，用我们所拥有的资源力所能及地做些事情。"

比尔说："世界上最大的不平等就在于，仅需几百美元就能生存下去的孩子却在垂死线上挣扎。这种情况应当改变。"梅琳达接着说："我们理所当然地认为，麻疹、乙型肝炎等疫苗是触手可及的。但是当你把这些疫苗带去非洲；就能够改变一个孩子的生活。"

他们做的还不仅仅是出钱。比尔与梅琳达·盖茨基金会与单纯捐款者不同，而是卡内基现代慈善概念的贯彻。它以"投资"的眼光来看待慈善事业：受捐助团体必须达到预定目标，基金会进行定期考核，作为下次捐助与否的依据。为了让自己的捐款能够真正使穷人受益，盖茨夫妇认真管理基金会的每一笔对外捐助。

基金会资金的投资也是比尔和梅琳达关注的重点。比尔与梅琳达·盖茨基金会的运作模式是：合理投资——高额回报——部分收益用于慈善，剩余收益和本金继续投资。巨额本金配合合理投资，才能使基金会得以存续和发展。

（资料来源：陈炳富、周祖城编著：《企业伦理学概论》（第二版），南开大学出版社2008年版，第163－164页。）

讨论题：请结合以上案例内容进行讨论。

案例13 Note7爆炸门事件

Note7爆炸门事件使三星公司股价自9月2日召回声明后的两周内“跌跌不休”。9月12日更是开盘“闪崩”，收盘跌幅接近7%，创下2012年以来最大跌幅。

全球召回三星Note7事件无疑给当下正在挽回市场份额的三星电子一记重拳，也会给原本逐渐复苏的业绩造成冲击。

尽管三星是行业中罕见的“全能型”选手，在处理器芯片、图像传感器、屏幕等手机核心零部件布局上，都处于行业领先地位，但多位分析人士仍对三星的未来表示担忧，因为智能手机等IT设备业务是三星盈利的“主力军”。他们认为，“爆炸门”事件给三星造成的影响远不止经济损失这么简单，三星的品牌价值同样遭受重创。而这个损害是长期的，甚至可能会影响到明年Galaxy S8的发售。

Note7让三星损失惨重

一直以来，三星就是韩国人眼中的“天下第一”，它撑起了韩国GDP的1/5，寄托了5000万韩国人的科技大梦。路透社曾报道，三星董事长李健熙一“咳嗽”，整个韩国都会“感冒”。

然而，这个中秋节假期本应是韩国移动通信市场的旺季，但今年却相当萧条。据韩国通讯业界消息，从上个月31日停止供应Note7产品至9月10日，通讯公司受理的号码移动服务（韩国换新手机后，需有通讯公司进行号码设置转换）数量日均约为1.2万件，下降幅度达33%。

三星公司9月2日宣布，因电池缺陷问题，停售Note7手机；允许已经购买到这款手机的消费者两周后置换新手机；并且召回美国、韩国、澳大利亚等10个国家和地区的共250万部Note 7手机在计算召回所需的开支后，一些分析师认为，三星公司可能因此损失近50亿美元（约合人民币334亿元）收入。

而在资本市场，9日（周五）和12日（周一）两日三星电子股价已经累计下跌11%，市值蒸发220亿美元（约合人民币1470亿元），创下了两个月以来的新低，13日股价有小幅回升。三星Note7电池供应商SDI股价也大跌6%，创下5个月来单日最大跌幅。

与之相对的是，苹果的股价结束了iPhone7发布会后的两连跌，9月12日上涨逾2%，创6周多以来最大单日涨幅。三星还因召回事件错过了发售的窗口期，狙击苹果新机的计划已然落空。

韩国舆论认为，三星电子可能因此次事件承受更大的损失，而真正的损失规模需要到第四季度或明年才能见分晓。

三星品牌将受打击

三星集团在韩国是无人能及的巨头，除了电子行业外，还布局了汽车、购物、主题乐园、运动球队等业务。不仅如此，在韩国无论是传统的食品、化妆品、造船、化工行业，还是新兴的酒店、飞机租赁业，只要能想到的，几乎都有三星的烙印。

更重要的是，三星电子在处理器芯片、图像传感器、屏幕等手机核心零部件布局上，都处于行业领先地位。数据显示，三星 2015 年在芯片市场占有率 11.6%，全球半导体市场排名第二。在图片传感器方面，今年一季度，三星图片传感器出货量排名全球第三。

对于三星电子而言，智能手机等 IT 设备业务是其盈利的“主力军”。公开资料显示，2016 年 4 ~6 月三星的合并销售利润达 8.14 万亿韩元（约合人民币 480 亿元），智能手机等业务占其中一半以上。由于减少机型等降低成本的措施奏效，利润同比增长近六成。

虽然销售数量增长迟缓，但 3 月发售的 Galaxy S7 销售状况良好，使三星市场份额的下降维持在较小幅度。据研究机构 IDC 最新数据，2016 年一季度三星手机出货量依旧在全球遥遥领先，高达 8190 万部，市场份额占比高达 24.5%，超过苹果、华为市场份额的总和。

对于此次大规模召回，业内担忧会损伤其品牌影响力，甚至可能会导致三星手机整体低迷，还会影响到向三星供应零件的日本厂商。据悉，三星的半导体和显示器由内部生产，智能手机零件则由日本的村田制作所、TDK、阿尔卑斯电气等供应。

对此，韩国《每日经济》社论指出，三星需要全力以赴，才能消除消费者的不安。如果可以拿出更具创新性、高品质的产品，此次事态可能转危为机

（资料来源：中国贸易经济网 2016 - 09 - 19 11：16：04 http：//mt.sohu.com/20160919/n468682755.shtml 原标题“Note7 爆炸门事件让三星损失惨重，韩国这次急坏了”。）

讨论题：请结合以上案例内容进行讨论。

案例14　德国大众汽车“排放门”事件

德国大众汽车公司近日曝出的汽车尾气检测造假丑闻令人震惊。这一汽车行业近年来最大的丑闻之一不仅促使多国展开对大众汽车的调查，还波及其他汽车制造商，甚至引发人们对德国制造行业信誉以及整个清洁柴油车辆技术的信任危机。

“黑色星期五”引发彻查风暴

9月18日对于德国大众汽车公司来说是一个灾难性的星期五。

美国环境保护署当日对大众公司提出指控，称其美国市场的部分柴油车存在使用操控软件躲避尾气检测的情况，涉及48.2万车辆。“排放门”事件自此浮出水面。

监管部门调查发现，大众汽车所售部分柴油车安装了专门应付尾气排放检测的软件，可以识别汽车是否处于被检测状态，继而在车检时秘密启动，调控所排放的尾气。这样一来，它们在车检时能以“高环保标准”过关，而在平时行驶时却超标排放污染物，最大可达美国法定标准的40倍。违规排放涉及的车款包括2008年之后销售的捷达、甲壳虫、高尔夫、奥迪A3以及2014至2015款帕萨特等车型。

这一消息令美国监管部门、环保组织和消费者等各界人士感到震惊。美国已暂停了大众品牌的柴油汽车的新车销售。美国环境保护署和空气治理委员会宣布立即介入调查，美国司法部也宣布展开刑事调查，据称美国国会在计划几周内宣布对大众的排放检测丑闻进行听证。根据美国《清洁空气法》，每辆违规排放的汽车可能会被处以最高3.75万美元的罚款，大众面临的罚款总额可高达180亿美元。

“排放门”丑闻不断发酵，其影响迅速在全球蔓延。德国的交通部门表示，大众汽车公司已经承认在欧洲也使用了在美国市场使用的排放检测造假软件，在德国市场涉及的汽车达280万辆。

欧盟呼吁28个成员国调查制造商的汽车排放检测是否符合环保法规，包括德国、瑞士、意大利、法国、英国和韩国在内的多个国家的监管部门都在针对大众进行相关调查。挪威、澳大利亚、印度政府宣布调查本国在售的大众汽车是否有类似问题，要求大众公司尽快“给个说法”；韩国环境部表示将考虑是否勒令大众进行召回；瑞士表示将暂停大众柴油车在该国的新车销售；西班牙政府表示，要求大众归还采用了造假软件的柴油汽车获得的高能效车辆补贴。

除了来自监管部门的调查，大众也立即成为法律公司的关注目标。法新社的报道称，有不少律师正在排队等着向大众提起诉讼，西雅图的一家律所已经向大众提起了相关的集体诉讼。

保时捷主帅接替“品质先生”

丑闻曝出后，德国大众立即发表声明致歉，表示将全力调查此事，坦言全球大约有1100万车辆牵涉其中，并拨备65亿美元资金应对此事。但这并未能阻止大众股价21日开盘就开启了暴跌模式，两日内分别下跌17%和20%，跌至四年低点，市值蒸发250亿欧元。为重振外界信心，大众首席执行官（CEO）马丁·温特科恩23日宣布辞职。随后两日，大众股价有所回升，但25日因为丑闻持续发酵再次下滑超过4%。业内预计还有更多大众集团高管将会离职。

温特科恩1993年加入大众，2007年1月起担任大众集团董事会主席兼首席执行官。在掌舵大众的8年时间里，温特科恩让该集团销量翻了一番，利润是之前的近3倍。今年68岁的温特科恩原本享有“品质先生”的绰号，声称知晓大众汽车的“每一个螺钉”，尽管他本人辞职时坚称自己没有任何过失，但这样的离职依然令其可能获得的约6000万欧元的离职金显得不那么光彩。

德国大众集团监事会25日发布声明宣布，现任保时捷公司董事会主席兼首席执行官马蒂亚斯·米勒接任大众集团董事会主席兼首席执行官。现年62岁的米勒25日在位于沃尔夫斯堡的大众集团总部表示，目前大众的首要任务就是恢复外界的信心，大众能够并将战胜目前的危机。但修补因“排放门”受损的声誉绝非易事。米勒1978年加入奥迪公司，2007年任大众集团产品经营部门负责人，2010年10月起担任保时捷公司董事会主席兼首席执行官，以处事沉稳著称。

大众还计划在11月9日召开特别股东大会。保时捷SE控股集团26日表示，已经从日本铃木公司手中购买了1.5%的大众普通股股份，持有的大众普通股股份上升至52.2%。保时捷表示，此举是“对其核心投资作出的强有力承诺”。

大众还下调了2015年的盈利预期，国际评级机构已经警告可能下调该公司的评级。分析认为，目前大众面临三大挑战，即应对来自全球监管部门的调查，修补严重受损的声誉和重建投资者信心。

意外发现大众造假

大众“排放门”之后，全球监管部门迅速作出反应，但事实上，相关问题早在一年前就已经被报告给美国和欧洲的监管部门。

据英国《每日电讯报》网站报道，大众的这一丑闻首先是由两名环保人士揭露的。为了在欧洲证明清洁的柴油燃料是可以生产出来的，清洁交通人士彼得·莫克和约翰·杰曼2014年初开始检测美国汽车排放量。在一次从圣迭戈开往西雅图的检测中，他们意外地发现，尽管通过了实验室检测，但是大众品牌汽车排出的有毒物质却达到了危险的水平。原来，大众并没有生产出清洁的汽车，而是利用软件造假通过官方测试。这也解释了为什么美国的汽车可以毫不费力地通过比欧洲更为严格的污染检测。

报道称，杰曼是总部设在柏林的国际清洁运输委员会的工作人员，因此将发现的相关情况提供给了加州空气资源委员会和美国环境保护署。他们随后遭遇了大众公司长达数月的阻拦。直到上述两家监管机构拒绝为大众2016年柴油车颁发合格证书时，大众公司才在9月初承认犯下了错误。

《泰晤士报》25日的报道称，英国运输部承认，去年10月就收到国际清洁运输委员会的一份长达60页的报告，报告称有明显证据显示，在欧洲和美国的汽车路检中，均存在柴油乘用车氮氧化物排放不合格问题。但该部门并未就此展开调查。在大众汽车“排放门”丑闻发生后，英国运输大臣帕特里克·麦克洛克林才致信欧盟委员会呼吁展开相关调查。

分析认为，大众接下来将面临来自政府和私人部门的各种诉讼和调查，需要支付大量的罚款、赔偿和召回等费用，目前拨备的65亿美元资金可能仍不足以应付这些支出。

溢出效应全球蔓延

大众尾气排放造假丑闻曝出后，立即令人联想其他汽车制造商是否存在类似问题。美国环境保护署25日宣布，在现有尾气检测标准上新增的测试，将开始对美国国内所有柴油汽车重新进行检测，以找出类似“作弊”软件。德国运输部长亚历山大·多布林特也表示，不仅会把注意力放在大众的汽车上，还会随机对其他一些汽车制造厂商进行相关的检查，以弄清是否存在违规行为。

越来越多的制造商受到影响。首先是德系汽车制造商“人人自危”，德国戴姆勒汽车公司等制造商纷纷站出来与大众撇清关系，不断声明自己所产汽车均未使用大众柴油车安装的尾气作弊软件。

但宝马依然很快中招。德国发行量最大的汽车杂志《汽车画报》24日爆料，德系车里涉嫌尾气排放作假的不止大众一家，美国环保组织国际清洁运输委员会（ICCT）的路试结果显示，宝马X3系列xDrive20d运动车型的柴油发动机尾气排放超过欧盟标准11倍。宝马汽车公司当天立即发表声明否认这一说法。但宝马股价当日仍然应声大跌，跌幅一度接近10%。

国际清洁运输委员会官员皮特·莫克说：“这些数据显示，不只是大众有问题。尾气所含氮氧化物水平超标，不止大众一家。”

日本作为汽车生产大国，也很快受到关注。由于投资者担心日本汽车企业是否存在类似情况，包括日产汽车在内的汽车股24日也一度遭到投资者抛售。

大众“排放门”的溢出效应甚至还波及了国际贵金属市场，影响到用于制造柴油车尾气过滤器的铂的需求预期，导致国际市场铂的价格23日跌至6年多来最低点。

清洁柴油汽车陷入信任危机

按照汽车制造商的说法，通过不断改良技术，柴油车尾气中所含二氧化碳少于汽油车，因此以柴油为燃料比使用汽油更有利于遏制温室效应，能效也更高。在不少重视环保和能效的欧洲国家，柴油车比汽油车更受青睐。而在欧洲市场，柴油车辆比在美国市场更受到欢迎。

一些分析认为，大众“排放门”损害了消费者对柴油车技术的整体信任，似乎柴油车如果不依靠尾气处理装置，其污染物排放就无法达标。消费者目前正在静观事态发展，看看是否只是一家公司存在这样的问题。

一些业内人士表示，不应该因为这一丑闻质疑整个行业。德国汽车工业联合会主席马蒂亚斯·维斯曼25日表示，大众汽车公司事件涉及操控发动机软件，并不牵涉整个柴油发动机技术本身。德国汽车企业开发了能够实现降低有害物排放的现代柴油技术，该技术对实现欧盟相关环保目标不可或缺。德国汽车业不应为此遭受不公平待遇。

除了信任方面的危机外，此次大众“排放门”还将推动柴油汽车尾气排放检测程序的加速改进，可能提高汽车制造商所需支付的成本。

物理环境的不同决定了实验室检测与实际道路检测之间存在差异。法新社27日报道称，消息人士透露，为了杜绝类似大众这样的作弊事件发生，欧盟计划改变柴油汽车的尾气排放检测程序。据悉，欧盟定于明年1月开始实施新的汽车检测程序，不仅包括实验室检测，还将增加实际道路测试。

但无论如何，汽车的环保性能必将因为大众“排放门”受到更多关注。英国《泰晤士报》的分析甚至认为，这一丑闻将被视为汽车业历史的转折点，而受益方将是混合动力和纯电动汽车制造商。美国电动汽车制造商特斯拉的CEO埃隆·马斯克25日说，大众“作弊”可能是“无奈之举”，表明柴油车制造商在改进排放控制水平方面“承受很大压力”，可能已经“达到极限”。

（资料来源：经济参考报［微博］2015－09－28 02：02 原标题：“排放门”丑闻揭秘：德国大众汽车的失控与失信。）

讨论题：请结合以上案例内容进行讨论。

参 考 文 献

1. 【美】劳拉 P. 哈特曼（Laura P. Hartman）、约瑟夫·德斯贾丁斯（Joseph Des. Jardings）、【加】克里斯·麦克唐纳德（Chris Mac Donald）、【中】苏勇，郑琴琴，顾倩妮著：《企业伦理学》（原书第三版），机械工业出版社 2015 年版。

2. 周祖城编著：《企业伦理学》（第三版），清华大学出版社 2015 年第三版。

3. 《伦理学》编写组：《伦理学》，高等教育出版社、人民出版社 2012 年版。

4. 徐大建著：《企业伦理学》（第二版），北京大学出版社 2009 年版。

5. 吕春晓编：《企业伦理》，西安交通大学出版社 2008 年版。

6. 陈炳富、周祖城编著：《企业伦理学概论》（第二版），南开大学出版社 2008 年版。

7. 徐金发等著：《企业伦理学》，科学出版社 2008 年版。

8. 刘红叶著：《企业伦理概论》，经济管理出版社 2007 年版。

9. 高湘一主编：《跨国公司经营与管理》，中国商务出版社 2006 年版。

10. 殷格非等主编：《企业社会责任行动指南》，企业管理出版社 2006 年版。

11. 曹凤月著：《企业道德责任论》，社会科学文献出版社 2006 年版。

12. 陈炳富、周祖城编著：《企业伦理学概论》，南开大学出版社 2004 年版。

13. 高力主编：《公共伦理学》，高等教育出版社 2002 年版。

14. 章海山、张建如编著：《伦理学引论》，高等教育出版社 1999 年版。

15. 张应杭著：《管理伦理》，浙江大学出版社 2006 年版。

16. 郑若娟著：《经济伦理：理论演进与实践考察》，厦门大学出版社 2007 年版。

17. 舒雨等著：《道德盲点》，内蒙古人民出版社 2004 年版。

18. 何建华著：《经济正义论》，上海人民出版社 2004 年版。

19. 张岱年著：《中国伦理思想研究》，江苏教育出版社 2005 年版。

20. 强以华著：《西方伦理十二讲》，重庆出版社 2008 年版。

21. 林存阳、刘中建著：《中国伦理之精神》，四川人民出版社 2000 年版。

22. 【美】诺曼·E. 鲍伊著、夏镇平译：《经济伦理学——康德的观点》，上海译文出版社 2006 年版。

23. 【美】罗伯特·E. 哈利特著：《商业伦理》，中新出版社 2000 年版。